EKKEHARD SPIELER

Fusionskontrolle im Medienbereich

Schriften zu Kommunikationsfragen

Band 11

Fusionskontrolle im Medienbereich

Von

Dr. Ekkehard Spieler

Duncker & Humblot · Berlin

CIP-Titelaufnahme der Deutschen Bibliothek

Spieler, Ekkehard:
Fusionskontrolle im Medienbereich / von Ekkehard Spieler. –
Berlin; Duncker u. Humblot, 1988
(Schriften zu Kommunikationsfragen; Bd. 11)
Zugl.: Tübingen, Univ., Diss., 1987
ISBN 3-428-06487-9
NE: GT

Satz: Werksatz Marschall, Berlin 45
Druck: Berliner Buchdruckerei Union GmbH, Berlin 61
Printed in Germany

ISBN 3-428-06487-9

Meinen Eltern

Vorwort

Die vorliegende Untersuchung wurde im Sommersemester 1987 von der Juristischen Fakultät der Eberhard-Karls-Universität Tübingen als Dissertation angenommen. Die Bearbeitung des Manuskripts war im Dezember 1986 abgeschlossen. Entscheidungen und Literatur aus dem Jahre 1987 konnten zum Teil im Text, zum Teil in den Fußnoten berücksichtigt werden.

Mein besonderer Dank gilt Herrn Professor Dr. Wernhard Möschel als Erstgutachter und Herrn Professor Dr. Ulrich Bälz als Zweitgutachter für die wissenschaftliche Betreuung sowie der Studienvereinigung Kartellrecht e.V. für die großzügige Gewährung eines Druckkostenzuschusses.

Tübingen, im April 1988

Ekkehard Spieler

Inhalt

Abkürzungen

A.B.A.J.	=	American Bar Association Journal
Abs.	=	Absatz
A.D.	=	Antitrust Division
a.F.	=	alter Fassung
aff'd	=	affirmed
AfP	=	Archiv für Presserecht
AG	=	Die Aktiengesellschaft
Akron L.Rev.	=	Akron Law Review
Anm.	=	Anmerkung
Ann. Surv. Am. L.	=	Annual Survey of American Law
Antitrust Bull.	=	The Antitrust Bulletin
Antitrust L.J.	=	Antitrust Law Journal
Art.	=	Artikel
BB	=	Betriebsberater
Begr.	=	Begründung
BGBl.	=	Bundesgesetzblatt
BGH	=	Bundesgerichtshof
BGHZ	=	Entscheidungen des Bundesgerichtshofs in Zivilsachen
BKartA	=	Bundeskartellamt
BReg.	=	Bundesregierung
BT-Ds	=	Bundestags-Drucksache
BVerfG	=	Bundesverfassungsgericht
BVerfGE	=	Entscheidungen des Bundesverfassungsgerichts
B.Y.U.L.Rev.	=	Brigham Young University Law Review
Colum.L.Rev.	=	Columbia Law Review
Colum.Journalism Rev.	=	Columbia Journalism Review
Com. & L.	=	Communications and the Law
Comm/Ent L.J.	=	Comm/Ent
DB	=	Der Betrieb
Den.L.J.	=	Denver Law Journal
Diss.	=	Dissertation
DoJ	=	Department of Justice
Einl.	=	Einleitung
Emory L.J.	=	Emory Law Journal
F. 2d	=	Federal Reporter Second Series
FCC	=	Federal Communications Commission
Fed. Com. L.J.	=	Federal Communications Law Journal
FK	=	Frankfurter Kommentar
Fn	=	Fußnote
F.Supp.	=	Federal Supplement
FTC	=	Federal Trade Commission

GG	=	Grundgesetz
GK	=	Gemeinschaftskommentar
Golden Gate U.L. Rev.	=	Golden Gate Universtiy Law Review
Gonz. L. Rev.	=	Gonzaga Law Review
GU	=	Gemeinschaftsunternehmen
GWB	=	Gesetz gegen Wettbewerbsbeschränkungen
Harv. L. Rev.	=	Harvard Law Review
Hs.	=	Halbsatz
h. M.	=	herrschende Meinung
Ind. L. J.	=	Indiana Law Journal
JAO	=	joint operating agreements
J. L. & Econ.	=	The Journal of Law & Economics
KG	=	Kammergericht
l. Sp.	=	linke Spalte
Mem. St. U. L. Rev.	=	Memphis State University Law Review
Mich. L. Rev.	=	Michigan Law Review
MK	=	Monopolkommission
mwN.	=	mit weiteren Nachweisen
NPA	=	Newspaper Preservation Act
Nw. U. L. Rev.	=	Northwestern University Law Review
OLG	=	Oberlandesgericht
RabelsZ	=	Rabels Zeitschrift
RegE	=	Regierungs-Entwurf
r. Sp.	=	rechte Spalte
Sec.	=	Section
SG	=	Sondergutachten
St. Mary's L. J.	=	St. Mary's Law Journal
Supp.	=	Supplement
TB	=	Tätigkeitsbericht
Tex. L. Rev.	=	Texas Law Review
Tz	=	Textziffer
U. N. B. L. J.	=	University of New Brunswick Law Journal
U.S.	=	United States Supreme Court Reports
v., vs.	=	versus
Vand. L. Rev.	=	Vanderbilt Law Review
WuW	=	Wirtschaft und Wettbewerb
WuW/E	=	WuW-Entscheidungssammlung zum Kartellrecht
Yale L. J.	=	Yale Law Journal
ZGR	=	Zeitschrift für Unternehmens- und Gesellschaftsrecht
ZHR	=	Zeitschrift für das gesamte Handelsrecht und Wirtschaftsrecht
ZRP	=	Zeitschrift für Rechtspolitik
Zus.	=	Zusammenschluß
ZV + ZV	=	Zeitungsverlag und Zeitschriftenverlag

Einleitung

Diese Arbeit behandelt einen Ausschnitt aus einem wirtschafts- und gesellschaftspolitisch aktuellen Themenbereich. Fragen der Medienkonzentration und Medienverflechtung[1] stehen mit im Zentrum der gegenwärtigen rundfunk- und wettbewerbsrechtlichen Diskussion. Sie weisen in ihrer Brisanz Parallelen zu der großen pressepolitischen Diskussion Ende der 60er Anfang der 70er Jahre auf[2]. Damals hatte die noch stark zunehmende Konzentration im Pressebereich Kritik an den bestehenden privatwirtschaftlichen Strukturen der Presse hervorgerufen, und es war der Ruf nach binnenpluralistischen Verlagsstrukturen laut geworden. Heute dagegen verspricht man sich umgekehrt im bisher öffentlich-rechtlich und binnenpluralistisch strukturierten Rundfunkbereich durch die Zulassung privatwirtschaftlich organisierter Rundfunkanbieter mehr Wettbewerb und dadurch mehr Informations- und Meinungsvielfalt. Das Kartellrecht soll hierbei die Aufgabe übernehmen, wirtschaftlichen Wettbewerb als notwendige Bedingung für publizistischen Wettbewerb sichern zu helfen[3]. Inwieweit das Regelungsinstrumentarium der Fusionskontrolle zur Sicherung wettbewerblicher Strukturen im Medienbereich zur Anwendung gelangen kann, soll vorliegend untersucht werden.

Damit wird aus dem breiten Feld der medienrechtlichen Diskussion ein spezieller Untersuchungsgegenstand für eine Beurteilung unter juristischem Blickwinkel herausgegriffen. Schwierigkeiten erwachsen hieraus in doppelter Hinsicht: Mediensachverhalte implizieren wirtschaftsrechtliche, verfassungsrechtliche und gesellschaftspolitische Fragen gleichermaßen, die alle eng miteinander verflochten sind und eine isolierte Betrachtung kaum zulas-

---

[1] Der Begriff „Medien" umfaßt die Gesamtheit der Massenkommunikationsmittel. Eine allgemein akzeptierte Definition gibt es jedoch nicht. Es fallen hierunter grundsätzlich alle Einrichtungen, die bei der Massenkommunikation zur Vermittlung oder Übertragung von Aussagen dienen. Ausgeschlossen ist damit die Individualkommunikation (Telefon, Telex und dgl.). Unterschieden wird vor allem zwischen gedruckten Medien (Presse, Bücher und andere Druckerzeugnisse) und elektronischen Medien (Radio, Fernsehen und neue audiovisuelle Medien). Der Begriff des Rundfunks umfaßt Radio-Hörfunk und Fernsehen; vgl. zu den Begriffen Löffler/Ricker, S. 3, Rn 13 ff.; Ratzke, S. 339; Silberman, S. 294 f.

[2] Zu dieser Diskussion vgl. z. B. Möschel, Pressekonzentration, S. 1 und S. 165 f. mwN.

[3] Vgl. Medienbericht 85, S. 107; BKartA TB 1983/84, S. 11 f. und S. 104 f.

sen. Konzentration in der Medienindustrie kann nicht nur den wirtschaftlichen Wettbewerb gefährden, sondern immer zugleich die Vielfalt des Informations- und Meinungsflusses unterlaufen und dadurch demokratische Strukturen bedrohen. Hinzu kommt, daß die technologische Entwicklung auf diesem Gebiet schnell fortschreitet (Stichwort „Neue Medien")[4] und mangels gesicherter Sachverhaltstypen einer rechtlichen Beurteilung nur schwer zugänglich ist[5].

Die vorliegende Arbeit zielt auf eine umfassende Darstellung der mit der Fusionskontrolle im Medienbereich zusammenhängenden Problemsachverhalte. Für eine thematische Eingrenzung wurde der Schwerpunkt auf die Verflechtung von Presse- und privaten Rundfunkunternehmen gelegt. Buch-, Film- und Tonträgermärkte bleiben ausgeklammert.

Die aktuelle Diskussion um den Zugang der Presse zum privaten Rundfunk wird hauptsächlich aus Sorge um eine mögliche Gefährdung publizistischer Vielfalt geführt. Für die Fusionskontrolle des GWB ist dies kein Kriterium. Die Arbeit untersucht deshalb die Wirkungen derartiger Verflechtungen auf den wirtschaftlichen Wettbewerb und die möglicherweise zu erwartende Verschlechterung der Marktstruktur. Es wird die Frage geprüft, inwieweit das deutsche Fusionskontrollrecht in der Lage ist, wettbewerbliche Strukturen in den neuen Medienmärkten zu sichern und welche Schwierigkeiten dabei auftreten.

---

[4] Auch unter diesem Begriff wird sehr unterschiedliches verstanden. Der Schwerpunkt liegt auf Informationsübermittlung mit elektronischen Mitteln, vgl. Salje, in: Großfeld/Salje, S. 115.

[5] Zu diesen Unwägbarkeiten vgl. Enquête-Kommission 1983, S. 14 ff.

Gang der Darstellung

Seit Inkrafttreten der 3. GWB-Novelle 1976 hat sich eine verhältnismäßig umfangreiche pressefusionskontrollrechtliche Entscheidungspraxis durch das Bundeskartellamt und die Gerichte entwickelt. Im ersten Teil der Arbeit soll diese Praxis zunächst systematisch dargestellt werden, um daraus Erkenntnisse für die Anwendbarkeit des fusionskontrollrechtlichen Instrumentariums im Medienbereich insgesamt ableiten zu können (insbesondere für die Marktabgrenzung und für die Feststellung der Entstehung bzw. der Verstärkung einer marktbeherrschenden Stellung). Auch kann die Diskussion um die pressespezifische Fusionskontrolle Aufschluß darüber geben, inwiefern die Fortentwicklung des geltenden Rechts hin zu einer medienspezifischen Fusionskontrolle notwendig erscheint.

Im zweiten Teil soll das amerikanische Regelungssystem zur Kontrolle von Konzentration und Verflechtung im Medienbereich befragt werden. Dies umfaßt eine Darstellung der amerikanischen Diskussion in der Literatur ebenso wie die Darstellung der Regelungs- und Entscheidungspraxis der amerikanischen Behörden und Gerichte. Amerikanische Erfahrungen sind nützlich auch insofern, als sie in gewissen Grenzen Aufschluß über mögliche zukünftige Entwicklungen der Medienmärkte in der Bundesrepublik geben können.

Im dritten Teil soll geprüft werden, inwieweit die im ersten und zweiten Teil gewonnenen Erkenntnisse für eine Beurteilung der Zusammenschlußkontrolle im Medienbereich insgesamt nutzbar gemacht werden können. Dargestellt wird hier auch das Ineinandergreifen von rundfunkrechtlichen und wettbewerbsrechtlichen Regelungsansätzen und die Schwierigkeiten, die sich bei der Beurteilung von Verflechtungen zwischen Unternehmen, die im intermediären Wettbewerb zueinander stehen, auf der Basis des fusionskontrollrechtlichen Instrumentariums ergeben.

Erster Teil

Die Fusionskontrolle im Pressebereich

A. Rechtsgrundlagen

I. Rechtslage vor der 3. GWB-Novelle und Entstehungsgeschichte des Pressefusionskontrollgesetzes

Mit Einführung der allgemeinen Fusionskontrolle durch das 2. Gesetz zur Änderung des GWB vom 5. 8. 1973[1] unterlagen auch Zusammenschlüsse von Presseunternehmen der allgemeinen Fusionskontrolle. Mit dem Aufgreifkriterium von 500 Mio. DM Jahresumsatz (sog. Bagatellumsatzklausel des § 24 Abs. 8 Satz 1 Nr. 1 GWB[2]) konnten nur Zusammenschlüsse von Großverlagen erfaßt werden. Zahlreiche Pressemärkte sind jedoch gerade dadurch gekennzeichnet, daß Angebot und Nachfrage hinsichtlich bestimmter Leistungen auf den lokalen und regionalen Bereich beschränkt sind. Darüber hinaus waren durch die Geltung der sog. Regionalklausel (§ 24 Abs. 8 Satz 1 Nr. 3 a.F.) bestimmte Pressebereiche (Lokalzeitungen, Anzeigenblätter) von der Fusionskontrolle ausgeschlossen. Da selbständige Verlage kaum die Umsatzgrenze von 50 Mio. DM der sog. Anschlußklausel (§ 24 Abs. 8 Satz 1 Nr. 2) überschritten, konnte auch aus diesem Grund die Kontrolle nur selten greifen.[3]

Die Möglichkeit einer pressespezifischen Verschärfung der allgemeinen Fusionskontrolle wurde schon während der Beratung der 2. GWB-Novelle 1973 diskutiert.[4] Der Deutsche Bundestag bezeichnete es in Anbetracht der fortschreitenden Konzentration im Pressebereich als notwendig, mit Hilfe spezieller wettbewerbsrechtlicher Regelungen der Konzentrationsentwicklung entgegenzuwirken[5]. Angesichts des Zeitdrucks, unter welchem die

---

[1] BGBl. I, S. 917.

[2] §§ ohne Angaben sind im folgenden solche des GWB.

[3] Bericht Pressefusionskontrolle, 1978, S. 2.

[4] Zur Entstehungsgeschichte vgl. auch Möschel, Pressekonzentration, S. 165 f. mwN.; Harms in GK, Einleitung Zus.-Kontrolle, Rn 50 f.

[5] Andere Vorschläge zur Eindämmung der Konzentration wie Marktanteilsbegrenzungen, Auflagenlimitierungen, öffentlichrechtliche Stiftungskonstruktionen und dgl. wurden nicht aufgegriffen, vgl. Möschel, JZ 1984, S. 494 r.Sp.

Verabschiedung der 2. Novelle stand, konnten pressespezifische Bestimmungen nicht mehr aufgenommen werden. Es blieb bei einer Aufforderung an die Bundesregierung, möglichst bald einen ergänzenden Gesetzesvorschlag mit pressespezifischen Bestimmungen vorzulegen.

Schließlich wurde der Entwurf der Bundesregierung vom 11. 12. 1974[6] nach einigen Änderungen ohne die ursprünglich vorgesehene umstrittene Zusagenregelung[7] am 28. 6. 1976 verabschiedet und mit Rückwirkung[8] zum 28. 1. 1976[9] in Kraft gesetzt.[10]

II. Regelungsziel der 3. Novelle

Dies sind insbesondere die lokalen und regionalen Märkte für Presseleistungen. In der Gesetzentwurfsbegründung heißt es hierzu: „Die Begrenzung der Fusionskontrolle auf große überregionale Zusammenschlüsse beruht auf der Erwägung, daß i.a. nur bei solchen Zusammenschlüssen eine Kontrolle wettbewerbspolitisch notwendig ist. Im Pressewesen, in dem es in besonderem Maße auf die Vielfalt des Angebots auch im regionalen und lokalen Bereich ankommt und das überwiegend von mittleren und kleineren Unternehmen getragen wird, reicht eine auf Großzusammenschlüsse begrenzte Fusionskontrolle nicht aus."[11]

Diesem Ziel wurde dadurch entsprochen, daß das Aufgreifkriterium Umsatz für die Überprüfung von Zusammenschlüssen für Presseunternehmen auf ein Zwanzigstel herabgesetzt wurde (§ 23 Abs. 1 Satz 7). Außerdem wurde die Anwendung der sog. Anschlußklausel des § 24 Abs. 8 Satz 1 Nr. 2 sowie die Geltung der Regionalklausel des § 24 Abs. 8 Nr. 3 a.F.[12] für Zusammenschlüsse von Presseunternehmen ganz ausgeschlossen (§ 24 Abs. 9).

III. Gesetzlicher Regelungsinhalt der 3. Novelle

Zunächst gelten auch für Zusammenschlüsse im Pressebereich die verfahrens- und materiellrechtlichen Vorschriften der allgemeinen Fusionskontrolle gemäß der §§ 23 ff. Anwendung finden die allgemeinen materiellen Eingriffskriterien, insbesondere der Begriff „marktbeherrschendes Unter-

[6] RegE 1974.

[7] Zu dieser vgl. RegE 1974 Begr., S. 7 l. Sp. und Bericht Wirtschaftsausschuß 1976, S. 5.

[8] Zur Rückwirkung s. Kull, AfP 1974, S. 634; Ricker, AfP 1975, S. 733.

[9] Datum der Beschlußfassung im Wirtschaftsausschuß.

[10] BGBl. I, 1697.

[11] RegE 1974, S. 5 l. Sp. und S. 10.

[12] Durch die 4. GWB-Novelle 1980 — BGBl. I, S. 1761 — ganz weggefallen.

nehmen", die Marktbeherrschungsvermutungen in § 22 und die Prüfungsmerkmale in § 24 Abs. 1 (Entstehung oder Verstärkung marktbeherrschender Stellungen). Auch die Feststellung des relevanten Marktes richtet sich nach den allgemeinen Grundsätzen.[13]

Pressespezifische Besonderheiten[14] ergeben sich damit lediglich hinsichtlich der Aufgreifkriterien sowie der Toleranzklausel des § 24 Abs. 8. Betroffen sind dabei folgende vier Bereiche:[15]

1. Die Anzeigepflicht nach § 23

Bei vollzogenen Zusammenschlüssen von Presseunternehmen wird eine Anzeigepflicht i.d.R. nur durch Erreichen des Umsatzkriteriums gemäß § 23 Abs. 1 Satz 1 Nr. 2 ausgelöst. Nach § 23 Abs. 1 Satz 7 ist bei Unternehmen, deren Geschäftsbetrieb ganz oder teilweise im Verlag, in der Herstellung oder im Vertrieb von Zeitungen oder Zeitschriften oder deren Bestandteilen besteht, für die Berechnung des Umsatzes das 20fache in Ansatz zu bringen. Anzeigepflichtig ist danach der Zusammenschluß dann, wenn die beteiligten Unternehmen insgesamt Umsatzerlöse von 25 Mio. DM (statt 500 Mio.) hatten. Bei Tageszeitungen entspricht dies heute einer verkauften Auflage von ca. 40000 Exemplaren.[16]

Beim Vertrieb von Presseerzeugnissen gilt als Handelsumsatz der Multiplikator 15, was sich aus § 23 Abs. 7 Hs. 2 ergibt. Die Umsatzgrenze liegt dort bei 33,33 Mio. DM.

Zu beachten ist, daß die spezifischen Rechenklauseln nur für die Umsätze gelten, die die Unternehmen auf den Pressemärkten erzielen. Umsätze auf anderen Märkten werden nach den allgemeinen Regeln in Ansatz gebracht.

---

[13] RegE 1974, S. 5 l. Sp.; Bericht Pressefusionskontrolle, 1978, S. 3 l. Sp.

[14] Der pressespezifischen Fusionskontrolle unterfallen nur periodisch erscheinende Print-Medien (vgl. RegE 1974 Begr., S. 5). Dazu gehören neben Zeitungen, Zeitschriften oder Magazinen auch lokale Wochenblätter und kostenlos verteilte Anzeigenblätter (MK HG II, Tz 676). Bücher unterfallen nicht der pressespezifischen Sonderregelung, vgl. KG WuW/E OLG 2825, 2831 Taschenbücher. Zum Pressebegriff i.S.d. Fusionskontrolle vgl. Harms in GK, § 24 Rn. 777 ff.; Mestmäcker in IM, § 23 Rn. 101.

[15] Zum folgenden vgl. Möschel, Pressekonzentration, S. 167 ff.

[16] Vgl. Harms in KG, § 24 Rn. 790; bei Erlaß der 3. Novelle entsprach dies noch ca. 60000 Exemplaren, s. Bericht Wirtschaftsausschuß 1976, S. 3 r.Sp.

2. *Die Anmeldung von Zusammenschlußvorhaben nach § 24a*

Nach § 24a Abs. 1 Satz 2 ist schon das Vorhaben eines Zusammenschlusses beim BKartA anzumelden, wenn ein Doppelmilliardär oder zwei Unternehmen mit jeweils mindestens einer Milliarde DM Jahresumsatz beteiligt sind. Für Presseunternehmen gilt auch hier der Multiplikator 20 bzw. 15, was sich durch die Verweisung des Satzes 3 der Vorschrift auf § 23 ergibt. Eine zwingende präventive Fusionskontrolle wird danach bei Presseumsätzen von 100 Mio. bzw. 50 Mio. DM ausgelöst, beim Vertrieb bei Umsätzen von 133,33 bzw. 66,67 Mio. DM.

3. *Modifikation der Marktbeherrschungsvermutungen*

Wie die allgemeine Fusionskontrolle knüpft auch die Fusionskontrolle für Unternehmen im Pressebereich an das materielle Eingriffskriterium des § 24 Abs. 1 an; die Entstehung oder Verstärkung einer marktbeherrschenden Stellung muß zu erwarten sein. Anwendung finden die Begriffsbestimmungen des marktbeherrschenden Unternehmens sowie die Marktbeherrschungsvermutungen. Die Vermutungstatbestände des § 23 Abs. 3 werden für Presseunternehmen durch den Multiplikator 20 modifiziert, was sich aus der Verweisung des § 22 Abs. 3 Satz 2 ergibt. Die Monopolvermutung des § 22 Abs. 3 Nr. 1 wird dadurch bei Presseunternehmen beim Umsatz von 12,5 Mio. (statt 250 Mio.), die der Oligopolvermutung des § 22 Abs. 3 Nr. 2 beim Umsatz von 5 Mio. (statt 100 Mio.) DM ausgelöst.

Nicht modifiziert werden dagegen die Vermutungstatbestände des § 23a Abs. 1 und 2. Nach Abs. 3 dieser Vorschrift wird für die Berechnung der Umsatzerlöse § 23 Abs. 1 Satz 7 ausgenommen, da Presseumsätze als Indikator von Finanzkraft keine Besonderheiten aufweisen.[17]

4. *Die Änderung der Toleranzklauseln des § 24 Abs. 8*

Bei Inkrafttreten der 3. Novelle hatte § 24 Abs. 9 noch größere Bedeutung, da er die Anwendung der damals noch geltenden sog. Regionalklausel ausschloß. Heute schließt § 24 Abs. 9 noch die Anwendung der sog. Anschlußklausel des § 24 Abs. 8 Satz 1 Nr. 2 aus, soweit durch den Zusammenschluß der Wettbewerb auf Pressemärkten beschränkt wird.[18] § 24 Abs.

[17] Vgl. Harms in GK, § 24 Rn 752 und § 23a Rn 111.

[18] Unter Wettbewerbsbeschränkung ist die Entstehung oder die Verstärkung einer marktbeherrschenden Stellung zu verstehen; zur mangelnden Präzision dieses Satzes vgl. Harms in GK, § 24 Rn 791.

1 kann also — auch auf gemischte Zusammenschlüsse[19] — immer dann ohne Einschränkung durch die Anschlußkausel angewendet werden, wenn durch einen Zusammenschluß eine Verschlechterung der Marktstruktur auf einem Zeitungs- oder Zeitschriftenmarkt zu erwarten ist.[20]

Im übrigen gilt bei Anwendung des Abs. 8 Satz 1 Nr. 1 (Bagatellumsatzklausel) für die Berechnung der Umsatzerlöse über die Verweisung des Satzes 2 der Vorschrift die pressespezifische Herabsetzung des Aufgreifkriteriums Umsatz. Nicht erfaßt werden demnach Fusionen im Pressebereich dann, wenn die beteiligten Unternehmen insgesamt Umsatzerlöse von weniger als 25 Mio. DM (bzw. 33,33 Mio beim Vertrieb) hatten.

Angezweifelt wird, ob Abs. 8 Satz 2 auch auf die Nr. 3 des Satzes 1 der Vorschrift (Bagatellmarktklausel) anwendbar ist, da die Umsatzerlöse nach § 23 Abs. 1 Satz 7 nur bei „Unternehmen", nicht „auf Märkten" durch den Divisor 20 zu teilen seien.[21] Mit Sinn und Zweck der pressespezifischen Fusionskontrolle, kleine und mittlere Unternehmen auf lokalen und regionalen Märkten zu schützen, ist diese Auslegung nicht zu vereinbaren. Bei Pressezusammenschlüssen liegt die Bagatellmarktgrenze damit bei Jahresumsätzen von 500000 DM (bzw. 666667 DM beim Vertrieb).

IV. Systemkonformität der 3. Novelle mit dem GWB

Hiermit ist die Frage nach der wettbewerblichen und/oder publizistischen Zielrichtung der pressespezifischen GWB-Vorschriften aufgeworfen. Die Einführung der 3. Novelle wurde begleitet von einer kontrovers geführten Diskussion darüber, ob die Modifikationen mit der wettbewerblichen Orientierung der GWB-Fusionskontrolle vereinbar seien. Es wurde der Vorwurf erhoben, die Änderung sei nicht wettbewerbsrechtlich, sondern pressepolitisch motiviert.[22] Heute herrscht weitgehend Einigkeit, daß die Anpassung des GWB an die besonderen Strukturen der Pressemärkte systemkonform ist.[23]

Die Herabsetzung der Aufgreifkriterien bei gleichzeitiger Beibehaltung der materiellen allgemeinen Eingriffskriterien stellt kein Sonderrecht dar, sondern paßt die auf Industrieunternehmen zugeschnittenen Aufgreifkrite-

---

[19] Vgl. RegE 1974 Begr., S. 6 l. Sp.; Harms in GK, § 24 Rn 793.

[20] Langen, § 24 Rn 70; Mestmäcker in IM, § 24 Rn 135 f.; Möschel, Wettbewerbsbeschränkungen, Rn 829.

[21] So gegen die h.M. Harms in GK, § 24 Rn 751.

[22] Kull, AfP 1974, 638.

[23] BGH in WuW/E BGH 1685, 1687 Springer — Elbe Wochenblatt; Mestmäcker in IM, § 23 Rn 53; Möschel, Pressekonzentration, S. 176 f.; ders., ZGR 1982, 339 ff.; kritisch dagegen Harms in GK, § 24 Rn 761.

rien an die besonderen Größenverhältnisse der Presseunternehmen an. Spezielle Rechenklauseln finden sich für die allgemeine Fusionskontrolle schon bei Banken, beim Handel und bei den Versicherungen.

Hinter der Absicht, die Fusionskontrolle auch auf lokale und regionale Pressemärkte zu erstrecken, stehen wirtschaftspolitische und sog. medienpolitische Erwägungen.[24] Dies steht jedoch nicht in Widerspruch zu den allgemeinen Normen des GWB. Funktionsfähiger wirtschaftlicher Wettbewerb wird nicht aus Selbstzweck geschützt. Eng verknüpft sind vielmehr weiterreichende Zwecke und Hoffnungen, z. B. wirtschaftliche Handlungsfreiheiten einer Vielzahl von Entscheidungsträgern in einem dezentralisierten Ordnungssystem zu erhalten, die Voraussetzungen für möglichst hohen ökonomischen Wohlstand zu schaffen, zur Erhaltung einer wechselseitig machtbegrenzenden Gewaltenteilung im Verhältnis von Staat und gesellschaftlichen Gruppen beizutragen, und andere mehr.[25] Das gesellschaftspolitische Interesse, Angebotsvielfalt hinsichtlich von Presseerzeugnissen auch auf lokaler und regionaler Ebene durch Untersagung externen Unternehmenswachstums zu erhalten, widerspricht damit nicht wettbewerblichen Zwecken des GWB.

Hinzu kommt, daß die pressespezifischen Regelungen ausschließlich auf den wirtschaftlichen Wettbewerb Bezug nehmen.[26] Es wird nicht auf den publizistischen Wettbewerb zwischen den Presseunternehmen abgestellt und es gibt keine Sonderkriterien publizistischer Vielfalt. Es bleibt bei den allgemeinen materiellen Eingriffskriterien der marktbeherrschenden Stellung. Marktabgrenzung, Feststellung des Beherrschungsgrades und Strukturprognose erfolgen nach den allgemeinen Regeln. Die Herabsetzung der Aufgreifkriterien ermöglicht erst die Anwendung des fusionskontrollrechtlichen Instrumentariums auf die besonders strukturierten Pressemärkte.

Der diesem Regelungsansatz zugrunde liegende Gedanke ist nicht zu übersehen: Wirtschaftlicher Wettbewerb auf den verschiedenen Pressemärkten soll als Voraussetzung für die Erhaltung der Funktionsbedingungen einer freien Presse gewährleistet werden und damit indirekt Meinungsvielfalt sichern.[27] Der Zusammenhang zwischen wirtschaftlichem und publizistischem Wettbewerb ist damit grundlegend. Da er auch in der Diskussion um den intermediären Wettbewerb eine wesentliche Rolle spielt,[28] soll an dieser Stelle etwas näher darauf eingegangen werden.

---

[24] Vgl. Bericht Wirtschaftsausschuß 1976, S. 4 r.Sp.

[25] Möschel, Pressekonzentration, S. 176; ders., Der Oligopolmißbrauch, S. 9 ff.; ders., Rechtsordnung, S. 13 ff.; im Anschluß daran ebenso der BGH, WuW/EBGH 1685, 1687/1688.

[26] Möschel, Pressekonzentration, S. 176.

[27] Vgl. Mestmäcker, Medienkonzentration, S. 30 mwN.; ders., Pressefreiheit, S. 127 ff.; Möschel, Pressekonzentration, S. 34; ders., ZGR 1982, 339 f.

[28] Hierzu unten im Text Teil 3.

Zunächst ist darauf hinzuweisen, daß ideale Pressemärkte aus wettbewerblicher Sicht nicht auch gleichzeitig ideale Pressemärkte aus publizistischer Sicht (Vielfaltsthese) sind. Nach der Wettbewerbstheorie müßten möglichst viele in etwa inhaltlich gleiche Tageszeitungen auf einem relevanten Markt angeboten werden, damit ein hoher Grad an Wettbewerb herrscht. Die Vielfaltsthese des Art. 5 GG fordert dagegen möglichst viele verschiedene Informationen und Meinungen. Deshalb bedeutet vollkommener ökonomischer Wettbewerb im Sinne der Wettbewerbstheorie nicht zwangsläufig vollkommener publizistischer Wettbewerb und umgekehrt. Konsequent ist deshalb die Forderung nicht nach einer präsenten Vielfalt, sondern nach einer potentiellen Vielfalt.[29] Trotzdem ist man sich weitgehend einig darin, daß funktionierender wirtschaftlicher Wettbewerb zwar nicht hinreichende, so doch notwendige Bedingung für Pressevielfalt und publizistischen Wettbewerb ist.[30]

Die privatwirtschaftliche Struktur der Presse wird dabei als Voraussetzung für die Erfüllung der ihr zufallenden „öffentlichen Aufgabe" betrachtet.[31] Die Wahrscheinlichkeit für publizistische Vielfalt ist bei im Wettbewerb stehenden wirtschaftlich selbständigen Verlagen höher. Fusionskontrolle im Pressebereich kann damit vorbeugend publizistische Konzentration verhindern helfen. Konzentrationskontrolle mit Hilfe wirtschaftsrechtlichen Instrumentariums hat zudem den Vorteil der medienpolitischen Neutralität. Publizistische Konzentrationskontrolle dagegen müßte Äußerungsinhalte bewerten, wobei schnell Konflikte im sensiblen Bereich des Art. 5 GG entstünden. Dieser indirekte Regelungsansatz ist damit praktikabler als die Anknüpfung an publizistische Vielfaltskriterien. Entsprechend liegen der Fusionskontrolle im Pressebereich ausschließlich wirtschaftliche Kriterien zugrunde. Es geht hierbei nicht um die Erhaltung einer bestimmten Presselandschaft oder darum, daß die Meinungsvielfalt gewährleistet ist, sondern um die Sicherung des wirtschaftlichen Wettbewerbs auf dem Markt für Presseleistungen.[32]

V. Zur Verfassungsmäßigkeit der 3. Novelle

Seit Beginn der Einführung einer pressespezifischen fusionskontrollrechtlichen Regelung durch die 3. GWB-Novelle ist die Vereinbarkeit der Rege-

---

[29] Vgl. Klaue in Klaue u. a., S. 103 f.

[30] s. Nachweise oben Anm. 27, und Kübler, S. 21.

[31] BVerfGE 20, 162, 175.

[32] KG WuW/E OLG 3303, 3312 Süddeutscher Verlag — Donau-Kurier; bestätigt Singener Wochenblatt. (Anders dagegen beispielsweise in Großbritannien, wo ein Pressezusammenschluß nach den Auswirkungen auf die publizistische Vielfalt hin

lung mit dem Grundgesetz umstritten. Zwei Fragen stehen im Vordergrund. Die erste bezieht sich auf die Gesetzgebungszuständigkeit des Bundes, die zweite darauf, ob das Gesetz ein „allgemeines Gesetz" i.S. von Art. 5 Abs. 2 GG sei.[33]

Inzwischen haben sowohl der BGH[34] als auch das BVerfG[35] die Regelungen bestätigt. Die Gesetzgebungskompetenz des Bundes wird abgeleitet aus Art. 74 Nr. 16 GG (konkurrierende Zuständigkeit auf dem Gebiet der Verhütung des Mißbrauchs wirtschaftlicher Machtstellung) und nicht aus Art. 75 Nr. 2 GG (Rahmenkompetenz für allgemeine Rechtsverhältnisse der Presse).[36] Ausschlaggebend für die Beurteilung der Kompetenzfrage ist die durch das Gesetz geregelte Materie selbst, nicht die damit (möglicherweise) verbundenen weitergreifenden Zwecke oder Hoffnungen.[37] Der Zusammenhang zwischen wirtschaftlichem Wettbewerb und publizistischem Wettbewerb ergibt nicht Gegenteiliges, sondern unterstreicht die Plausibilität. Die Anpassung der allgemeinen Fusionskontrollvorschriften an die besonderen Strukturen der Presse dient dazu, eine den wirtschaftlichen Wettbewerb gefährdende Konzentration und damit die Möglichkeit, wirtschaftliche Machtstellungen zu mißbrauchen, i.S. von Art. 74 Nr. 16 GG zu verhüten. Sie stellt damit lediglich eine Konkretisierung der materiellrechtlichen und verfahrensrechtlichen Kriterien der allgemeinen Fusionskontrolle dar.[38]

Bezweifelt wurde auch, ob die Pressefusionsnovelle „allgemeines Gesetz" i.S.d. Art. 5 Abs. 2 GG sei.[39] Sowohl der BGH[40] als auch das BVerfG[41] haben dies ebenfalls bestätigt. Nach ständiger Rechtsprechung des BVerfG sind allgemeine Gesetze solche, „die nicht eine Meinung als solche verbieten, die

---

beurteilt wird, vgl. Merkin/Williams, S. 273, 278 ff.; Jünemann, S. 115 ff.; zur Pressefusionskontrolle in Frankreich vgl. Kerber, WuW 1985, 290 f f.

[33] Die ursprünglich vorgesehene Zusagenregelung, die ebenfalls äußerst umstritten war, wurde bekanntlich nicht in die Novelle aufgenommen; zur Diskussion vgl. Bericht Wirtschaftsausschuß 1976, S. 5 ff.; Mestmäcker, Medienkonzentration, S. 102 f.; Möschel, Pressekonzentration, S. 178 ff. mwN.; Harms in GK, § 24 Rn 758.

[34] WuW/E BGH 1685, 1687 ff. Springer — Elbe Wochenblatt.

[35] WuW/E VG 307 Münchner Anzeigenblätter.

[36] BVerfG WuW/E VG 307; Harms in GK, § 24 Rn 766 mwN.; zur Kompetenzfrage auch Dittrich, S. 147 ff.

[37] WuW/E BGH 1685, 1688, im Anschluß an Möschel, Pressekonzentration, S. 178 ff.

[38] Kritisch zur Kompetenz des Bundes aus Art. 74 Nr. 16 GG Harms in GK, § 24 Rn 767.

[39] Kull, AfP 1974, 636; Bechtold, AfP 1980, 89; Pitschas, DB 1981, 731; nach wie vor kritisch Harms in GK, § 24 Rn 761.

[40] WuW/E BGH 1685, 1688 f. Springer — Elbe Wochenblatt; vgl. auch WuW/E BGH 2276, 2277/78 Süddeutscher Verlag — Donau-Kurier.

[41] WuW/E VG 307.

sich nicht gegen die Äußerung der Meinung als solche richten, die vielmehr dem Schutz eines schlechthin, ohne Rücksicht auf eine bestimmte Meinung, zu schützenden Rechtsgutes dienen, dem Schutze eines Gemeinschaftswerts, der gegenüber der Betätigung der Meinungsfreiheit den Vorrang hat".[42]

Nach Auffassung des BGH sind die von der 3. Novelle gezogenen Schranken zugunsten der Wettbewerbsfreiheit gerechtfertigt.[43] Das Recht der freien Meinungsäußerung umfaßt dann nicht mehr auch die Freiheit zu einem externen Wachstum über die Grenzen einer marktbeherrschenden Stellung hinaus, wenn es den funktionsfähigen Wettbewerb unter Presseunternehmen beeinträchtigt. Die Anpassung der Aufgreifkriterien an die Besonderheiten der Pressemärkte entspricht den speziellen Regelungen des GWB für den Bereich der Banken, Versicherungen und Handelsunternehmen.[44]

B. Zur Struktur der Pressemärkte

Seit Einführung der pressespezifischen Fusionskontrolle im Jahre 1976 ist der Konzentrationsgrad in der deutschen Presseindustrie auf einem annähernd unverändert hohen Niveau stabil geblieben. Dagegen hatte in den zwei Jahrzehnten davor — seit 1954, als der Höhepunkt des Gründungsbooms nach Aufhebung des besatzungsrechtlichen Lizenzzwangs überschritten war[1] — ein umfassender Konzentrationsprozeß die Zahl der unterschiedlichen Zeitungen, den Wettbewerb der Zeitungen untereinander und damit auch die publizistische Vielfalt erheblich vermindert.[2]

Als 1976 die pressespezifische Fusionskontrolle als eine der wenigen legislativen Maßnahmen zur Eindämmung der Pressekonzentration[3] verabschiedet wurde, waren die wichtigsten Konzentrationsprozesse bereits weitgehend abgeschlossen. Fast alle bundesdeutschen Abonnementtageszeitungen hatten bereits die Marktstellung eines Allein- oder Erstanbieters erreicht.[4] Das Streben nach diesen Positionen fiel also schon damals als Konzentrationsanreiz weitgehend weg.

[42] BVerfGE 28, 282, 292 unter Hinweis auf BVerfGE 7, 198, 209 f.; BVerfGE 50, 234, 240 f.

[43] WuW/E BGH 1685, 1689 unten; WuW/E BGH 2276, 2277/78 Süddeutscher Verlag — Donau-Kurier.

[44] Vgl. hierzu auch Mestmäcker in IM, § 23 Rn 53; kritisch Harms in GK, § 24 Rn 761.

[1] Vgl. Möschel, JZ 1984, 494 r. Sp.

[2] Schütz, Media Perspektiven 1985, S. 497.

[3] Zu nennen wäre außerdem das Pressestatistik-Gesetz vom 1. 4. 1975, BGBl. I, 777.

[4] Vgl. hiezu Schütz, Media Perspektiven 1979, 610 f., Tab. 8 mwN.

Im folgenden sollen die eher ungünstigen wettbewerblichen Strukturen auf den wichtigsten deutschen Pressemärkten im einzelnen anhand einiger Zahlen dargestellt werden.

In diesem Zusammenhang ist darauf hinzuweisen, daß sowohl die Darstellung der Konzentration im Pressebereich als auch die Ableitung gesicherter Erkenntnisse daraus auf vielschichtige Schwierigkeiten stößt.[5] Empirische und erkenntnistheoretische Aussagen sind schwer zu gewinnen. Probleme bereitet schon die Messung von ökonomischer und publizistischer Konzentration. Das statistische Grundmaterial ist schwer zu bekommen, woran auch das Pressestatistik-Gesetz wenig geändert hat.[6] Der Erhebungseinheit „Unternehmen" liegt der rechtliche Unternehmensbegriff zugrunde, nicht der wirtschaftliche, so daß mit Hilfe dieses Gesetzes die Verlagskonzentration in Konzernen nicht erfaßt werden kann.[7]

Hinzu kommt, daß der Zusammenhang zwischen ökonomischer und publizistischer Konzentration alles andere als gesichert ist. Allgemein wird angenommen, daß die publizistische Konzentration durch die ökonomische determiniert wird, da wirtschaftliche Mechanismen die Spielräume der Redaktionen begrenzen.[8] Andererseits kann die Aufrechterhaltung selbständiger ökonomischer Einheiten zu publizistischer Konzentration in Form von sog. Mantellieferungen beitragen.[9] Konsens ist wohl, daß auf Dauer publizistische Vielfalt nicht gewährleistet werden kann, wenn die Presse wirtschaftlichen Konzentrationsvorgängen unterworfen ist.[10].

Im folgenden wird auf die Erhebungen und Auswertungen des statistischen Datenmaterials von Schütz und Diederichs[11] zurückgegriffen. Die hierbei verwendeten Abgrenzungskriterien sollen für die ökonomische und publizistische Konzentration gleichermaßen anwendbar sein.

---

[5] Zu diesem komplexen Forschungsfeld grundlegend Knoche, Einführung in die Pressekonzentrationsforschung, 1978; Klaue/Knoche/Zerdick (Hrsg.), Probleme der Pressekonzentrationsforschung, 1980; Schütz, Media Perspektiven 1985, 519 in Anm. 5 und hierzu Röper, Media Perspektiven 1984, 98 ff.

[6] Selbst die Monopolkommission konnte wegen unzureichender Mitwirkung der Presseunternehmen ihre beabsichtigten empirischen Erhebungen nicht sinnvoll auswerten, vgl. MK HG II Tz 131 f., 684 ff., HG III Tz 410, HG V Tz 514 ff., 526, HG VI Tz 510 ff., 513.

[7] Vgl. hierzu auch Mestmäcker, Medienkonzentration, S. 34; Taubert in Klaue u. a. (Hrsg.), S. 57 f.

[8] Kantzenbach in Klaue u. a. (Hrsg.), S. 76 f.

[9] Knoche in Klaue u. a. (Hrsg.), S. 79.

[10] Ulmer in Klaue u. a. (Hrsg.), S. 84.

[11] Siehe hierzu die fortlaufenden Veröffentlichungen in Media Perspektiven.

I. Tageszeitungen

Im Vordergrund der Aufmerksamkeit steht die Tageszeitung, da sie für den örtlichen Kommunikationsraum unentbehrlich und dort nach wie vor das führende Medium ist.[12] Ihr Bezugsrahmen ist vorwiegend lokal oder regional geprägt. So gibt es in der Bundesrepublik nur sechs deutschsprachige Tageszeitungen, die den überwiegenden Teil ihrer Auflage außerhalb der Region ihres Erscheinungsortes absetzen.[13] Für den Bereich aller Tageszeitungen ergeben sich hinsichtlich der Entwicklung folgende Zahlen:

Tabelle 1

Jahr	1954	1964	1976	1985
Publizistische Einheiten	225	183	121	126
Verlage als Herausgeber	624	573	401	328
Redaktionelle Ausgaben	1.500	1.495	1.229	1.273
Verkaufte Auflage in Mio.	13,4	17,3	19,5	20,9

(Zahlen nach Schütz, Media Perspektiven 1985, 497).

Als „Tageszeitungen" werden in dieser Statistik schon Blätter erfaßt, die mindestens zweimal wöchentlich erscheinen und einen aktuellen politischen Teil mit inhaltlich unbegrenzter (universeller) Nachrichtenvermittlung enthalten.

Eine „redaktionelle Ausgabe" bezeichnet die kleinste pressestatistische Einheit mit einem auf das jeweilige Verbreitungsgebiet (Lokal-/Regionalteil) abgestimmten Inhalt.

„Verlag als Herausgeber" ist die Zusammenfassung aller „redaktionellen Ausgaben", bei denen im Impressum der gleiche Herausgeber und/oder Verlag erscheint.

Die Kategorie „publizistische Einheit" bedeutet, daß hierunter alle „Verlage als Herausgeber" mit den jeweiligen redaktionellen Ausgaben zusammengefaßt werden, die in ihrem „Mantel" (i.a. Seite 1 und 2) übereinstimmen.

Hiervon zu unterscheiden ist die Kategorie „Verlage als wirtschaftliche Einheit", worunter alle „Verlage als Herausgeber" zusammengefaßt werden, die in bestimmten Bereichen der Zeitungswirtschaft kooperieren (z. B. Druck, Vertrieb, Anzeigenverbund).

[12] Schütz, Media Perspektiven, 1985, 497.

[13] „Bild", „Frankfurter Allgemeine" (FAZ), „Die Welt", „die tageszeitung" (taz), „Deutsche Tagespost", „Unsere Zeitung" (UZ); zu den überregionalen Tageszeitungen, die größtenteils in der Region ihres Erscheinungsortes abgesetzt werden, gehören z. B. noch „Süddeutsche Zeitung", „Frankfurter Rundschau", „Stuttgarter Zeitung", vgl. Medienbericht '85, S. 51.

Die Zunahme der Zahl der „redaktionellen Ausgaben" ist damit zu erklären, daß die Verlage mit zusätzlichen Ausgaben in Großstädten stadtteilbezogene Informationen vermitteln und in großen Regionalzeitungsbezirken durch Splitting eine engere Ortsbezogenheit herstellen wollen.[14]

Gleichzeitig ist jedoch die Zeitungsdichte auf lokaler und regionaler Ebene, bezogen auf das alternative Zeitungsangebot, also auf Ausgaben, die miteinander im Wettbewerb stehen, kontinuierlich zurückgegangen. Von insgesamt 328 Kreisen und kreisfreien Städten in der Bundesrepublik gab es 1985 157 sog. Ein-Zeitungs-Kreise, das sind 47,9 % aller Kreise.[15] 1954 waren es von 558 Kreisen 85 (= 15,2 %). 136 Kreise verfügten 1985 über zwei Zeitungen, 27 Kreise über drei. Dies bedeutet, daß sich statistisch 1985 35,9 % der gesamten Bevölkerung im Bundesgebiet ohne Auswahlmöglichkeit nur aus einer Zeitung über das örtliche Geschehen informieren konnten.[16]

In Baden-Württemberg beispielsweise ist die Struktur noch ungünstiger; 1985 lebten hier 48,4 % der Bevölkerung in sog. Ein-Zeitungs-Kreisen, d. h. für nahezu die Hälfte der Bevölkerung steht in lokalen Leser- und Anzeigenmärkten keine Auswahlmöglichkeit zwischen verschiedenen Zeitungen zur Verfügung.[17]

Die tatsächliche Wettbewerbssituation ist jedoch noch ungünstiger als sie in der Statistik zum Ausdruck kommt. Durch die Landkreisreform hat sich die Zahl der Landkreise verringert, ohne daß die Zeitungsdichte sich geändert hätte. Statistisch sind dadurch Zwei- oder Mehrzeitungskreise entstanden, in denen die unterschiedlichen Zeitungen aufgrund ihres lokalen Bezugsrahmens nicht in Wettbewerb stehen.

Selbst in den Kreisen, in denen es noch zwei oder mehr Zeitungen gibt, kann kaum noch von eigentlichem Wettbewerb gesprochen werden. Kapitalbeteiligungen, Kooperationen im Anzeigengeschäft, Druck- und Vertriebsgemeinschaften mit den örtlich führenden Wettbewerbern sind hier die Regel.[18]

Hinzu kommt, daß diese Marktstrukturen nahezu völlig versteinert sind. Die Marktpositionen der einzelnen Verlagsgruppen sind in den letzten Jahren nur geringen Schwankungen unterlegen.[19] Neuzutritte auf lokalen Ta-

---

[14] Schütz, Media Perspektiven 1985, 509.

[15] s. hierzu auch MK HG VI Tz 743.

[16] 1976 waren es bereits 32,7 %.

[17] Vgl. Schütz, Media Perspektiven 1985, 511 f.

[18] Schütz, Media Perspektiven 1983, 197; informativ hierzu die Angaben zu den umfassenden Verflechtungen (Anzeigen- und redaktionelle Kooperationen) der zehn größten bundesdeutschen Verlagsgruppen der Tagespresse bei Diederichs, Media Perspektiven 1985, 617 ff.

[19] s. Tab. 10-12 bei Schütz, Media Perspektiven 1985, 514 ff.

geszeitungsmärkten gab es seit 1954 nur einen einzigen, der erfolgreich war.[20] Auf dem Markt für überregionale Tageszeitungen gab es ebenfalls nur eine einzige Neugründung.[21]

Andererseits ist eine weitere Zunahme der Konzentration im Bereich der Tagespresse eher unwahrscheinlich, da die Möglichkeiten weiterer Verflechtungen weitgehend ausgeschöpft sind.[22]

Marktanteile und Marktpositionen[23]

Tageszeitungen:

Die Gesamtauflage aller verkauften Tageszeitungen (ohne Sonntags- und Wirtschaftszeitungen) belief sich 1984 auf 21,04 Mio. Exemplare. Hiervon entfielen auf die Kaufzeitungen 6,77 Mio. Exemplare.[24] Die Gesamtauflage der Abonnementzeitungen betrug in diesem Zeitraum 14,27 Mio. Exemplare.

Sonntagszeitungen:

Bundesweit vertrieben werden nur zwei Sonntagszeitungen. „Bild am Sonntag" erreichte eine verkaufte Auflage von 2,35 Mio. Exemplaren, „Welt am Sonntag" 0,32 Mio. Beide gehören zur Springer-Gruppe.

„Sonntag aktuell", die Sonntagsausgabe einer Reihe von Tageszeitungen, wird regional im Raum Stuttgart als siebte Ausgabe an die Abonnenten verteilt. Sie erreicht eine Auflage von 0,84 Mio. Exemplaren. Zunehmend liefern auch andere Zeitungsverlage einheitliche siebte Ausgaben im Abonnement (Kassel, Bremen). 1985 waren es insgesamt 7,2 % aller Tageszeitungen mit einer Verkaufsauflage von zusammen über 1 Mio. Stück. Von daher sind die überregionalen Sonntagszeitungen zunehmendem — wenn auch örtlich begrenztem — Wettbewerb ausgesetzt.[25].

Die fünf führenden Verlagsgruppen in der deutschen Tagespresse:[26]

---

[20] „Tagesanzeiger" in Maintal, vgl. Schütz, a.a.O., 509.

[21] „taz", vgl. hierzu Kopper, Marktzutritt; ders., Media Perspektiven 1983, 145 ff.; Meyer, Media Perspektiven 1983, 155 ff.

[22] Zu den Gefahren, die durch die Einführung der neuen Medien im Hinblick auf eine neuerliche Zunahme der Konzentration drohen, vgl. unten im Text, S. 207.

[23] Zahlen bei Diederichs, Media Perspektiven 1985, 615 ff., Berechnungsgrundlage IV. Quartal 1984.

[24] „Bild", als einzige überregional verbreitet, war mit 5,26 Mio. Exemplaren (= 77,7 %) nur örtlich begrenztem Wettbewerb durch die übrigen sechs Titel lokaler/regionaler Verbreitung mit zusammen 1,5 Mio. Stück Verkaufsauflage ausgesetzt.

[25] s. Medienbericht '85, S. 52 r. Sp.

[26] Vgl. Diederichs, Media Perspektiven 1985, 617 ff.; die Darstellung des Konzentrationsgrades anhand der Verlagsgruppen ist umstritten, vgl. Diederichs in: Klaue

1. Axel Springer Verlag AG, Hamburg/Berlin, hält den größten Marktanteil mit insgesamt 29,96 %. Zieht man den Marktanteil der „Bild"-Zeitung ab (25,01 %), hält die
2. Zeitungsgruppe WAZ, Essen, den höchsten Marktanteil im Bereich lokaler/regionaler Abonnementzeitungen mit 5,76 %. Es folgen
3. Verlagsgruppe Stuttgarter Zeitung / Rheinpfalz / Gruppe württembergischer Verleger mit einem Marktanteil von 5,18 %,
4. Verlagsgruppe M. DuMont Schauberg, Köln, mit einem Marktanteil von 3,67 %, und die
5. Verlagsgruppe Süddeutscher Verlag / Friedmann Erben mit einem Marktanteil von 2,37 %.

Erhebliche Abweichungen hiervon ergeben sich, wenn man zwischen Kaufzeitungsmarkt und Abonnementzeitungsmarkt differenziert:

Konzentrationsgrad im Kaufzeitungsmarkt:

1. Axel Springer Verlag AG 82,28 %
2. Verlag DuMont Schauberg 7,51 %
3. Verlagsgruppe Münchener Zeitungsverlag / Oberbayerisches Volksblatt 2,7 %
4. „Hamburger Morgenpost" 2,43 %
5. Frankfurter Societätsdruckerei 2,12 %

Konzentrationsgrad im Abonnementzeitungsmarkt:

1. Zeitungsgruppe WAZ 8,5 %
2. Verlagsgruppe Stuttgarter Zeitung / Rheinpfalz / Gruppe württembergischer Verleger 7,64 %
3. Axel Springer Verlag AG 5,13 %
4. Rheinisch Bergische Verlagsgesellschaft 2,62 %
5. Verlagsgruppe Süddeutscher Verlag / Friedmann Erben 2,56 %

Der Marktanteil der 10 größten Verlagsgruppen blieb in den letzten zehn Jahren annähernd unverändert. Er lag 1974 bei insgesamt 53,1 %, 1984 bei 55,42 %. Die 5 größten Unternehmen erreichten 1974 einen Marktanteil von 46,96 %, 1984 von 46,94 %.[27]

---

u. a. (Hrsg.), S. 37 ff.; zum Begriff der Verlagsgruppen in Abgrenzung zum aktienrechtlichen Konzernbegriff, a.a.O., S. 39, und Definitionen in Media Perspektiven 1985, 616.

[27] Diederichs, Media Perspektiven 1985, 625.

II. Anzeigenblätter

Sie sind schwer statistisch erfaßbar, da der Markt wenig transparent ist. Die an die beiden Verbände für Anzeigenblätter[28] angeschlossenen Anzeigenblattverlage verlegen ca. 750 Titel mit einer Auflage von ca. 34 Mio. Exemplaren.[29] 1985 sollen es insgesamt ca. 900 Titel mit einer Auflage von 48 Mio. Exemplaren gewesen sein. Die Zahl der Titel nimmt noch stärker zu.[30]

Kennzeichnend für die Entwicklung der Marktstruktur ist, daß die örtlichen Tageszeitungsverleger ihren Marktanteil an den Anzeigenblättern ständig ausbauen und die unabhängigen Anzeigenblätter, die noch bis Mitte der 70er Jahre den Markt beherrscht hatten, immer weiter verdrängen.[31]

Sofern von Anzeigenblättern Wettbewerbsbeziehungen auf die Anzeigenmärkte ausgehen, werden sie durch diese Entwicklung gefährdet.[32] Die Zeitungsverleger beherrschen inzwischen ca. 2/3 des Anzeigenblattmarktes. Genaue Kenntnisse zu den Verflechtungen zwischen Tageszeitungen und Anzeigenblättern sind allerdings schwer zu erlangen, da die Beteiligungsverhältnisse durch vielfache Verschachtelungen kaum mehr durchschaubar sind.[33]

Im Anzeigenblattsektor ist auch die Tendenz zu höheren Auflagen und größeren Verbreitungsgebieten sichtbar, wodurch sich höhere Marktzutrittsschranken für die Zukunft abzeichnen.

III. Unterhaltende Publikumszeitschriften

Zu diesem Markt zählen zahlreiche unterschiedliche Publikumszeitschriften, von den auflagenstarken Illustrierten bis hin zu speziellen Zeitschriften, wobei der Übergang zu den Fachzeitschriften fließend ist.[34]

---

[28] AdZ = „Anzeigenblätter der Zeitungen" und VVDA = „Verlegerverband Deutscher Anzeigenblätter".

[29] Stand Ende 1984, s. Media Perspektiven, Daten zur Mediensituation in der Bundesrepublik Deutschland, Basisdaten 1985, S. 41.

[30] Vgl. hierzu und zum folgenden Ridder-Aab, Media Perspektiven 1985, 634 ff.

[31] Hierzu auch OLG Köln, WuW/E OLG 2642, Siegener Kurier, und WuW/E BGH 1985 Familienzeitschrift.

[32] Wettbewerbsbeziehungen zu Tageszeitungen bestehen auf dem Lesermarkt nicht, so daß es nicht zu mehr publizistischer Vielfalt im lokalen/regionalen Bereich gekommen ist.

[33] Beispielsweise ist der Springer Verlag an ca. 25 Titeln mit einer gesamten Auflage von 1,7 Mio. Exemplaren beteiligt.

[34] s. Bericht Pressefusionskontrolle 1978, S. 10; Möschel, JZ 1984, 495.

Im Unterschied zu den vorwiegend lokalen bzw. regionalen Märkten der Tagespresse herrscht auf den überregionalen Märkten für unterhaltende Publikumszeitschriften mehr Wettbewerb. Da die Marktzutrittsschranken bei den auflagenstarken Objekten hoch und der Zugang zum Anzeigengeschäft für Newcomer schwierig ist, sind Neugründungen und Marktzutritte um so häufiger, je spezieller der Inhalt der Zeitung ist.

Gleichwohl wird dieser Markt von den vier Verlagsunternehmen Bauer, Burda, Bertelsmann/Gruner & Jahr und Springer beherrscht, die insbesondere im Bereich der aktuellen Illustrierten und Programmzeitschriften dominieren.[35]

Die Gesamtauflage aller Publikumszeitschriften betrug im Jahr 1984 94,5 Mio. Exemplare.[36] Die Marktanteile verteilten sich wie folgt auf die vier größten Verlagsgruppen:

Tabelle 2 (Angaben in %)

Verlagsgruppe / Jahr	1976	1980	1984
Bauer	33,33	32,38	32,04
Springer	13,28	12,99	16,98
Burda	12,08	11,01	10,42
Gruner & Jahr / Bertelsmann	9,70	7,63	6,21
Gesamt	68,39	64,01	65,65

(Zahlen nach Diederichs, Media Perspektiven 1985, 631; es handelt sich um die konsolidierten[37] und gewichteten[38] Marktanteile).

Die Zahl der Zeitschriftentitel der vier Verlagsgruppen stieg von 53 im Jahr 1982 auf 63 im Jahr 1984, was mit 18,5 % aller Zeitschriftentitel einen Marktanteil von 65,7 % darstellt.

IV. Fachzeitschriften

Hierzu zählen alle periodisch erscheinenden Publikationen über wissenschaftliche, technische, wirtschaftliche und andere Spezialgebiete, die der

[35] Zur Anwendung der qualifizierten Oligopolvermutung auf diese vier Unternehmen vgl. WuW/E BKartA 1921 Burda — Springer.

[36] Vgl. zu folgendem Diederichs, Media Perspektiven 1985, 626 f.

[37] konsolidierter Marktanteil = Marktanteil der Verlagsgruppe, also inklusive qualifizierter Beteiligungen.

[38] gewichtete Auflage = Auflage derart mit der Erscheinungsweise gewichtet, daß Zeitschriften mit monatlicher, vierzehntäglicher oder anderer Erscheinungsweise auf eine einheitliche wöchentliche Auflage umgerechnet werden.

Information und beruflichen Fortbildung eines klar umrissenen Leserkreises (Zielgruppe) dienen.[39] Der ökonomische und publizistische Konzentrationsgrad in diesem Pressesektor ist gering. In der Pressestatistik wurden 1983 2862 Titel mit einer Gesamtauflage von 47,3 Mio. Exemplaren geführt.[40]

Bei den in diesem Bereich tätigen und oft hoch spezialisierten Unternehmen herrschen mittelständische Strukturen vor. Nur wenige der führenden Verlage, die selbst einen verhältnismäßig niedrigen Anteil am gesamten Fachzeitschriftengeschäft haben, sind mit Großunternehmen aus dem Pressebereich oder aus anderen Wirtschaftsbereichen verflochten. Wegen hoher Themen- und Zielgruppenspezialisierung kommt es leicht zu verhältnismäßig hohen Marktanteilen bei einzelnen Unternehmen, ohne daß deshalb schon von überragender Marktmacht gesprochen werden kann. Es herrscht Wettbewerb um die Neukonzeption und die Anpassung von Fachzeitschriften an den Informationsbedarf der einzelnen Zielgruppen und um die Bedürfnisse der werbetreibenden Wirtschaft. Die Marktzutrittsschranken sind relativ niedrig. Aus all diesen Gründen ist die Einbeziehung der Fachzeitschriften in die pressespezifische Fusionskontrolle umstritten.[41]

V. Pressevertrieb

Die Objekte der Zeitungs- und Zeitschriftenpresse werden entweder über den Einzelverkauf oder durch Abonnement mit Auslieferung durch eigene und fremde Vertriebsorganisationen einschließlich des Postzeitungsdienstes vertrieben.[42]

Aus wettbewerblicher Sicht sind die Strukturen auf dem Pressevertriebsmarkt sehr ungünstig.[43] Ursächlich hierfür ist hauptsächlich die Herausbildung des sog. Presse-Grosso, das bundesweit im Jahre 1983 aus 83 Großhändlern bestand, die ca. 90000 Einzelhandelsverkaufsstellen belieferten. Die Großhandelsunternehmen haben aufgrund von Alleinvertriebsverträgen in ihrem jeweiligen Vertriebsgebiet hinsichtlich nahezu aller Zeitungen und Zeitschriften eine Monopolstellung inne und sind so keinerlei Wettbewerb ausgesetzt. In den ganz wenigen Gebieten, in denen zwei Grossisten dasselbe Gebiet beliefern, besteht nicht Gebiets-, sondern Objekttrennung, so daß die Grossisten jeweils unterschiedliche Objekte vertreiben. Dieses

---

[39] s. Bericht Pressefusionskontrolle 1978, S. 10; WuW/E BKartA 1709, 1710 Bertelsmann — Deutscher Verkehrsverlag.

[40] Medienbericht '85, S. 56 l. Sp.

[41] Vgl. hierzu auch BKartA TB 1979/80, S. 98 l. Sp.; Harms in GK, § 24 Rn 763 und 818, dazu unten im Text S. 55 („Verstoß gegen das Übermaßverbot").

[42] s. hierzu eingehend Roggen, S. 26 ff.

[43] Medienbericht '85, S. 57 ff.; Roggen, S. 93 ff.; Möschel, JZ 1984, 495 f.

System soll die Remission[44] möglichst gering halten und andere Rationalisierungseffekte gewährleisten.

Fusionskontrollrechtlich relevant können hier die Beteiligung von Großverlagen an Pressegroßhandlungen[45] und der Zusammenschluß von Pressegroßhändlern untereinander werden.[46]

C. Zu den Ursachen der Konzentration im Pressebereich

Konzentrationsursachen können hier nicht makro- oder mikroökonomisch detailliert dargestellt werden. Vielmehr geht es darum, im Rahmen einer juristischen Untersuchung die hiermit in Verbindung stehenden wesentlichen Problemsachverhalte bei der Anwendung fusionskontrollrechtlicher Regelungen aufzuzeigen.

Eine wesentliche Ursache für den hohen Konzentrationsgrad im Pressebereich ist die sog. Auflagen-Anzeigen-Spirale. Sie wirkt insbesondere im lokalen Abonnementtageszeitungssektor, in abgeschwächter Form aber auch im Bereich unmittelbar konkurrierender Straßenverkaufszeitungen und Publikumszeitschriften.[1]

Zeitungen bieten als sog. Kuppelprodukt[2] redaktionelle Leistungen auf dem Lesermarkt und Werbemöglichkeiten auf dem Anzeigenmarkt an. Betroffen sind zwei sachlich selbständige Teilmärkte, die im Wettbewerb eng miteinander verknüpft sind und die besondere Struktur der Pressemärkte kennzeichnen. Die „Auflagen-Anzeigen-Spirale" macht den Zusammenhang zwischen diesen beiden Märkten und die Interdependenz zwischen Auflagenhöhe, Anzeigenaufkommen und Anzeigenpreisen deutlich.

Die Gesamterlöse der Abonnementtageszeitungen setzen sich zu ca. 70 % aus dem Anzeigengeschäft und zu ca. 30 % aus Vertriebseinnahmen zusammen. Bei Straßenverkaufszeitungen und Publikumszeitschriften werden ungefähr die Hälfte der Einnahmen durch das Anzeigengeschäft erwirtschaftet.[3] Dieses ist damit eine wichtige Komponente für die Existenzfähigkeit einer Zeitung. Der Umfang der Anzeigenaufträge hängt von der Höhe der verkauften Auflage ab. Die Höhe der verkauften Auflage richtet sich in

---

44 Rückgabe nicht verkaufter Objekte.

45 Hierzu Medienbericht '85, S. 57 r. Sp.; Roggen, S. 218.

46 Beispielhaft der Fall Bertelsmann-Saarbach, BKartA TB 1978, S. 84/85.

1 Vgl. Michel-Bericht, S. 176 ff.; Günther-Bericht, S. 24 ff.; Kantzenbach/Greiffenberg in Klaue u. a. (Hrsg.), S. 198 ff.

2 s. hierzu Ulmer, Schranken, S. 54 f.

3 s. Enquête-Kommission 1983, S. 47 l. Sp.; Medienbericht '85, S. 52 l. Sp.

erster Linie nach der Qualität des redaktionellen Teils, da der Leser meist seine Kaufentscheidung hiervon abhängig macht. Eine Auflagensteigerung ist somit nur durch Intensivierung des Qualitätswettbewerbs möglich.[4] Ein qualifizierter redaktioneller Teil kann nur bei entsprechend hohen Einnahmen produziert werden. Da diese zu einem wesentlichen Teil aus dem Anzeigengeschäft stammen, hängt die Qualität des Leserteils vom Anzeigenaufkommen der Zeitung ab.

Andererseits werden die Anzeigenpreise auf der Basis der sog. Tausenderpreise kalkuliert. Bei pro Werbeseite gleichbleibendem Preis verbilligt sich für die Nachfrager bei steigender Auflage der Anzeigenpreis mittelbar, während er sich bei sinkender Auflage mittelbar verteuert. Auf diese Weise hat die auflagenstärkere Zeitung die günstigere Wettbewerbssituation, zumal die Kosten für die höhere Auflage fast nur im Umfang des Papier- und Vertriebsaufwandes steigt.[5] Werden die daraus resultierenden höheren Gewinne wiederum zu einer Steigerung des Qualitätswettbewerbs genutzt, kommt die Spiral-Bewegung in Gang. Die dieser Spirale eigene Tendenz zur Monopolbildung ist wohl für die Monopolisierung der meisten lokalen Pressemärkte verantwortlich.

Verstärkt wird dieser Mechanismus noch dadurch, daß bei unmittelbar konkurrierenden Zeitungen die sog. Erstzeitung einen unverhältnismäßigen Wettbewerbsvorsprung hat; die werbetreibende Wirtschaft kann i.d.R. bei der Auswahl der Werbeträger auf die Belegung von Anzeigenraum in der Erstzeitung nicht verzichten, was bei knappen Werbebudgets zu Lasten der Zweitzeitung geht. Dies hat dazu geführt, daß unmittelbar konkurrierende Zeitungen außerordentlich heftige Konkurrenzkämpfe geführt haben, um Erstzeitung zu werden und damit den überproportional größten Teil des Werbegeschäfts an sich zu ziehen. Um diesem Wettbewerb zu entgehen, blieb selbst gesunden kleinen Verlagen oft nur die Möglichkeit, sich mit anderen Konkurrenten zusammenzuschließen oder Anzeigenkooperationen einzugehen.

Hinzu kommen andere Konzentrationsursachen, die auf den für die Herstellung von Presseerzeugnissen charakteristischen Besonderheiten beruhen.[6] So können große Verlage, die unterschiedliche Presseobjekte mit unterschiedlichen Erscheinungsterminen herausgeben, ihre Druckkapazitäten kontinuierlicher und rationeller auslasten. Außerdem bestehen Möglichkeiten zur internen Verlustsubventionierung. Verlage, die mehrere Objekte herausgeben, können oft konjunkturell bedingte Verlust- und

[4] Preiswettbewerb scheint in diesem Zusammenhang eine untergeordnete Rolle zu spielen, vgl. Günther-Bericht, S. 24 f.

[5] „public good"-Charakter, vgl. hierzu MK HG V Tz 638.

[6] Vgl. Michel-Bericht, S. 158 ff. und S. 219 ff.; MK HG II Tz 702 ff.; HG III Tz 410 ff.; HG VI Tz 732, 738 ff.

Gewinnschwankungen der unterschiedlichen Produkte besser miteinander ausgleichen, wodurch das Unternehmensrisiko ungleich stärker als bei kleinen Verlagen gemindert wird. Zu den größenbedingten Wettbewerbsvorteilen größerer Verlage bei Herausgabe mehrerer verschiedener Objekte zählen noch die Möglichkeit von Kombinationstarifangeboten, Anzeigen- und Vertriebspreisdifferenzierungen und Vertriebsvorteile.[7]

Inwiefern die neuen technischen Entwicklungen für den Pressebereich konzentrationsförderlich waren, kann nicht generell gesagt werden. Einmal können größenbedingte Kostenvorteile durch die neuen Techniken in der Druckindustrie (Lichtsatz, Offsetdruck) verstärkt werden. Größere Unternehmenseinheiten sind eher in der Lage, den hohen Kapitalbedarf für Investitionen in neue Techniken bereitzustellen. Um dadurch entstehende Überkapazitäten im Druckbereich auszulasten, können Kooperations- und Konzentrationszwänge ausgelöst werden. Andererseits kann sich die technische Entwicklung auch als konzentrationshemmend erweisen, indem sie kleinen dezentralen Druckeinheiten die Möglichkeit zur redaktionellen Produktion eröffnet.[8]

All die genannten pressespezifischen Konzentrationsursachen erklären nicht nur die Entstehung des hohen Konzentrationsgrades insbesondere im Tageszeitungsgeschäft, sondern sie „garantieren" auch den Fortbestand dieser ungünstigen Wettbewerbssituation. Vor allem die monopolistische Tendenz der „Auflagen-Anzeigen-Spirale" führt zu nahezu unüberwindlichen Marktzutrittsschranken im Tageszeitungsbereich, so daß von einem Dauerstrukturdefekt gesprochen werden kann.[9]

D. Die Pressefusionskontrolle in der Rechtsanwendungspraxis

Angesichts der dargestellten Strukturen erscheint die Notwendigkeit, mit Hilfe des pressefusionskontrollrechtlichen Instrumentariums den noch bestehenden Restwettbewerb auf den Pressemärkten zu schützen, besonders groß, zumal strukturelle Schädigungen einzelner Pressemärkte offensichtlich unwiderruflich sind. Im folgenden soll der Frage nachgegangen werden, inwiefern die Pressefusionskontrolle ihre Funktion in der Rechtsanwendungspraxis erfüllt.

Die Fusionskontrolle erfaßt nicht jede Form der Konzentration, so wünschenswert dies aus publizistischer Sicht auch sein mag. Mit Hilfe der §§ 23 ff.

---

[7] s. hierzu Ulmer, Schranken, S. 27 ff.; Harms in GK, § 24 Rn 755 f.

[8] Vgl. Enquête-Kommission 1983, S. 134 und 137.

[9] So Ulmer, Schranken, S. 57; s. auch oben im Text, S. 31.

kann Konzentration nur kontrolliert werden, wenn sie sich extern durch einen Zusammenschluß vollzieht und Marktbeherrschung begründet oder verstärkt. Damit sind von vornherein bestimmte Formen der Konzentration, wie sie im Pressebereich zu erscheinen pflegen, der Fusionskontrolle nicht zugänglich. Die Konzentration kann sich hauptsächlich in folgenden Erscheinungsformen vollziehen, wobei Mischformen häufig sind.[1]

1. Die Zusammenfassung bisher selbständiger Verlage zu einer neuen wirtschaftlichen und publizistischen Einheit.
2. Die Zusammenfassung bisher selbständiger Verlage zu einer neuen wirtschaftlichen Einheit bei teilweiser Aufrechterhaltung der bisher selbständigen publizistischen Einheiten.
3. Die Zusammenfassung publizistischer Einheiten durch Übernahme des redaktionellen Teils bei fortbestehender wirtschaftlicher Selbständigkeit.
4. Teilintegrationen (z. B. Anzeigen-, Druck- und Vertriebsgemeinschaften).

Fusionskontrollrechtlich erfaßbar sind nur die beiden Erscheinungsformen 1. und 2., da nur diese die Zusammenschlußtatbestände des § 23 Abs. 2 erfüllen können. Publizistische Konzentration kann also nur in bestimmten Fällen und nur mittelbar kontrolliert werden.

Die Erfahrungen mit dem neuen Pressefusionskontrollgesetz wurden schon bald als überwiegend positiv eingestuft. Bereits knapp drei Jahre nach Inkrafttreten des Gesetzes waren von den 71 vom BKartA erfaßten Pressezusammenschlüsse 74 % kontrollpflichtig, wohingegen ohne diese Vorschrift lediglich 26 % kontrollpflichtig gewesen wären.[2] Die anfänglich geäußerte Skepsis, die Effizienz des Gesetzes könne unter dem Aspekt der sog. Sanierungsfusionen gefährdet sein,[3] hat sich in der Praxis nicht bestätigt. Daß der bei Einführung der 3. Novelle bereits erreichte Konzentrationsgrad seither nicht noch weiter zugenommen hat, ist nicht zuletzt auf diese Regelung zurückzuführen. Gleichzeitig bleibt zu erinnern, daß das Gesetz insofern zu spät kam, als zumindest auf den Märkten für Abonnementtageszeitungen die Konzentrationsprozesse im wesentlichen abgeschlossen waren, als die spezifische Pressefusionskontrolle zu greifen begann.[4]

Seit Einführung der allgemeinen Fusionskontrolle im Jahre 1973 bis Ende 1986 hat das BKartA insgesamt 70 Unternehmenszusammenschlüsse untersagt.[5] Bis zum Inkrafttreten der 3. Novelle war der Pressebereich davon nicht

[1] Vgl. Mestmäcker, Medienkonzentration, S. 41.

[2] Vgl. Bericht Pressefusionskontrolle 1978, S. 3 r. Sp.

[3] So etwa Möschel, Pressekonzentration, S. 1 und S. 182 ff.

[4] BKartA TB 1979/80, S. 93 r. Sp.

[5] Vgl. BKartA TB 1985/86, S. 108.

betroffen. Seit 1976 jedoch waren Zusammenschlüsse im Pressebereich verhältnismäßig häufig Gegenstand von Untersagungsverfügungen:

Springer — Elbe	18.01.78	BKartA WuW/E BKartA 1700
Wochenblatt	01.11.78	KG WuW/E OLG 2109
	18.12.79	BGH WuW/E BGH 1685
Bertelsmann — Deutscher	09.03.78	BKartA WuW/E BKartA 1709
Verkehrsverlag	(rechtskräftig nach Rücknahme der Beschwerde)	
Kaufzeitungen	06.07.78	BKartA WuW/E BKartA 1733
(Zeitungsmarkt München)	24.10.79	KG WuW/E OLG 2228
	29.09.81	BGH WuW/E BGH 1854
Münchner Wochenblatt	22.11.79	BKartA AG 1980, 283
(Münchner Anzeigenblätter)	07.11.80	KG WuW/E OLG 2457
	16.02.82	BGH WuW/E BGH 1905
	29.08.83	BVerfG WuW/E VG 307; AG 1985, 301
Springer — az	23.10.80	BKartA AG 1981, 260
Anzeigenblatt	03.07.81	KG WuW/E OLG 2527
	28.09.82	BGH WuW/E BGH 1954
Gruner & Jahr — Zeit	09.01.81	BKartA WuW/E BKartA 1863
	24.11.82	KG AG 1983, 285
	02.10.84	BGH WuW/E BGH 2112; AG 1985, 81
	07.02.86	KG WuW/E OLG 3807; AG 1986, 294
	22.09.87	BGH DB 1987, 2256
Contact — Ammerland		
Echo	01.09.81	BKartA WuW/E BKartA 1931
	(rechtskräftig)	
Burda — Springer	23.10.81	BKartA WuW/E BKartA 1921
	(rechtskräftig nach Rücknahme der Beschwerde)	
Süddeutscher Verlag —	24.10.83	BKartA WuW/E BKartA 2103
Donau-Kurier	11.07.84	KG WuW/E OLG 3303; AG 1984, 325
	27.05.86	BGH WuW/E 2276; AfP 1986, 234
Rheinische Anzeigenblätter	22.12.83	BKartA AG 1984, 164
	04.03.86	KG WuW/E OLG 3767
	26.05.87	BGH BB 1988, 84
Südkurier — Singener	03.05.84	BKartA WuW/E BKartA 2140;
Wochenblatt		AG 1984, 305
	23.04.86	KG WuW/E OLG 3875
	10.11.87	BGH
Weiss-Druck —	16.12.85	BKartA AG 1986, 371
S-W Verlag		
Darmstädter Echo —	12.05.86	BKartA AG 1986, 370
Südhessische Post		

Hamburger Wochenblatt — Schlei-Verlag	14.01.87	BKartA WuW/E BKartA 2251 (rechtskräftig)
Springer — Kieler Zeitung	29.04.87	BKartA WuW/E BKartA 2259
	04.12.87	KG Kart 32/87

Für die Beurteilung der Effizienz des Gesetzes ist zudem zu berücksichtigen, daß allein aufgrund der Existenz der pressespezifischen Regelungen Unternehmen davon abgehalten werden, wettbewerblich problematische Zusammenschlußprojekte zu planen, oder daß auf die Intervention des BKartA hin Pressefusionen aufgegeben oder erheblich modifiziert werden.[6]

Aus all dem kann andererseits nicht die Schlußfolgerung abgeleitet werden, die Fusionskontrollpraxis sei überzogen und für nachlassenden Wettbewerbsdruck und exzeptionelle Erträge in diesem Bereich verantwortlich zu machen.[7] Externes Unternehmenswachstum, das Marktbeherrschung begründet oder verstärkt, kann nicht als Beitrag zur Verbesserung struktureller Wettbewerbsbedingungen angesehen werden. Wesentlicher für die Beurteilung der Praxis ist vielmehr die Erfahrung, daß mit Hilfe des fusionskontrollrechtlichen Instrumentariums doch in bestimmtem Umfang ein Beitrag zur Erhaltung wirtschaftlichen — und dadurch möglicherweise auch publizistischen — Wettbewerbs auf Pressemärkten geleistet werden konnte.

Die formelle Fusionskontrolle wirft keine Rechtsprobleme pressespezifisch eigener Art auf. Unter Beachtung der pressespezifischen Aufgreifkriterien und der modifizierten Toleranzklauseln ist nach den allgemeinen Regeln zu verfahren.

Im Bereich der materiellen Fusionskontrolle mußten sich BKartA und Gerichte mit pressespezifischen Besonderheiten befassen. Diese sind im folgenden zu erörtern.

I. Marktbeherrschung und Fusionskontrolle

Auch die Zusammenschlußkontrolle im Pressebereich baut auf den Grundsätzen der allgemeinen Fusionskontrolle auf. Danach ist zentraler Anknüpfungspunkt gemäß § 24 Abs. 1 die Entstehung oder Verstärkung einer marktbeherrschenden Stellung.[8] Definiert wird der Begriff der Marktbeherrschung „im Sinne des Gesetzes" bei § 22 im Zusammenhang mit der

---

[6] Vgl. BKartA TB 1983/84, S. 100 ff.

[7] So allerdings ohne Begründung Harms in GK, § 24 Rn 773.

[8] Vgl. RegE 1974 Vorbemerkung; Mestmäcker in IM, vor § 23 Rn 13; Möschel, Wettbewerbsbeschränkungen, Rn 837.

Mißbrauchsaufsicht über marktbeherrschende Unternehmen. Grundsätzlich gilt dieser Begriff der „Marktbeherrschung" auch für die Fusionskontrolle.[9] Da jedoch verschiedene Bezugssysteme zugrunde liegen, muß der Begriff im jeweiligen Verwendungszusammenhang entsprechend dem jeweiligen Normzweck interpretiert werden. Erforderlich kann eine modifizierte Auslegung werden, je nachdem, ob im Rahmen einer Verhaltenskontrolle nach § 22 oder im Rahmen einer strukturell orientierten Fusionskontrolle nach § 24 geprüft wird.[10] Bei der Verhaltenskontrolle steht aktuelles Wettbewerbsverhalten ganz im Vordergrund, denn „bei der Mißbrauchsaufsicht über marktbeherrschende Unternehmen geht es um die Schutzbedürftigkeit des nach § 22 in seiner Handlungsfreiheit geschützten Personenkreises gegenüber der Unausweichlichkeitswirkung von Marktmacht bei ganz bestimmten, konkreten Einzelverhaltensweisen".[11] Die Fusionskontrolle dagegen zielt in folgende Richtung: „Der Zweck der Zusammenschlußkontrolle ist, eine Unternehmenskonzentration zu verhindern, die die strukturellen Wettbewerbsbedingungen auf dem Markt derart verändert, daß die Funktionsfähigkeit des Wettbewerbs nicht mehr gewährleistet, von einer bestimmten Schwelle ab der Wettbewerb noch mehr eingeschränkt wird oder aber die Chance für ein Wiederaufleben des erlahmten Wettbewerbs sich noch mehr verschlechtert.[12] Im Vordergrund stehen hierbei also längerfristige strukturelle Wirkungen, wobei bei der Prognoseentscheidung aktuelles Wettbewerbsverhalten insoweit Berücksichtigung findet, als es seinerseits Aufschluß über die ihm zugrundeliegenden Wettbewerbsbedingungen und die von dem Zusammenschluß zu erwartenden Veränderungen geben kann.[13] Da die Grenzen zwischen Struktur- und Verhaltenskriterien fließend sind, bleibt stets zu beachten, daß es sich hierbei um Fragen gradueller Differenzierungen handelt.[14]

Die Feststellung der Marktbeherrschung erfolgt nach allgemeiner Auffassung zweistufig: als erstes wird der relevante Markt abgegrenzt und daran anschließend dann der Beherrschungsgrad auf dem so definierten Markt

---

[9] Allgemeine Meinung, vgl. RegE 1971, S. 29; Harms in GK, § 24 Rn 176 f. mwN; Mestmäcker in IM, § 24 Rn 12 mwN.

[10] Vgl. Mestmäcker in IM, § 23 Rn 109; Möschel in IM, § 22 Rn 17; für Begriffsidentität dagegen Harms in GK, § 24 Rn 180 und 191 ff.

[11] Möschel, Pressekonzentration, S. 79; ders., Wettbewerbsbeschränkungen, Rn 838.

[12] Vgl. RegE 1971 Begr., S. 30; WuW/E BGH 1501, 1506 Kfz-Kupplungen.

[13] WuW/-E BGH 1749, 1754 f. Klöckner-Becorit; MK HG V Tz 470; MK HG VI Tz 443-445.

[14] Möschel, Wettbewerbsbeschränkungen, Rn 838; kritisch Harms in GK, § 24 Rn 205 ff.; zur Kontroverse über den Wirkungszusammenhang zwischen Marktstruktur und Marktverhalten vgl. auch Markert, AG 1986, 175 f. und 179 f.; Mestmäcker, AG 1986, 181, 183; Kantzenbach, AG 1986, 185 f.; Markert, BB 1986, 1666.

festgestellt.[15] Bei beiden Prüfungsschritten ist im Auge zu behalten, daß der Begriff der Marktbeherrschung als normativer Zweckbegriff nicht losgelöst von den jeweiligen Schutzzwecken innerhalb des jeweiligen Bezugsrahmens inhaltlich ausgefüllt werden kann.[16] Im Vordergrund steht das Bemühen, die Grenze zu ermitteln, von der ab die „Neutralisierung wirtschaftlicher Macht nicht mehr dem Markt überlassen werden kann, sondern zur Aufgabe des Rechts wird".[17] Im Lichte eines normativen Verständnisses des Begriffs der Marktbeherrschung wird die Interdependenz zwischen Marktabgrenzung und Feststellung des Beherrschungsgrades deutlich. Die Marktabgrenzung entscheidet indirekt schon über die Marktbeherrschung mit. Je enger die Marktabgrenzung ausfällt, desto leichter fällt die Feststellung des Beherrschungsgrades und umgekehrt. Beide Schritte sind deshalb Teil eines einheitlichen Erkenntnisverfahrens, mit dem herausgefunden werden soll, ob Unternehmen als Anbieter oder Nachfrager von Waren und Dienstleistungen einer hinreichenden Wettbewerbskontrolle unterliegen oder nicht.[18]

II. Marktabgrenzung

1. Sachliche Abgrenzung des relevanten Marktes allgemein

In der Praxis der deutschen Fusionskontrolle erfolgt die Abgrenzung des sachlich relevanten Marktes nach dem Konzept der funktionellen Austauschbarkeit aus der Sicht der Marktgegenseite (Bedarfsmarktkonzept).[19] Der sachlich relevante Markt wird gebildet durch „sämtliche Erzeugnisse, die sich nach ihren Eigenschaften, ihrem wirtschaftlichen Verwendungszweck und ihrer Preislage so nahe stehen, daß der verständige Verbraucher sie als für die Deckung eines bestimmten Bedarfs geeignet in berechtigter Weise abwägend miteinander vergleicht und als gegeneinander austauschbar ansieht".[20]

---

[15] Vgl. Möschel in IM, § 22 Rn 18; ders., Wettbewerbsbeschränkungen, Rn 505; Kleinmann/Bechtold, § 22 Rn 7; MK HG V Tz 606; für eine einheitliche Vorgehensweise dagegen Knöpfle, Schwerpunkte des Kartellrechts 1983/84, S. 153.

[16] Vgl. Möschel in IM, § 22 Rn 19; ders., Wettbewerbsbeschränkungen, Rn 505; ebenso Knöpfle, a.a.O., S. 140.

[17] Mestmäcker, Mißbrauch, S. 6; ders., Das marktbeherrschende Unternehmen, S. 11; Möschel, Wettbewerbsbeschränkungen, Rn 505.

[18] Markert, Schwerpunkte 1984/85, S. 77.

[19] Vgl. grundlegend MK HG V Tz 606-696; Möschel, Wettbewerbsbeschränkungen, Rn 509; Emmerich, AG 1985, 314; BGH AG 1986, 288, 289 Metro-Kaufhof.

[20] WuW/E BGH 2150, 2153 Rheinmetall-WMF; WuW/E BGH 2112, 2122 Gruner & Jahr — Zeit unter Berufung auf WuW/E BGH 1435, 1440 Vitamin B 12 und WuW/E BGH 1445, 1447 Valium. Da sich die anderen Konzepte zur Marktabgrenzung (Kreuzpreiselastizität des US-Antitrustrechts oder das der Wirtschaftspläne der Unterneh-

Die funktionelle Austauschbarkeit aus der Sicht des „verständigen Verbrauchers" bedeutet, daß hier nicht die Austauschbarkeit auf objektiv wissenschaftlicher Grundlage ermittelt wird, sondern aufgrund der tatsächlichen Handhabung durch die Abnehmer. Für den Rechtsanwender sind die Produkteigenschaften und Verwendungszwecke aufgrund von Erfahrungssätzen und Faustregeln zu berücksichtigen. Anhand der Funktion der Güter wird gefragt, ob eine Substitution beim Verbraucher zu einer deutlichen „Nutzeneinbuße" führt. In diesem Fall sind die Produkte unterschiedlichen Märkten zuzurechnen.[21] Eine generelle Differenzierung zwischen einer produktorientierten[22] und einer verwendungsorientierten[23] Marktabgrenzung ist nicht möglich.

Zu berücksichtigen ist aber, daß sich die funktionelle Austauschbarkeit aus der Sicht verschiedener Marktstufen und Nachfragergruppen unterschiedlich darstellen kann, weshalb spezielle Markt- bzw. Teilmarktabgrenzungen erforderlich sein können.[24] Für die Fusionskontrolle hat diese differenzierende Betrachtungsweise mit ihrer z. T. sehr engen Marktabgrenzung allerdings nur dann Bedeutung, wenn das Unternehmen hinsichtlich der unterschiedlichen Nachfragergruppen zu dauerhaft unterschiedlichem Verhalten in der Lage ist, insbesondere auf den Teilmärkten verschiedene Marktstrategien (Produkt-, Preis- oder Rabattdifferenzierungen und dgl.) betreiben kann.[25] Im Ergebnis verwischen sich hier die Grenzen zwischen einer Marktabgrenzung nach dem reinen Bedarfsmarktkonzept und einer eher wettbewerbsbezogenen Marktabgrenzung, die die Handlungsspielräume der Unternehmen (z. B. auch Angebotsumstellungsflexibilität) direkt zum Maßstab nimmt.[26]

---

men (hierzu grundlegend Mestmäcker, Das marktbeherrschende Unternehmen, S. 9 ff.)) in der deutschen Praxis nicht durchgesetzt haben, wird hier darauf nicht eingegangen; zu solchen Ansätzen im Zusammenhang mit der Berücksichtigung des marktnahen Bereichs bzw des wettbewerblichen Umfeldes vgl. MK HG V Tz 612 und 617.

[21] Vgl. MK HG V Tz 618 ff.

[22] So BKartA in WuW/E BKartA 1840 Texaco-Zerssen: Markt für Heizöl, oder in WuW/E BKartA 1647 Erdgas Schwaben: Markt für Elektrizität und Gas, ebenso WuW/E BGH 1533, 1535.

[23] So das KG WuW/E OLG 1895, 1897 Erdgas Schwaben.

[24] Vgl. MK HG V Tz 628-630.

[25] WuW/E BGH 1711, 1715 Mannesmann-Brueninghaus; dazu auch Möschel, Wettbewerbsbeschränkungen, Rn 510; Langen, § 24 Rn 18; Westrick/Loewenheim, § 22 Rn 18; deshalb für die Fusionskontrolle, die längerfristige Wettbewerbsstrukturen schützen soll, zu undifferenziert MK HG V Tz 616, wonach „kurzfristige" Austauschbarkeit gefordert wird.

[26] Zu dieser Auseinandersetzung vgl. Mestmäcker in IM, § 23 Rn 111-115, und MK HG V Tz 657 ff.

Ebensowenig können klare Grenzen gezogen werden zwischen dem eigentlichen sachlich relevanten Markt und dem „marktnahen Bereich" bzw. dem „wettbewerblichen Umfeld", die die Wettbewerbsbeziehungen zur Substitutionskonkurrenz kennzeichnen.[27] Grundsätzlich muß die Substitutionskonkurrenz im Verfahren zur Ermittlung von Wettbewerbsverhältnissen um so nachhaltiger bei der Feststellung des Beherrschungsgrades berücksichtigt werden, je enger die Märkte abgegrenzt werden.[28] Allerdings macht dies für die Anwendung des § 24 Abs. 1 eine genaue Marktabgrenzung nicht entbehrlich, da auch im Rahmen der Fusionskontrolle dem Kriterium Marktanteil explizit normative Bedeutung zukommen kann.[29].

Wesentlich bleibt letztendlich, die Zwecke der Marktabgrenzung für die Fusionskontrolle nicht aus den Augen zu verlieren, nämlich den Bereich tatsächlich stattfindenden Wettbewerbs zu ermitteln, in dem den Abnehmern Ausweichmöglichkeiten und den Unternehmen keine unkontrollierten Handlungsspielräume zur Verfügung stehen.

2. *Die sachliche Abgrenzung des relevanten Marktes im Pressebereich*

Sie gehört zu den problematischsten und umstrittensten Bereichen pressefusionskontrollrechtlicher Verfahren. In zahlreichen Fällen bildet sie den Keim der Zweifel an der Plausibilität von Untersagungsverfügungen.[30] Besonders groß ist von daher der Reiz, die komplizierte und unübersichtliche Rechtsanwendungspraxis zu strukturieren und eine möglicherweise doch vorhandene durchgehende Linie aufzudecken. Dies soll im folgenden versucht werden.

Bekanntlich bieten Verlagsunternehmen im Zeitungs- und Zeitschriftenbereich sog. gebündelte Leistungen[31] an, die gleichzeitig auf verschiedenen sachlich relevanten Märkten wirksam sind. Bei der Bestimmung der sachlich relevanten Märkte im Pressebereich ist deshalb grundsätzlich zwischen Lesermärkten einerseits und Anzeigenmärkten andererseits zu unterscheiden.[32]

---

[27] Vgl. hierzu z. B. WuW/E BKartA 1867, 1869 Rheinmetall-WMF.

[28] Vgl. MK HG V Tz 653.

[29] So in § 23a Abs. 2 mit einer echten Umkehr der Beweislast.

[30] Harms spricht von „Beliebigkeit" der Untersagungspraxis, in GK, § 24 Rn 802.

[31] Unter dem Aspekt ihrer Vergänglichkeit weisen Presseprodukte den Charakter von Dienstleistungen auf, vgl. Silbermann, S. 345.

[32] Einhellige Ansicht, vgl. RegE 1974 Begr., S. 5; BGH in ständiger Rechtsprechung, vgl. nur WuW/E BGH 2112, 2115 Gruner & Jahr — Zeit; Möschel, Pressekonzentration, S. 83 ff.; Ulmer, Schranken, S. 43; Harms in GK, § 24 Rn 803.

Auf dem Lesermarkt bietet das Verlagsunternehmen den Informationsteil für den Leser an. Dieser umfaßt neben dem redaktionellen Teil auch den Anzeigenteil. Beide Teile können für die Kaufentscheidung der Nachfrager von Bedeutung sein.

Auf dem Anzeigenmarkt wird der Anzeigenraum gegenüber nachfragenden Inserenten angeboten.

Diese Differenzierung resultiert aus der am Bedarfsmarktkonzept orientierten Marktabgrenzung. In vertikaler Richtung gibt es keine einheitliche Marktgegenseite. Es werden zwei verschiedene Leistungen an zwei verschiedene Kundenkreise angeboten und gegenüber den verschiedenen Marktpartnern getrennte Preise berechnet. Leistungen, die auf dem Lesermarkt angeboten werden, sind nicht mit denjenigen, die auf den Anzeigenmärkten angeboten werden, substituierbar, so daß die jeweiligen Nachfrager dieser Leistungen nicht zwischen diesen beiden Leistungen wählen und von einer auf die andere ausweichen können.

Hinsichtlich des Wettbewerbs der Presseunternehmen untereinander gilt hier eine Einschränkung. Zwar konkurrieren auf dieser horizontalen Ebene die Verleger ebenfalls gleichzeitig in zwei getrennten Märkten. Doch können sie hier wettbewerbliche Maßnahmen eines Konkurrenten auf dem einen Markt eher durch Reaktionen auf dem anderen Markt ausgleichen. Niedrige Bezugspreise können beispielsweise durch entsprechende Kalkulation der Anzeigenpreise ausgeglichen werden, so daß sich der Handlungsspielraum der Unternehmen im Einzelfall erweitern kann.[33] Auf die Marktabgrenzung hat dies jedoch keinen Einfluß. Der untrennbare wirtschaftliche Zusammenhang, der zwischen Leser- und Anzeigenmarkt besteht, kann erst bei der Feststellung des Beherrschungsgrades berücksichtigt werden. Erst dort können die Handlungsspielräume der Unternehmen im Wettbewerb hinsichtlich der verschiedenen Produkte Leserteil und Anzeigenteil unmittelbar miteinbezogen werden.[34]

In diesem Zusammenhang ist schon hier darauf hinzuweisen, daß die Trennung zwischen Leser- und Anzeigenmärkten nicht auch mit der Konsequenz verbunden ist, daß die pressespezifischen Fusionskontrollvorschriften nur zur Anwendung gelangen, wenn durch den Zusammenschluß der Wettbewerb auf dem Lesermarkt beschränkt wird.[35] Vielmehr ist der wechselseitigen Abhängigkeit zwischen Lesermarkt und Anzeigenmarkt, redaktionellem Teil und Anzeigenteil notwendigerweise Rechnung zu tragen, um den Wettbewerb im Pressebereich effektiv schützen zu können.[36]

---

[33] Vgl. Möschel, Pressekonzentration, S. 83 f.

[34] Vgl. Möschel, JZ 1984, 496 r. Sp. oben.

[35] So allerdings die Schlußfolgerung aus §§ 23 Abs. 1 Satz 7, 24 Abs. 9 von Bechtold, AfP 1978, 119 und Kleinmann, AfP 1979, 292.

[36] Vgl. auch Mestmäcker in IM, vor § 23 Rn 46; eingehend hierzu unten im Text, S. 58 ff.

Der Versuch, die relevanten Märkte im Pressebereich zu strukturieren und allgemeine Abgrenzungskriterien herauszuarbeiten, stößt auf Schwierigkeiten. Bereits der Gesetzgeber hat darauf hingewiesen. In der Begründung zu 3. Novelle heißt es hierzu: „Eine abschließende gesetzliche Definition des relevanten Marktes ist für den Pressebereich ebensowenig möglich wie für die übrigen Wirtschaftsbereiche. Eine gesetzliche Definition wäre entweder zu allgemein oder aber zu starr in ihren Festlegungen, gerade auch im Hinblick auf neue ökonomische Entwicklungen auf der einen oder anderen Marktseite. Der relevante Markt muß also in sachlicher, örtlicher und zeitlicher Beziehung für jeden Einzelfall besonders festgestellt werden. In sachlicher Beziehung sind nach der Praxis des Bundeskartellamtes und der Gerichte solche gleichartige Waren oder gewerbliche Leistungen einem bestimmten Markt zuzurechnen, die vom Verbraucher nach Verwendungszweck und Preis als austauschbar angesehen werden. So hat der Bundesgerichtshof bei Schallplatten für die unterschiedlichen Genres (Schlager, Unterhaltung, Operette, Oper Konzert) jeweils besondere Märkte angenommen. Im Bereich der Presse wird — entsprechend der Leserauffassung — nicht nur zwischen Tages- und Sonntagszeitungen, Wochenblättern sowie Publikumszeitschriften zu unterscheiden sein. Je nach Inhalt, Charakter, Leserkreis, Erscheinungsweise, Vertriebsform und anderen für den Leser entscheidenden Merkmalen der einzelnen Publikationen sind innerhalb der genannten großen Gruppen, z. B. bei Tageszeitungen, mehrere relevante Märkte denkbar. Als nicht gleichartig mit den Informationsangeboten der Presse sind die entsprechenden Leistungen von Rundfunk, Fernsehen und Film anzusehen."[37]

Inzwischen liefert die Entscheidungspraxis von BKartA und Gerichten eine Fülle von Abgrenzungskriterien. Diese sollen im folgenden geordnet dargestellt und analysiert werden. Zunächst wird auf die Abgrenzungsmerkmale der Lesermärkte einzugehen sein, daran anschließend auf die der Anzeigenmärkte.

(1) Abgrenzung der Lesermärkte

Zur Abgrenzung der relevanten Lesermärkte nach dem Bedarfsmarktkonzept bieten sich sehr unterschiedliche Merkmale an, die für die Kaufentscheidung des jeweiligen spezifischen Leserkreises ausschlaggebend sein können. Zum einen kann nach rein organisatorisch-technischen Kriterien wie Erscheinungsweise (Tages-, Wochen-, Sonntags-, Morgen-, Abendzeitung), Verbreitungsgebiet (lokal, regional, überregional) und Vertriebsmethode (Abonnementzeitung, Straßenverkaufszeitung) unterschieden werden.[38]

---

[37] RegE 1974 Begr., S. 5.

[38] Vgl. Mestmäcker in IM, vor § 23 Rn 47.

Zum anderen kann neben diesen rein äußerlichen Merkmalen abgestellt werden auf inhaltliche, publizistisch-geistige Kriterien, die die Aufmachung und den Gesamtcharakter einer Zeitung oder Zeitschrift prägen.[39] Für die Kaufentscheidung wesentlicher erscheinen diese letzteren Kriterien. Sie entziehen sich jedoch einer schematischen Anwendung für die Marktabgrenzung. Deshalb müssen äußerliche und inhaltliche Merkmale in ihrer jeweiligen Kombination der Prüfung zugrunde gelegt werden.

Wenn im Rahmen der Marktabgrenzung von inhaltlichen oder publizistischen Kriterien die Rede ist („systematische Inhaltsanalyse"), darf nicht übersehen werden, daß ausschließlich wettbewerbliche Erwägungen erkenntnisleitend sind. Es geht allein darum, die „area of effective competition" zu ermitteln. Zu beantworten ist nur die Frage, ob bestimmte Presseerzeugnisse aus der Sicht des nachfragenden Lesers austauschbar sind und damit der Verhaltensspielraum von Verlagen innerhalb bestimmter Grenzen vom Wettbewerb kontrolliert wird oder nicht. Nicht zu verwechseln ist dies mit einer Beurteilung des publizistischen Wettbewerbs im Rahmen des Art. 5 Abs. 1 GG, wo es um publizistische Meinungsvielfalt („Vielfaltsthese") geht.[40] Unter diesem Aspekt kann es zu vergleichsweise weiten Abgrenzungen kommen, wobei unterschiedliche Informationsträger, z. B. Print-Medien und elektronische Medien, einzubeziehen sein können.[41] Wo publizistisch besonders ausgeprägte Vielfalt besteht, kann aus dem Blickwinkel des wirtschaftlichen Wettbewerbs die Austauschbarkeit gerade zu verneinen sein.[42]

Das Kammergericht hat auf die Schwierigkeiten hingewiesen, die bei der Ermittlung des begrenzenden Einflusses, den Nachfrageentscheidungen von Lesern auf Verhaltensspielräume von Presseunternehmen haben können, entstehen. Grenzt man die Märkte zu eng ab, ist man gerade im Pressebereich tendenziell schnell bei einer Vielzahl von Monopolen, grenzt man die Märkte zu weit ab, läuft man Gefahr, Objekte einzubeziehen, die nicht miteinander im Wettbewerb stehen. Ausgangspunkt muß deshalb der spezifische Lesebedarf des bereits entschiedenen Käufers sein.[43] Für die Marktabgrenzung unbeachtlich ist es, daß es immer auch Leser gibt, die ein ganz allgemeines Lesebedürfnis haben und die sich nicht von vornherein für ein bestimmtes Produkt entschieden haben. Austauschbar sind nur solche Produkte, die einen bestimmten Bedarf des Verbrauchers im wesentlichen

---

[39] Vgl. KG AG 1983, 286 l. Sp. Gruner & Jahr — Zeit.

[40] Ebenso KG WuW/E OLG 3303, 3312 Süddeutscher Verlag — Donau-Kurier.

[41] Vgl. Möschel, Pressekonzentration, S. 86 f.

[42] Siehe oben im Text, S. 25/26; anders dagegen Ulmer, der auch den ökonomischen Wettbewerb mit den Wertungen des Art. 5 GG beurteilen möchte, wobei „normativ" der Bedarf eines „verständigen Lesers" zu prüfen sei, ohne Rücksicht auf Leserpräferenzen für die eine oder andere politische oder weltanschauliche Richtung, vgl. in Klaue u. a. (Hrsg.),„ S. 110 f.

[43] KG AG 1983, 285, 286 l. Sp. Gruner & Jahr — Zeit.

gleichwertig decken können.[44] Hier kommt das Konzept einer produktorientierten Marktabgrenzung zum Ausdruck. Bei einer kaufkraftorientierten Marktabgrenzung dagegen müßten die Lesermärkte zwangsläufig sehr weit definiert werden, so daß der auf ihnen herrschende Wettbewerb nicht geeignet wäre, den Verhaltensspielraum der Unternehmen hinsichtlich Preis und Qualität wirksam zu kontrollieren. Dies spricht auch dafür, die Märkte weniger „normativ" abzugrenzen, sondern politische oder weltanschauliche Präferenzen zu berücksichtigen.

Im folgenden ist aufgrund der äußeren und inhaltlichen Kriterien, wie sie von BKartA und Gerichten verwendet werden, auf die Abgrenzung und Typologisierung der verschiedenen Pressemärkte im einzelnen einzugehen.

a) Märkte für Tageszeitungen

Einen einheitlichen Markt für Tageszeitungen gibt es nicht. Vielmehr gehen BKartA und Gerichte von mehreren Teilmärkten innerhalb eines großen Marktes für Tageszeitungen aus. In der Statistik zur Pressekonzentrationsforschung werden Tageszeitungen als solche erfaßt, wenn sie mindestens zweimal wöchentlich erscheinen und einen aktuellen politischen Teil mit inhaltlich unbegrenzter Nachrichtenvermittlung enthalten.[45] Diese Definition liefert zunächst eine klare Abgrenzung zu den Märkten für Wochenzeitungen, Publikumszeitschriften und Fachzeitschriften.

(a) Straßenverkaufszeitungen und Abonnementtageszeitungen

Bei Tageszeitungen ist auf dem Lesermarkt unstreitig zu unterscheiden zwischen „Straßenverkaufszeitungen" und „Abonnementzeitungen".[46] Ausschlaggebend für diese Teilmarktbildung ist weniger die unterschiedliche Vertriebsart (Bestellung für einen längeren Zeitraum und Lieferung frei Haus einerseits — täglich neu zu treffende Kaufentscheidung und Verkauf im Einzelhandel andererseits). Entscheidend ist vielmehr, daß sich beide Zeitungstypen hinsichtlich der Art ihrer Berichterstattung und Aufmachung so sehr voneinander unterscheiden, daß sie unterschiedliche Leserbedürfnisse befriedigen und von einem großen Teil der Nachfrager nicht als gegeneinander austauschbar angesehen werden. Insofern ist es auch unerheblich, wenn eine „Straßenverkaufszeitung" z. T. im Abonnement vertrieben wird[47] oder

---

[44] WuW/E BGH 2112, 2121 Gruner & Jahr — Zeit.

[45] s. oben im Text, S. 30.

[46] WuW/E BGH 1854, 1857 Zeitungsmarkt München; KG WuW/E OLG 3767, 3770 Rheinische Anzeigenblätter; Harms in GK, § 24 Rn 810 mwN.

eine „Abonnementzeitung" z. T. im Einzelverkauf abgesetzt wird.[48] Entsprechend erfüllt die Straßenverkaufszeitung eher die Funktion eines Komplementärmediums, das oft zusätzlich zu einer Abonnementtageszeitung gelesen wird, diese aber nicht ersetzt.[49]

Die zwischen diesen beiden Märkten darüber hinaus feststellbaren Wettbewerbsbeziehungen in Form von Substitutionskonkurrenz wirken sich nicht auf die Marktabgrenzung aus, sondern sind im Rahmen der Gesamtwürdigung aller Umstände bei der Prüfung des Beherrschungsgrades zu berücksichtigen.[50] Wenn allerdings im Einzelfall zwischen einer Abonnementtageszeitung und einer Straßenverkaufszeitung nach Inhalt und Aufmachung kaum noch wesentliche Unterschiede feststellbar sind, so daß sie demselben Leserbedürfnis entsprechen, ist von einem einheitlichen Lesermarkt auszugehen.

(b) Überregionale, regionale und lokale Tageszeitungen

Insbesondere im Bereich der Abonnementtageszeitungen sind weitere Teilmärkte für überregionale, regionale und lokale Tageszeitungen zu bilden. Maßgeblich für diese Abgrenzung sind primär inhaltliche Kriterien, die einer Zeitung einen überregionalen, regionalen oder lokalen Charakter geben und deshalb die sachliche Abgrenzung betreffen. Gleichzeitig kennzeichnen diese Merkmale das geographische Verbreitungsgebiet einer Zeitung und beziehen sich damit auf die räumliche Marktabgrenzung. Sachliche und örtliche Marktabgrenzung gehen somit ineinander über.[51]

Weitgehend einig ist man sich heute darüber, daß überregionale Abonnementtageszeitungen einen eigenen relevanten Lesermarkt bilden.[52]

Nicht immer eindeutig ist die Grenzziehung zu regionalen Abonnementtageszeitungen.[53] Hier können im Einzelfall erhebliche Wettbewerbsbezie-

---

[47] z. B. 19 % der Münchener „AZ"-Auflage, s. WuW/E BKartA 1733, 1734 Kaufzeitungen.

[48] z. B. 20 % der „Süddeutschen Zeitung", s. WuW/E BKartA, a.a.O.; Harms in GK, § 24 Rn 811 f.; die Klassifizierung richtet sich danach, bei welcher Vertriebsform die Zahl der Abnehmer höher ist, vgl. MK HG V Tz 541.

[49] Vgl. Bericht Pressefusionskontrolle, 1978, S. 4 r. Sp. und S. 7 r. Sp.

[50] WuW/E BGH 1854, 1857 Zeitungsmarkt München.

[51] Vgl. hierzu auch unten im Text, S.64 ff.; aus der Praxis des BKartA z. B. WuW/E BKartA 2259, 2262 Springer — Kieler Zeitung.

[52] Vgl. in der Rspr.: WuW/E BGH 1854, 1857 Zeitungsmarkt München; KG AG 1983, 285 r. Sp. Gruner & Jahr — Zeit; KG WuW/E OLG 3303, 3307 Süddeutscher Verlag — Donau-Kurier; KG WuW/E OLG 3767, 3770 Rheinische Anzeigenblätter; WuW/E BKartA 2140 Südkurier — Singener Wochenblatt; im Schrifttum: Möschel, Pressekonzentration, S. 87 f.; Ulmer, Schranken, S. 44.

hungen bestehen. Dementsprechend ist das BKartA im Zusammenschlußfall Süddeutscher Verlag — Donau-Kurier von der Austauschbarkeit zwischen der überregionalen Süddeutschen Zeitung (SZ) und der Regionalzeitung Donau-Kurier (DK) ausgegangen.[54] Die SZ, so das Amt, erfülle die Funktion einer überregionalen Tageszeitung (18 % der Auflage) und gleichzeitig die einer bayerischen Regionalzeitung. In dem von dem Zusammenschluß betroffenen Verbreitungsgebiet hätten die Leser zwischen der Regionalzeitung DK und der SZ aufgrund deren spezieller Berichterstattung eine alternative Wahl. Das Kammergericht hat sich dieser Auffassung nicht angeschlossen. Es rechnet regionale und überregionale Zeitungen grundsätzlich verschiedenen Märkten zu.[55] Trotz des speziellen Charakters der SZ könne hier nichts anderes gelten. Zwar stellte auch das KG die nicht unerheblichen Wettbewerbsbeziehungen zwischen diesen beiden Zeitungen fest, da die SZ auch regionale Berichterstattung habe. Da ihr jedoch eine lokale Berichterstattung fehle, könne sie mit dem DK nicht demselben Markt zugerechnet werden. Abgestellt wird hier also auf die gleichzeitig vorliegende lokale Funktion der Zeitung.

Diese Entscheidungen sind für die Problematik der Marktabgrenzung exemplarisch und aufschlußreich gleichermaßen: Zum einen machen sie die immer wieder kritisierte Beliebigkeit der Abgrenzung von Pressemärkten deutlich. Ursächlich hierfür ist, daß eine eng am Bedarfsmarktkonzept orientierte Abgrenzung, die zu z. T. sehr engen Märkten führt und über die tatsächlichen Verhaltensspielräume der Unternehmen im Wettbewerb nur begrenzt aussagefähig ist, von den Rechtsanwendern unterschiedlich konsequent durchgeführt wird. Zum anderen bekräftigt die Entscheidung des Kammergerichts, daß die wettbewerblich relevante Ebene auch für die Fusionskontrolle die lokale sein kann. Dies betrifft die in der Literatur kontrovers diskutierte Frage, inwieweit Lokalzeitungen und Regionalzeitungen mit lokaler Berichterstattung demselben (regionalen) Lesermarkt zuzurechnen sind.

Einerseits wird die Auffassung vertreten, die wettbewerbsrechtlich und wettbewerbspolitisch eigentlich relevante Ebene sei die regionale. Eine weitere Differenzierung zwischen Lokal- und Regionalzeitung im Rahmen einer Lesermarktabgrenzung sei von daher wenig sinnvoll.[56]

---

[53] Deren Verbreitungsgebiet umfaßt i.d.R. mehrere Orte mit ihrem Umland und ist kleiner als ein Bundesland (Flächenstaat).

[54] WuW/E BKartA 2103, 2104 unten.

[55] KG WuW/E OLG 3303, 3307 Süddeutscher Verlag — Donau-Kurier; bestätigt durch BGH WuW/E BGH 2276, 2283; ebenso KG WuW/E OLG 2228, 2230 Zeitungsmarkt München; KG AG 1983, 285 Gruner & Jahr — Zeit; KG WuW/E OLG 3767, 3770 Rheinische Anzeigenblätter.

[56] So Ulmer, Schranken, S. 44 f.; ders., AfP 1975, 880; ders., in Klaue u. a. (Hrsg.), S. 112; Hildebrandt, S. 107, 116 f., für die Mißbrauchsaufsicht; kritisch auch Harms in GK, § 24 Rn 828.

Hiergegen wird zu Recht eingewendet, wettbewerbsrechtlich erheblich sei gerade die lokale Ebene.[57] Denn hier haben die Leser im Verhältnis zur regionalen und überregionalen Ebene die wenigsten Wahl- und Ausweichmöglichkeiten.[58]

b) Politische Wochenzeitungen, politische Magazine

Nach allgemeiner Auffassung stehen diese zwischen überregionalen Abonnementtageszeitungen und Publikumszeitschriften und bilden einen eigenen sachlich relevanten Lesermarkt.[59] Der Zusammenschlußfall „Gruner & Jahr — Zeit" hat jedoch gezeigt, daß selbst hier die Marktabgrenzung nicht unumstritten ist. In dieser Entscheidung ging das BKartA ausdrücklich davon aus, daß Tageszeitungen wegen ihrer täglichen Erscheinungsweise und ihrer damit verbundenen Aktualität nicht zusammen mit Wochenzeitungen demselben Lesermarkt zugerechnet werden können.[60] Das Kammergericht kam dagegen zunächst zu der Auffassung, beide Zeitungsarten könnten ein und demselben Markt zugerechnet werden: „Wochenzeitungen befriedigen ebenso wie überregionale Tageszeitungen einen zusätzlichen Bedarf an ausführlicher politischer, wirtschaftlicher und kultureller Information und kritischen Stellungnahmen, der von lokalen und regionalen Tageszeitungen oder von reinen Straßenverkaufszeitungen („Boulevard-Presse") nicht befriedigt wird. Die Häufigkeit der Erscheinungsweise erscheint demgegenüber sekundär."[61] Der BGH schloß sich zu Recht dieser Auffassung des KG nicht an. Das Maß an Aktualität, das eine Tageszeitung von einer Wochenzeitung unterscheide, müsse größere Beachtung finden. Abzustellen sei entsprechend den Grundsätzen des Bedarfsmarktkonzeptes diesbezüglich auf die unterschiedlichen Verbraucherbedürfnisse.[62] Der umfangreiche redaktionelle Teil von Wochenendausgaben überregionaler Tageszeitungen und die Einführung illustrierter Beilagen weist damit eher in Richtung eines ausgeprägten Substitutionswettbewerbs.

---

[57] Aus der Sicht des Lesers ist der Lokalteil nach empirischen Untersuchungen der wichtigste Teil der Zeitung: Er wird von 84 % aller Zeitungsleser regelmäßig bis häufig gelesen, die sonstigen politischen Meldungen von 60 %, Kommentare und Leitartikel von 43 % und zeitkritische Beiträge von 37 %, vgl. Günther-Bericht, S. 41.

[58] Zu den einzelnen Argumenten vgl. Möschel, Pressekonzentration, S. 88 ff., und Ulmer, in Klaue u. a. (Hrsg.), S. 112.

[59] WuW/E BKartA 1863, 1866 Gruner & Jahr — Zeit; WuW/E BGH 2112, 2121; ebenso KG WuW/E OLG 3807, 3808 Gruner & Jahr/Zeit II; Michel-Kommission, S. 166; Harms in GK, § 24 Rn 820.

[60] WuW/E BKartA 1866 Mitte.

[61] AG 1983, 287 l. Sp.; in der Literatur für einen einheitlichen Markt ebenso Harms in GK, § 24 Rn 827.

[62] WuW/E BGH 2112, 2121; ebenso nunmehr KG WuW/E OLG 3808.

Zu dem eigenen Markt für politische Wochenzeitungen gehören neben der „Zeit" auch die konfessionellen und parteipolitischen Wochenzeitungen, wie das „Deutsche Allgemeine Sonntagsblatt", der „Rheinische Merkur", der „Bayernkurier" und „Vorwärts".[63] Trotz der beträchtlichen Unterschiede in ihren Leserkreisen ist diese Abgrenzung für die Fusionskontrolle wohl unumgänglich. Die Austauschbarkeit aus der Sicht eines bereits entschiedenen Käufers ist hier zwar denkbar gering, weshalb die Verhaltensspielräume der Verlage durch diese Konkurrenz i.d.R. wohl kaum begrenzt werden. Bei ausgeprägter Berücksichtigung politischer und weltanschaulicher Leserpräferenzen besteht jedoch andererseits die Gefahr zu enger Marktabgrenzungen, die über die Verhaltensspielräume der Unternehmen nichts mehr aussagen.

Den Zwecken der Fusionskontrolle widerspricht es auch, den „Spiegel" einem eigenen sachlich relevanten Lesermarkt zuzurechnen.[64] Wegen Übereinstimmung der Themenbereiche ist der Spiegel vielmehr dem Markt für politische Wochenzeitungen zuzurechnen.[65]

c) Sonntagszeitungen

Entgegen einer früher vertretenen Auffassung in der Literatur[66] bilden die überregionalen Sonntagszeitungen einen eigenen relevanten Markt und sind nicht dem Markt für überregionale Tageszeitungen oder Wochenzeitungen zuzurechnen.[67] Von diesen und insbesondere auch von deren Wochenendausgaben unterscheiden sie sich gerade durch den unterschiedlichen Erscheinungstag und das sich daraus ergebende Angebot an aktuellen Informationen insbesondere zu Sportereignissen.

d) Publikumszeitschriften

Diese wenden sich unabhängig von sozialer Schicht, beruflicher Stellung oder politischer Bildung an ein möglichst breites Publikum.[68] Innerhalb

---

63 WuW/E BKartA 1863, 1866 Gruner & Jahr — Zeit; KG Wu/E OLG 3807.

64 So aber das BKartA in WuW/E 1863, 1865 Gruner & Jahr — Zeit, wohl in Anlehnung an aus der Publizistikwissenschaft entnommenen Kategorien, vgl. Dovifat, S. 468 f.; kritisch hierzu auch Harms in GK, § 24 Rn 821, und Möschel, AG 1986, 188 l. Sp.

65 WuW/E BGH 2112, 2118 f., 2123 Gruner & Jahr — Zeit; KG WuW/E OLG 3807, 3809.

66 Vgl. Michel-Bericht, S. 166; Günther-Bericht, S. 33, 40, 57.

67 WuW/E BKartA 1921, 1929 Burda — Springer; KG WuW/E OLG 3807, 3809 Gruner & Jahr — Zeit.

dieses eigenen sachlich relevanten Marktes sind zwei Teilmärkte zu bilden.[69] Die allgemein unterhaltenden Publikumszeitschriften widmen sich allgemeiner Thematik und sind nicht an spezielle Zielgruppen gerichtet. Sie werden erworben wegen ihres breiten, umfassenden, durch eine Kombination aus Bild und Text gekennzeichneten redaktionellen Inhalts.[70] Dieser Teilmarkt wird im wesentlichen gebildet von „Stern", „Bunte", „Quick" und „Weltbild". Nach Auffassung des BKartA ist auf diesem Markt der „Stern" mit 52% Marktanteil an den Gesamterlösen (Vertrieb und Anzeigengeschäft) marktbeherrschend.[71]

Einen weiteren eigenen Teilmarkt bilden die speziellen Publikumszeitschriften. Diese weisen thematische Bild- und Textschwerpunkte zu speziellen Bereichen auf.[72] Hierzu gehören u. a. Programmzeitschriften einerseits und sog. Zielgruppenzeitschriften, wie z. B. Wirtschafts-, Frauen-, Mode-, Koch-, Reise-, Auto- und Hobbyzeitschriften, andererseits.[73]

e) Fachzeitschriften

Einen eigenen sachlich relevanten Markt bilden die Fachzeitschriften.[74] Diese befriedigen einen speziellen Informationsbedarf bestimmter Zielgruppen. Weitere Teilmarktbildungen sind meist unumgänglich, da die Austauschbarkeit von Fachzeitschriften mit Ausnahmen gering ist.[75]

(2) Abgrenzung der Anzeigenmärkte

Trotz des vielfältigen und untrennbaren Zusammenhangs zwischen Vertriebs- und Anzeigengeschäft[76] sind die Markt- und Wettbewerbsbeziehun-

---

[68] WuW/E BKartA 1921, 1924 Burda — Springer.

[69] Vgl. Harms in GK, § 24 Rn 822.

[70] KG AG 1983, 285 Gruner & Jahr — Zeit.

[71] WuW/E BKartA 1863, 1864 Gruner & Jahr — Zeit; KG, a.a.O., 286, läßt dies dahingestellt.

[72] KG, a.a.O., 285 r. Sp.

[73] WuW/E BKartA 1921, 1928 Burda — Springer; vgl. auch BKartA TB 1983/84, S. 101 „top spezial"; Harms in GK, § 24 Rn 824.

[74] Vgl. schon Günther-Bericht, S. 40, 45; Harms in GK, § 24 Rn 819; WuW/E BKartA 1709; Bertelsmann — Deutscher Verkehrsverlag; KG AG 1983, 285 r. Sp. Gruner & Jahr — Zeit.

[75] z. B. Markt für allgemeine und aktuelle Fachzeitschriften für die Güterverkehrswirtschaft, WuW/E BKartA 1709, 1710 Bertelsmann — Deutscher Verkehrsverlag; vgl. hierzu auch oben im Text S. 35 f.

[76] s. hierzu oben im Text S. 37 ff.

gen auf den Anzeigenmärkten (Marktbeziehung Verlag — Inserenten) nicht gleichzusetzen mit den Wettbewerbsbeziehungen auf den Lesermärkten (Marktbeziehung Verlag — Leser). Die Austauschbarkeit kann für Leser- und Anzeigenmärkte unterschiedlich zu beurteilen sein.[77] Für die Abgrenzung der Anzeigenmärkte können daher die Kriterien, die bei der Abgrenzung der Lesermärkte verwendet wurden, nicht undifferenziert übernommen werden.[78] Die an bestimmten Zielgruppen orientierte Nachfrage nach Anzeigenräumen begrenzt die funktionelle Austauschbarkeit von Werbeträgern aus der Sicht der Nachfrager (werbetreibende Wirtschaft und private Inserenten). Unterschiedliche Abgrenzungen ergeben sich deshalb sowohl aus Inhalt und Ortsbezogenheit der Werbebotschaft, als auch aus räumlichen und quantitativen Charakteristika der zur Wahl stehenden Werbeträger.[79]

Da sachliche und räumliche Marktabgrenzungen auch auf Anzeigenmärkten eng miteinander verknüpft sind, können folgende Marktdifferenzierungen vorgenommen werden:

a) lokal — regional — überregional

Unter lokale Anzeigen fallen Einzelhandels-, Stellen- und Wohnungsanzeigen mit rein lokalem Bezug, Familien-, private Kleinanzeigen und dergleichen. Auf diesem Markt stehen den Inserenten aus Gründen der Effektivität (Streuverluste, höhere Kosten) lediglich die Lokalzeitungen, die Regionalzeitungen mit Lokalteil und die kostenlosen Anzeigenblätter zur Auswahl. Regionale Zeitungen ohne Lokalteil und überregionale Zeitungen kommen hier nicht in Betracht.[80]

Fließende Übergänge zum Wettbewerb auf regionaler Ebene bestehen hinsichtlich bestimmter Anzeigenarten wie z. B. Immobilien-, Antiquitäten- und Gebrauchtwagenanzeigen. Regionale Anzeigen sind dann solche, die sich sachlich und räumlich auf regionale Werbeträger beschränken, beispielsweise auf regionale Abonnementtageszeitungen.[81]

In den Bereich der überregionalen Anzeigen fallen insbesondere Markenartikelwerbung, überregionale Dienstleistungsangebote und Stellenausschreibungen, Warenangebote im Versandhandel und dergleichen. In die-

[77] Besonders deutlich: Wettbewerbsbeziehungen zwischen Tageszeitungen und Anzeigenblätter nur auf dem Anzeigenmarkt.

[78] Vgl. hierzu auch Ulmer, Schranken, S. 45 f.; Harms in GK, § 24 Rn 806.

[79] Vgl. auch Möschel, Pressekonzentration, S. 84.

[80] WuW/E BKartA 1700, 1702 Springer — Elbe Wochenblatt; BKartA AG 1984, 164, 165 r. Sp. Rheinische Anzeigenblätter.

[81] WuW/E BKartA 2140, 2141 f. Südkurier — Singener Wochenblatt.

sem Bereich können Wettbewerbsbeziehungen zwischen verschiedenen Werbeträgern bestehen, die eine eindeutige Marktabgrenzung im Einzelfall erschweren. Überschneidungen mit regionalen Tageszeitungen sind denkbar, wobei allerdings zu beachten bleibt, daß für Inserenten, die Leser in einem begrenzten Absatzgebiet ansprechen wollen, die Austauschbarkeit begrenzt ist.

Unter Berücksichtigung dieser Kategorien werden in der Praxis im Hinblick auf unterschiedliche Presseobjekte folgende Anzeigenmärkte gebildet:

b) Abonnementtageszeitungen — Straßenverkaufszeitungen

Ob diese beiden Zeitungsarten unterschiedliche Anzeigenmärkte bilden, ist umstritten. Zwei vom BKartA kurz hintereinander getroffene Entscheidungen fielen diesbezüglich widersprüchlich aus und trugen so nicht unwesentlich dazu bei, daß Marktabgrenzungen im Pressebereich als beliebig empfunden werden konnten. Im ersten Fall wurden Abonnementtageszeitungen und Straßenverkaufszeitungen ein und demselben relevanten Anzeigenmarkt zugerechnet,[82] im anderen Fall dagegen wurden verschiedene Märkte gebildet mit der Begründung, daß wegen des unmittelbaren Zusammenhangs zwischen Leser- und Anzeigenteil dann, wenn auf dem Lesermarkt kein Wettbewerb bestehe, dies auch nicht auf dem Anzeigenmarkt sein könne. Da Abonnement- und Straßenverkaufszeitungen auf dem Lesermarkt nicht miteinander konkurrierten, die erfolgreiche Verbreitung der Abonnementtageszeitung also nicht zu Lasten der Kaufzeitung gehe und umgekehrt, seien diese Zeitungstypen auch aus der Sicht der Anzeigenkunden nicht miteinander austauschbar.[83] Deshalb belegten die Inserenten Anzeigenraum in Abonnementtageszeitungen und Straßenverkaufszeitungen komplementär, nicht alternativ. Inzwischen hat das BKartA diese Auffassung in jüngeren Entscheidungen bekräftigt.[84]

Das Kammergericht hat in einem Fall entschieden, daß Abonnementtageszeitungen und Straßenverkaufszeitungen zumindest dann ein und demselben Anzeigenmarkt zuzurechnen seien, wenn beide Blätter einen Lokalteil und lokale Anzeigenbelegungseinheiten haben. Das Gericht geht in einem solchen Fall davon aus, daß es dann eine nicht unerhebliche Doppelleserschaft gebe und sich deshalb die Anzeigen nicht an jeweils völlig verschiedene Zielgruppen richteten.[85]

---

[82] WuW/E BKartA 1700, 1702 Springer — Elbe Wochenblatt.

[83] WuW/E BKartA 1733, 1735 Zeitungsmarkt München.

[84] BKartA AG 1980, 283, 285 Münchner Wochenblatt; AG 1981, 260, 262 Springer — az Anzeigenblatt.

[85] KG WuW/E OLG 3767, 3770 Rheinische Anzeigenblätter, unter Hinweis auf KG WuW/E OLG 1767, 1769 in einem Mißbrauchsverfahren; vom KG offengelassen in

Eine Entscheidung dieser Frage kann auch hier nur unter Berücksichtigung der Zwecke der Fusionskontrolle getroffen werden. Allgemeine Aussagen zur Vereinfachung der Normanwendung sind nicht möglich. Vielmehr ist im jeweiligen Einzelfall zu entscheiden, ob aufgrund des speziellen Charakters der einzubeziehenden Zeitungsobjekte in dem betroffenen Verbreitungsgebiet für die Nachfrager nach Anzeigenraum Austauschbarkeit in so großen Umfang besteht, daß sie geeignet ist, die Verhaltensspielräume der Verlage zu begrenzen. Dies richtet sich danach, ob die Anzahl der Nachfrager, die nicht auf den einen oder anderen Werbeträger verzichten können, so groß ist, daß sie für die wirtschaftliche Kalkulation der betroffenen Verlage von Bedeutung ist. Die erwähnten Abgrenzungskriterien des BKartA sind deshalb nur auf die Fälle anwendbar, bei denen die komplementäre Lesernutzung der betroffenen Zeitungen nicht so groß ist, daß sich die potentiell ansprechbaren Lesergruppen für die Zwecke der Werbenden entsprechen.

c) Überregionale Tageszeitungen — Wochenzeitungen

Aufgrund ihrer überregionalen Verbreitung sind beide Zeitungstypen nur als Werbeträger für überregionale Anzeigen geeignet. Wegen ihrer unterschiedlichen Aktualität und der unterschiedlichen Lesergruppen werden sie für die Zwecke der Werbenden nicht als austauschbar angesehen werden können, so daß hier von unterschiedlichen Anzeigenmärkten auszugehen ist.[86]

d) Anzeigenblätter in der Fusionskontrolle

Die Frage, ob und inwieweit Anzeigenblätter überhaupt als „Zeitungen oder Zeitschriften" i.S.d. §§ 23 Abs. 1 Satz 7, 24 Abs. 9 unter die pressespezifische Fusionskontrolle fallen, ist umstritten.[87] BGH[88] und BVerfG[89] haben entschieden, daß Anzeigenblätter zumindest dann in den Anwendungsbereich der Regelungen fallen, wenn sie einen „gewissen, nicht ganz unbeachtlichen redaktionellen Teil" aufweisen. Dies hat zur Folge, daß selbst im Falle von Zusammenschlüssen zweier solcher Anzeigenblätter

---

WuW/E OLG 2228, 2230 Zeitungsmarkt München und WuW/E 2527, 2533 Springer — az Anzeigenblatt; ebenfalls offengelassen von BGH in WuW/E BGH 1954, 1957 Springer — az Anzeigenblatt.

86 In diese Richtung BKartA in WuW/E BKartA 1921, 1924 Burda — Springer, und KG in WuW/E OLG 3807, 3808 Gruner & Jahr — Zeit II.

87 Im presserechtlichen Sinne sind Anzeigenblätter keine Zeitungen, vgl. Löffler / Ricker, S. 4 Rn 13.

88 WuW/E BGH 1905, 1906 Münchner Anzeigenblätter.

89 WuW/E VG 307 Münchner Anzeigenblätter.

— der Multiplikator 20 Anwendung findet,
— die Anschlußklausel des § 24 Abs. 8 Satz 1 Nr. 2 über Abs. 9 der Vorschrift ausgeschlossen bleibt,
— der Untersagungstatbestand des § 24 Abs. 1 auch allein mit der Begründung der Verstärkung einer marktbeherrschenden Stellung auf Anzeigenmärkten erfüllt sein kann, ohne daß es auf Auswirkungen auf irgendwelchen Lesermärkten ankommen müßte.[90]

Diese Auffassung hatte das BKartA schon in der Entscheidung „Springer — Elbe Wochenblatt" vertreten, und zwar ohne Einschränkung auch für den Fall, daß ein Anzeigenblatt nur einen ganz geringen redaktionellen Teil oder überhaupt keinen aufweist.[91]

Ausschlaggebend hierfür sind folgende Gründe:[92]

— Der Anzeigenteil einer Zeitung, insbesondere einer Lokalzeitung, spielt aus der Sicht des Lesers eine erhebliche Rolle als Informationsträger. Dieselbe Funktion erfüllen insofern die Anzeigenblätter, indem sie wesensmäßig aktuelle Informationen vermitteln.
— Sinn und Zweck der pressespezifischen Fusionskontrollvorschriften machen es erforderlich, den Begriff „Zeitungen oder Zeitschriften" auch auf Anzeigenblätter zu erstrecken. Wirtschaftlicher Wettbewerb zwischen Presseunternehmen soll auch im lokalen Bereich erhalten werden. „Dieses Ziel kann nicht erreicht werden, wenn ein wesentlicher Bestandteil der unternehmerischen Tätigkeit von Verlagen, die die entscheidende wirtschaftliche Grundlage für das Erscheinen von Zeitungen oder Zeitschriften darstellt, nämlich das Anzeigengeschäft, der Erfassung durch die pressespezifischen Fusionskontrollvorschriften ganz oder teilweise entzogen ist."

Das Kammergericht mußte sich bisher nicht entscheiden, ob Anzeigenblätter generell „Zeitungen bzw. Zeitschriften" im fusionskontrollrechtlichen Sinne sind. In der Entscheidung „Münchner Wochenblatt"[93] konnte es darauf abstellen, daß das hier fusionierende Anzeigenblatt über einen ständigen, nicht gänzlich unbeachtlichen redaktionellen Teil verfügte.

---

[90] Vgl. Möschel, ZGR 1982, 344; BGH in WuW/E BGH 1685, 1693 Springer — Elbe Wochenblatt.

[91] WuW/E BKartA 1700, 1701; dies ist in der Praxis selten; in den meisten Fällen haben die bedeutenderen Anzeigenblätter einen nicht ganz geringen redaktionellen Teil; hierzu auch WuW/E BKartA 2140, 2141 Südkurier — Singener Wochenblatt und AG 1981, 260, 263 Springer — az Anzeigenblatt.

[92] Vgl. WuW/E BKartA 1700, 1701 Springer — Elbe Wochenblatt; ebenso in WuW/E BKartA 1931 Contact — Ammerland Echo und WuW/E 2140, 2141 Südkurier — Singener Wochenblatt.

[93] WuW/E OLG 2457, 2460; ebenso z. B. KG WuW/E OLG 3875, 3879 Südkurier — Singener Wochenblatt.

Im Schrifttum wurde z. T. die Auffassung vertreten, die ratio legis der 3. GWB-Novelle sei es, ausschließlich die Vielfalt auf den Lesermärkten zu schützen. Deshalb seien Anzeigenblätter nur dann in die pressespezifische Fusionskontrollregelung einzubeziehen, wenn im Einzelfall nachgewiesen werden könne, daß eine marktbeherrschende Stellung auf dem Anzeigenmarkt den Wettbewerb auf dem Lesermarkt spürbar und unmittelbar beeinträchtige und die Funktion der entgeltlichen Zeitungen ernstlich gefährdet sei.[94] Zur Begründung wird auch hingewiesen auf die differenzierende Betrachtungsweise zwischen Zeitungen und Anzeigenblättern in der UWG-Rechtsprechung.[95]

Diese Auffassung ist abzulehnen, da sie auf einer mißverständlichen Interpretation der 3. Novelle beruht. Die pressespezifische Fusionskontrolle hat rein wettbewerblichen Charakter. Der Zusammenschluß von Presseunternehmen ist ausschließlich nach Kriterien des wirtschaftlichen Wettbewerbs zu beurteilen. Publizistischer Wettbewerb und Vielfaltskriterien können nicht berücksichtigt werden.[96] Deshalb gibt es keine rechtliche Grundlage für die Auffassung, die Fusionskontrolle habe nur die Vielfalt auf dem Lesermarkt zu schützen.

Vielmehr geht es auch darum, wettbewerbliche Strukturen auch und gerade auf den Anzeigenmärkten zu bewahren, und dies aus einem doppelten Grund: Sie sind zum einen wegen des untrennbaren Zusammenhangs zwischen Leser- und Anzeigenmarkt unabdingbare Voraussetzung für die Erhaltung des Pressewettbewerbs insgesamt; zum anderen liegen auch die Anzeigenkunden im Schutzbereich der §§ 23 ff. (Bedarfsmarktkonzept).[97]

Konsequent wäre es deshalb, entgegen der Auffassung des BGH auch Anzeigenblätter ohne redaktionellen Teil aus der pressespezifischen Fusionskontrolle nicht von vornherein auszuklammern.[98] Aus wettbewerblicher Sicht ist nicht zu erkennen, daß Verschlechterungen der Marktstrukturen auf den lokalen Leser- und Anzeigenmärkten davon abhängig sein

[94] So Bechtold, AfP 1980, 89; ders., AfP 1978, 122; ähnlich Kleinmann, AfP 1979, 292.

[95] Vgl. im einzelnen Bechtold, AfP 1978, 120; dort wird — für die Anzeigenblätter überlebensnotwendig — differenziert zwischen Anzeigenblätter und Tageszeitungen, denn kostenlose Anzeigenblätter sind nach § 1 UWG nur zulässig, wenn sie keinen Ersatz für Tageszeitungen darstellen, vgl. BGHZ 19, 392 Freiburger Wochenbericht; BGHZ 51, 237 Stuttgarter Wochenblatt I; BGH GRUR 1971, 477 Stuttgarter Wochenblatt II.

[96] s. hierzu oben im Text, S. 24 ff.

[97] Vgl. Möschel, ZGR 1982, 345; Anzeigenblätter fallen im übrigen unter den Institutionsschutz der Presse gem. Art. 5 GG, s. BVerfGE 21, 271, 278 f.; BVerfGE 64, 108, 114; BVerfG in BB 1983, 1430; KG WuW/E OLG 2457, 2460 Münchner Wochenblatt.

[98] So auch Möschel, JZ 1984, 497 l. Sp.; a.A. Harms in GK, § 24 Rn 796.

sollen, ob ein fusionierendes Anzeigenblatt einen nicht ganz geringen redaktionellen Teil aufweist oder nur einen geringen. Solange zahlreiche unterschiedliche Anzeigenrubriken und Inserattypen in gebündelter Form periodisch erscheinen und in ihrer Funktion und Aufmachung dem Anzeigenteil von Tageszeitungen ähneln, stellen Anzeigenblätter gleichsam ein Informationsforum dar für Nachfrager, die selbst inserieren und sich auf das regelmäßige Erscheinen der Anzeigen verlassen können. Insofern besteht auch kein Anlaß, einzelne Werbedrucksachen in diesen Markt miteinbeziehen zu müssen. Als Beilagen von Tageszeitungen unterfallen diese ohnehin den Sonderregelungen (sog. Bestandteile), so daß von daher eine unterschiedliche Behandlung von Anzeigenblättern je nach Umfang des redaktionellen Teils nicht einleuchtet.[99]

e) Abonnementtageszeitungen — Anzeigenblätter

Ob diese beiden Presseobjekte ein und demselben relevanten Anzeigenmarkt zuzurechnen sind, kann nicht einheitlich entschieden werden.

Anzeigenblätter unterscheiden sich von Abonnementtageszeitungen dadurch, daß sie als Werbeträger unentgeltlich verteilt werden und meist alle Haushalte in einem bestimmten Verbreitungsgbiet erreichen und einen geringen redaktionellen Teil aufweisen.[100]

Das BKartA ging in der „Springer — Elbe-Wochenblatt"-Entscheidung noch von einem einheitlichen relevanten Anzeigenmarkt für Tageszeitungen und Anzeigenblätter aus.[101] Eingeräumt wurde allerdings, daß hier nicht in allen Bereichen umfassende Wettbewerbsbeziehungen bestanden, da nur die Anzeigenblätter stadtteilbezogene Belegungseinheiten anboten. Entsprechend bezog das BKartA in der Entscheidung „Zeitungsmarkt München" Anzeigenblätter nicht in den Anzeigenmarkt für Tageszeitungen mit ein.[102] In mehreren Entscheidungen ging das Amt später aufgrund der unterschiedlichen Erscheinungsweise, der unterschiedlichen Haushaltsabdeckung, des unterschiedlichen redaktionellen Umfeldes und der unterschiedlichen Tausenderpreise von getrennten Märkten aus. Entscheidend war, daß der Wirkungsgrad der Anzeigen in den verschiedenen Zeitungsarten nicht vergleichbar und Anzeigen in Abonnementtageszeitungen wegen des ausführlichen redaktionellen Umfeldes effektiver sind.[103] Allerdings bestehe, so das Amt, zumindest in Randbereichen Substitutionswettbewerb.

---

[99] Vgl. auch Mestmäcker in IM, § 23 Rn 101; Möschel, ZGR 1982, 345; Langen, § 23 Rn 110; Harms in GK, § 24 Rn 784, 786.

[100] Vgl. Bericht Pressefusionskontrolle, 1978, S. 8 r. Sp.

[101] WuW/E BKartA 1700, 1702.

[102] WuW/E BKartA 1733, 1734 f.

Die Rechtsprechung lag grundsätzlich auf der gleichen Linie. Das Kammergericht lehnte im Fall „Münchner Wochenblatt" die Bildung eines gemeinsamen relevanten Anzeigenmarktes ab, weil die dortigen Anzeigenblätter nahezu ausschließlich stadtteilbezogene Werbung vermittelten und Tageszeitungen auf diesen sublokalen Anzeigenmärkten kaum als Werbeträger in Erscheinung traten.[104]

Der BGH hatte diese Auffassung bestätigt. Die bezirkliche Werbung in einem bestimmten Anzeigenblatt lasse sich weder mit derjenigen in den angrenzenden Anzeigenblättern mit anderen Verbreitungsgebieten noch mit denjenigen in den Tageszeitungen, die in ganz München vertrieben werden, austauschen.[105]

Im Fall „Springer — Elbe Wochenblatt" dagegen hatte der BGH genau umgekehrt argumentiert. Hier wurde ein gemeinsamer relevanter Markt bejaht, weil die eher stadtteilbezogenen Anzeigenblätter im Wege von Tarifkombinationen insgesamt ein Angebot dieser Blätter bewirkten, das an die normalen Verbreitungsgebiete der Hamburger Tageszeitungen heranreichte.[106] Auf dieser Linie liegt mittlerweile auch die Rechtsprechung des Kammergerichts und die Entscheidungspraxis des BKartA.[106a] Danach sind Anzeigenblätter jedenfalls dann dem gleichen Markt zuzurechnen wie Tageszeitungen, wenn sich Verbreitungsgebiet und Belegungseinheiten — sei es in Einzelausgaben, sei es in Kombinationen — weitgehend decken.

Diese Argumentation ist jedoch abzulehnen. Allein eine räumliche Deckung der Verbreitungsgebiete bzw. Belegungseinheiten ohne Berücksichtigung der Erscheinungsweise, der Aufmachung und der Wirkungsweise des Werbeträgers ist zur Abgrenzung von Anzeigenmärkten nicht geeignet. Vielmehr muß die Kontaktintensität berücksichtigt werden. Abzustellen ist auf die charakteristische Eigenart des Presseobjekts und die unterschiedlichen Leserkreise, da diese für die Belegungsentscheidung der Inserenten ausschlaggebend sind und über die Austauschbarkeit der Werbeträger entscheiden.

Nicht generell kann aufgrund der Tatsache, daß mit kostenlosen Anzeigenblättern eine Haushaltsabdeckung von nahezu 100 % erreichbar ist und

---

[103] Vgl. WuW/E BKartA 1931, 1932 Contact — Ammerland Echo; BKartA AG 1984, 164, 165 Rheinische Anzeigenblätter; WuW/E BKartA 2140, 2141 Südkurier — Singener Wochenblatt.

[104] KG WuW/E OLG 2457, 2458.

[105] WuW/E BGH 1905, 1907 Münchner Anzeigenblätter.

[106] Vgl. WuW/E BGH 1685, 1691; s. hierzu auch Möschel, ZGR 1982, 346.

[106a] KG WuW/E OLG 3767, 3770 Rheinische Anzeigenblätter; KG WuW/E OLG 3875, 3879 Südkurier — Singener Wochenblatt; s. schon KG WuW/E OLG 2109, 2110 f. Springer — Elbe Wochenblatt; WuW/E BKartA 2251, 2252 Hamburger Wochenblatt — Schlei-Verlag; s. auch WuW/E BGH 2195, 2196 f. Abwehrblatt II.

sich dadurch die Vorteile des ausführlichen redaktionellen Teils einer Tageszeitung für die Effektivität von Anzeigen ausglichen, von einem einheitlichen Markt ausgegangen werden. Bei dieser Überlegung wird nicht ausreichend berücksichtigt, daß kostenlose Anzeigenblätter in der Regel nur einmal wöchentlich erscheinen, die Tageszeitungen dagegen täglich. Für bestimmte Werbekunden ist jedoch die Aktualität täglicher Inserate oder die Veröffentlichungsmöglichkeit an bestimmten Wochentagen wichtig. Entsprechende Bedeutung muß ihr bei der Abgrenzung der Anzeigenmärkte beigemessen werden.[107]

f) Publikumszeitschriften

Einen eigenen sachlich relevanten Markt für überregionale Anzeigen bilden die Publikumszeitschriften. Dieser Markt ist hier im Vergleich zu den Lesermärkten tendenziell weiter, weil die Inserenten meist keine bestimmte spezielle Zielgruppe erreichen wollen. Einzubeziehen sind hier deshalb auch die illustrierten Beilagen von Tages- und Wochenzeitungen. Die Nachfrager nach Anzeigenraum sind primär Markenartikelhersteller und bundesweit anbietende Dienstleistungsunternehmen.

Kontrovers wird die Frage diskutiert, ob wegen dieser überregionalen Werbenachfrage alle bundesweit vertriebenen Zeitungen und Zeitschriften sowie alle Rundfunkmedien ein und demselben überregionalen Werbemarkt zugeordnet werden können.

Das BKartA hat dies abgelehnt mit der Begründung, Werbung in Print-Medien unterscheide sich von derjenigen in elektronischen Medien in Form und Wirkung so sehr, daß sie nicht als austauschbar angesehen werden könne.[108] Das Kammergericht hat sich dieser Auffassung angeschlossen.[109] Der BGH hat dies bisher offen gelassen.[110]

---

[107] Vgl. zur Aktualität im Rahmen der Lesermarktabgrenzung WuW/E BGH 2112, 2122 Gruner & Jahr — Zeit, betr. überregionale Tageszeitungen und Wochenzeitungen. Anders dagegen der BGH in WuW/E BGH 2195, 2196 Abwehrblatt II, einem Mißbrauchsverfahren: ein gemeinsamer Anzeigenmarkt zwischen Tageszeitungen und Anzeigenblätter sei im Einzelfall auch dann möglich, wenn manche Gewerbetreibende den Streuverlust beim Inserieren in Tageszeitungen für zu hoch erachten und deshalb nur in Anzeigenblättern inserieren, da eine vollständige funktionelle Austauschbarkeit für einen einheitlichen Anzeigenmarkt nicht vorausgesetzt werde; ebenso nun KG WuW/E OLG 3875, 3880 Südkurier — Singener Wochenblatt; vgl. auch Nachweise bei Fn. 106a.

[108] WuW/E BKartA 1921, 1924 ff. Burda — Springer.

[109] WuW/E OLG 2228, 2232 Zeitungsmarkt München; ebenso KG WuW/E OLG 3767, 3773 Rheinische Anzeigenblätter, für einen regionalen Werbemarkt.

[110] WuW/E BGH 1854, 1856 Zeitungsmarkt München; WuW/E BGH 2112, 2115 Gruner & Jahr — Zeit; zu dieser Frage im einzelnen unten im Text S. 183 ff.

Die Entscheidung der Frage hängt davon ab, ob die nachfragenden Inserenten selbst Anzeigenwerbung in Publikumszeitschriften als gleichwertig und daher austauschbar mit Werbung in anderen Medien betrachten. Generell ist dies nicht zu beantworten. Vielmehr wird es auch hier Inserentengruppen geben, die ausweichen können, und solche, für deren Zwecke Publikumszeitschriften als Werbeträger unverzichtbar sind.[111] Um diese letztere Gruppe vor den Auswirkungen einer strukturellen Verschlechterung der Wettbewerbsbedingungen durch Fusionen zu schützen, ist ein einheitlicher überregionaler Anzeigenmarkt unter Einbeziehung sämtlicher bundesdeutscher Medienträger abzulehnen.

g) Fachzeitschriften

Nach allgemeiner Auffassung bildet Anzeigenraum in Fachzeitschriften einen eigenen relevanten Markt.[112] Die von den Werbetreibenden gewünschte Adressatengruppe kann ganz gezielt angesprochen werden. Wegen geringer Streuverluste ist die Effizienz der Anzeigen hoch.[113] In einen einheitlichen Anzeigenmarkt sind nur solche Fachzeitschriften einzubeziehen, die eine vergleichbare Kontaktintensität zwischen Werbung und gewünschter Zielgruppe gewährleisten.

3. *Räumliche Marktabgrenzung*

Die Abgrenzung der räumlich bzw. örtlich relevanten Leser- und Anzeigenmärkte bereitet in der Regel keine Schwierigkeiten. Da es auch hierbei um die funktionelle Austauschbarkeit aus der Sicht der Nachfrager geht, entspricht der räumlich relevante Markt meist dem tatsächlichen Verbreitungsgebiet der betroffenen Presseobjekte.[114] Da die Kriterien für die sachliche und örtliche Marktabgrenzung ineinander übergehen, ist die räumliche Abgrenzung nur dann von besonderer Bedeutung, wenn Presseobjekte ein und demselben sachlich relevanten Markt angehören und räumliche Abgrenzungsmerkmale zusätzliche Unterscheidungskriterien liefern.

In bestimmten Fällen kann eine räumliche Differenzierung zwischen Leser- und Anzeigenteil ein und derselben Zeitung notwendig sein, die

---

[111] Zur Unverzichtbarkeit des „Stern" vgl. WuW/E BGH, a.a.O., 2116 unten.

[112] WuW/E BKartA 1709, 1713 Bertelsmann — Deutscher Verkehrsverlag; vgl. auch Möschel, JZ 1984, 497 l. Sp.; Harms in GK, § 24 Rn 830.

[113] Ähnlich bei speziellen Publikumszeitschriften, vgl. BKartA TB 1983/84, S. 101.

[114] Vgl. WuW/E BGH 2195, 2196 Abwehrblatt II; WuW/E BKartA 2251, 2252, 2256 Hamburger Wochenblatt — Schlei-Verlag; WuW/E BKartA 2259, 2262 Springer — Kieler Zeitung.

allerdings ihre Entsprechung ebenfalls in sachlichen Abgrenzungsmerkmalen findet. Wird einer Regionalzeitung ohne lokale Berichterstattung regelmäßig ein lokaler Anzeigenteil beigefügt, liegt hinsichtlich des Anzeigenteils eine Lokalzeitung, hinsichtlich des Leserteils eine Regionalzeitung vor.

Aus räumlicher Sicht können überregionale,[115] regionale,[116] lokale und sublokale Verbreitungsgebiete der Prüfung zugrunde gelegt werden. Sublokale Anzeigenmärkte wurden beispielsweise im Fall „Münchner Wochenblatt" gebildet.[117] Dies wurde damit begründet, daß die Münchener Anzeigenblätter wegen ihrer sublokalen Verbreitungsgebiete insbesondere stadtteilbezogen Werbung vermitteln und eine nahezu vollständige Haushaltsabdeckung erreichen. Ein gemeinsamer Anzeigenmarkt mit Tageszeitungen konnte auch deshalb nicht gebildet werden, weil diese keine auf die Stadt München oder gar auf einzelne Stadtgebiete beschränkte Belegungseinheit anboten (Verbreitungsgebiet der Tageszeitungen ist ganz Südbayern).

Solche engen Markt- und Teilmarktabgrenzungen sind auf der Grundlage des Bedarfsmarktkonzeptes konsequent. Zweifelhaft ist allerdings, ob sie für die Fusionskontrolle aussagefähig sind. Je kleiner Leser- und Anzeigenmärkte geschnitten werden, desto weniger spiegeln sie den Wettbewerbsbereich wider, auf dem den Unternehmen strukturell bedingt tatsächlich unkontrollierte Handlungsspielräume zur Verfügung stehen können. Dies um so mehr, als hier wegen verhältnismäßig niedriger Marktzutrittsschranken potentieller Wettbewerb von seiten der im marktnahen Bereich tätigen Unternehmen ausgehen kann. Wesentlich ist deshalb, bei dieser Marktabgrenzung die wettbewerblichen Wirkungen, die vom „wettbewerblichen Umfeld" bzw. dem „marktnahen Bereich" ausgehen, um so umfassender bei der Feststellung des Beherrschungsgrades mitzuberücksichtigen. Enge Teilmarktabgrenzungen werden von daher tendenziell obsolet.

Im Zusammenhang mit der räumlichen Marktabgrenzung ungeklärt ist bisher, ob auf dem Markt für Straßenverkaufszeitungen die „Bild"-Zeitung einen einheitlichen überregionalen bzw. bundesweiten Lesermarkt bildet oder ob dieser Markt in eine Vielzahl lokaler und/oder regionaler Teilmärkte aufzuspalten ist.[118] Wie bereits erwähnt,[119] ist der Markt für Straßenverkaufszeitungen geprägt von der Dominanz der „Bild"-Zeitung, die als einzige Straßenverkaufszeitung bundesweit vertrieben wird. Daneben gibt es ledig-

[115] WuW/E 1854, 1857 Zeitungsmarkt München.

[116] WuW/E BKartA 2103, 2104, Süddeutscher Verlag — Donau-Kurier.

[117] BKartA AG 1980, 283, 284 r. Sp.; KG WuW/E OLG 2457, 2458; WuW/E BGH 1905, 1907.

[118] Sog. Insel-Theorie, vgl. Möschel, JZ 1984, 497/498; Harms in GK, § 24 Rn 836; WuW/E BGH 1854, 1857 f. Zeitungsmarkt München.

[119] s. oben im Text S. 32 Anm. 24.

lich einige lokal bzw. regional begrenzt verbreitete Wettbewerber in Berlin und in den Räumen Köln/Bonn, Düsseldorf, Frankfurt, München und Hamburg. Sie stellen für ca. 30% der „Bild"-Auflage eine Konkurrenz dar. Der BGH konnte diese Frage bisher unentschieden lassen.[120]

Geht man davon aus, daß auf dem Markt für Straßenverkaufszeitungen Wettbewerb tatsächlich nur auf einzelnen lokal/regional begrenzten Teilmärkten stattfindet, stellt die Insel-Theorie die dem Einzelfall angemessenere Betrachtungsweise dar.[121] Sie steckt den Bereich ab, in dem Austauschbarkeit aus der Sicht der Leser gegeben sein kann. Bei der Feststellung des Beherrschungsgrades ist dann zu prüfen, ob die Wettbewerbsstrukturen betroffen sind oder nicht, d.h. ob unkontrollierte Verhaltensspielräume dauerhaft begründet oder verstärkt werden oder nicht.

4. *Zeitliche Marktabgrenzung*

Diese ist im Pressebereich ohne besondere Bedeutung. Insbesondere die unterschiedlichen Erscheinungsweisen von Zeitungen (Tages-, Wochen-, Sonntagszeitungen) betreffen nicht eine besondere zeitliche Marktabgrenzung. Diese sind vielmehr Ausdruck für die inhaltliche Aktualität einer Zeitung und stellen damit einen Teil der sachlichen Marktabgrenzung dar.[122]

5. *Pressevertriebsmarkt*

Die Abgrenzung der relevanten Märkte ergibt sich hier unabhängig von den einzelnen Presseobjekten und richtet sich grundsätzlich nach der Funktion der einzelnen Absatzmittler.[123]

Der sachlich relevante Markt umfaßt das gesamte Sortiment, mit Hilfe dessen der Grossist den Bedarf in seinem Liefergebiet deckt. Der räumlich relevante Markt entspricht weitgehend dem faktischen Vertriebsgebiet der Grossisten.[124]

---

120 WuW/E BGH 1857/58, 1859/60 Zeitungsmarkt München.

121 So auch Möschel, JZ 1984, 498 l. Sp.; a.A. dagegen Harms in GK, § 24 Rn 836 a.E.

122 Vgl. hierzu auch Klaue in Klaue u. a. (Hrsg.), S. 101; Hildebrandt, S. 74.

123 Vgl. Roggen, S. 57.

124 Vgl. WuW/E BKartA 1921, 1922 Burda — Springer; Hildebrandt, S. 122; Roggen, S. 58.

III. Entstehung oder Verstärkung einer marktbeherrschenden Stellung

Bei der Prognoseentscheidung über eine eventuell eintretende Verschlechterung der Marktstruktur durch einen Zusammenschluß ist das Vorliegen der materiellen Eingriffskriterien des § 24 Abs. 1 — Entstehung oder Verstärkung einer marktbeherrschenden Stellung — zu prüfen. Der hierbei zunächst vorgenommenen Abgrenzung der relevanten Märkte folgt als zweiter Schritt die Feststellung des Beherrschungsgrades.[125]

Schon mehrfach wurde darauf hingewiesen, daß Marktabgrenzung und Feststellung des Beherrschungsgrades eng miteinander zusammenhängen. Bei enger Marktabgrenzung ist der Beherrschungsgrad leichter feststellbar und umgekehrt. Zu erinnern ist jedoch, daß eine enge Marktabgrenzung auf der Basis des Bedarfsmarktkonzeptes für die Zwecke der Fusionskontrolle nur bedingt tauglich ist. Um so größere Bedeutung kommt deshalb bei der Feststellung des Beherrschungsgrades dem „wettbewerblichen Umfeld" bzw. dem „marktnahen Bereich" zu. Die Berücksichtigung des hiervon ausgehenden Wettbewerbs kann für die Fusionskontrolle zusätzliche aussagefähige Rückschlüsse auf die tatsächlichen Handlungsspielräume der Unternehmen im Wettbewerb untereinander ermöglichen. Einzubeziehen sind insofern langfristige Substitutionskonkurrenz, potentielle Konkurrenz und Verbundvorteile.[126]

1. Die Kriterien des § 22 Abs. 1 Nr. 1 und 2 in der Pressefusionskontrolle

Grundsätzlich gilt auch für die Fusionskontrolle im Pressebereich zur Feststellung der Marktbeherrschung § 22 Abs. 1 Nr. 1 (Fehlen wesentlichen Wettbewerbs) und Nr. 2 (überragende Marktstellung).[127] Die Untersagung eines Zusammenschlusses nach Nr. 1 ist dann wahrscheinlich, wenn beispielsweise ein Zeitungsverlag mit Alleinstellung beteiligt ist.[128] Für die Feststellung der Marktbeherrschung nach Nr. 2 gelten auch im Pressebereich die von der Rechtsprechung entwickelten allgemeinen Kriterien. Ein Unternehmen ist danach dann marktbeherrschend, wenn es „einen überragenden (einseitigen) Verhaltensspielraum bei der Entwicklung von Marktstrategien oder beim Einsatz einzelner Aktionsparameter" besitzt[129] bzw.

[125] S. oben im Text S. 43 f.

[126] Vgl. MK HG V Tz 631 ff., 653 ff.

[127] WuW/E BGH 1685, 1691 Springer — Elbe Wochenblatt.

[128] WuW/E BKartA 1700, 1702 Springer — Elbe Wochenblatt; WuW/E BKartA 1733, 1738 Zeitungsmarkt München; BKartA AG 1981, 260, 262 Springer — az Anzeigenblatt; WuW/E BKartA 2103 Süddeutscher Verlag — Donau-Kurier.

[129] WuW/E BGH 1435, 1439 Vitamin B 12; WuW/E BGH 1445, 1449 Valium.

wenn „einem Unternehmen ein vom Wettbewerb nicht hinreichend kontrollierter Verhaltensspielraum" zur Verfügung steht.[130]

Hinzu kommt die Anwendbarkeit der Vermutungstatbestände des § 22 Abs. 2 und 3[131] und des § 23a.[132]

Meinungsvielfaltskriterien bleiben für die Feststellung der Marktbeherrschung ebenso außer Betracht[133] wie eine verschärfende Auslegung zugunsten von publizistischer Vielfalt unter Hinweis auf Art. 5 GG.[134]

Es ist daran zu erinnern, daß auch bei der Feststellung des Beherrschungsgrades die Zwecke der Fusionskontrolle im Auge zu behalten sind. Die Fusionskontrolle soll die Wettbewerbsstrukturen sichern helfen. Ausschlaggebend sind deshalb in erster Linie strukturelle Merkmale.[135] Das Marktverhalten kann im Rahmen der Gesamtbetrachtung nur insofern Berücksichtigung finden, als es längerfristig erscheint und Indiz für die Marktstruktur ist. Dagegen ist potentieller Wettbewerb im Rahmen der Fusionskontrolle, bei der es um die Prognose der zukünftigen Wettbewerbsstruktur geht, größere Bedeutung zuzumessen als im Rahmen der Verhaltenskontrolle.[136]

Während bei der Prüfung von Pressezusammenschlüssen die Marktabgrenzung für die Leser- und Anzeigenmärkte getrennt erfolgen muß, ist bei der Feststellung des Beherrschungsgrades der vielfältige und untrennbare Zusammenhang, der in wirtschaftlicher Hinsicht zwischen diesen beiden Märkten besteht, zu beachten. In der Regel kann deshalb die Marktposition auf dem Lesermarkt auf die auf dem Anzeigenmarkt übertragen werden. Dies gilt besonders im Bereich der lokalen und regionalen Abonnementtageszeitungen, wo die Stellung der Erstzeitung im Lesermarkt wegen der Wechselbeziehung eine entsprechende Position im Anzeigenmarkt bedingt. Die Verstärkung der Position im Anzeigenmarkt bewirkt deshalb regelmäßig eine Verstärkung auch auf dem Lesermarkt und umgekehrt.[137] Bei anderen

---

[130] WuW/E BGH 1501, 1506 Kfz-Kupplungen; KG WuW/E OLG 2120, 2124 Mannesmann-Brueninghaus, WuW/E BGH 1711, 1716; vgl. hierzu auch Möschel, Wettbewerbsbeschränkungen, Rn 519 mwN; Knöpfle, Zusammenschlußkontrolle, S. 37 ff.

[131] Vgl. KG WuW/E OLG 2228, 2230 Zeitungsmarkt München.

[132] Ein Beispiel für Oligopolmarktbeherrschung im Pressebereich auf der Grundlage der qualifizierten Oligopolvermutung ist der Fall Burda — Springer, WuW/E BKartA 1921.

[133] Vgl. KG WuW/E OLG 3303, 3312 Süddeutscher Verlag — Donau-Kurier; Harms in GK, § 24 Rn 841.

[134] Vgl. Möschel, Pressekonzentration, S. 56 ff.; Harms in GK, § 24 Rn 842.

[135] Was jedoch nicht dazu führen darf, die Kriterien in § 22 Abs. 1 mechanistisch anzuwenden, vgl. Möschel, WuW 1986, 190 f.

[136] s. hierzu bereits oben im Text, S. 43 Anm. 13 mwN.

[137] Vgl. WuW/E BGH 2112, 2116 Gruner & Jahr — Zeit; s. auch WuW/E BGH 1685, 1992 Springer — Elbe Wochenblatt, und WuW/E BGH 1854, 1856 Zeitungsmarkt München, KG OLG WuW/E 2228, 2232 Zeitungsmarkt München.

Presseobjekten, bei denen der Zusammenhang zwischen Leser- und Anzeigenteil etwas weniger stark ausgeprägt ist,[138] kann dies im Einzelfall anders zu beurteilen sein.[139] Für die Feststellung, ob eine Zeitung eine marktbeherrschende Stellung inne hat, reicht es allerdings aus, wenn sie entweder auf dem Lesermarkt oder auf dem Anzeigenmarkt eine überragende Position bzw. unkontrollierten Verhaltensspielraum besitzt.[140]

Herausragendes Strukturmerkmal zur Beurteilung des Beherrschungsgrades ist auch und gerade im Pressebereich der Marktanteil, dem wegen der Anzeigen-Auflagen-Spirale und den überproportionalen Wettbewerbsvorteilen der Erstzeitung besondere Bedeutung zukommt.[141] In der Rechtsanwendungspraxis werden für die Berechnung der Marktanteile keine einheitlichen Grundsätze angewendet.

2. *Feststellung des Beherrschungsgrades*

(1) auf dem Lesermarkt

Dieser kann anhand der Marktanteile, bezogen auf die im Verbreitungsgebiet verkaufte Auflagenhöhe insgesamt, festgestellt werden.[142] Bemessungsgrundlage kann auch der Anteil an den Vertriebserlösen und vor allem der Anteil an den Gesamterlösen sein.[143] Bei unterschiedlichen Vorgehensweisen kann es zu erheblich unterschiedlichen Ergebnissen kommen, was der Zusammenschlußfall Gruner & Jahr — Zeit zeigt. Das Kammergericht hatte dort zunächst politische Wochenzeitungen und überregionale Tageszeitungen demselben Markt zugerechnet.[144] Gemessen an der Verkaufsauf-

---

[138] z. B. bei Publikumszeitschriften, bei denen nur 50 % der Einnahmen aus dem Anzeigengeschäft kommen (bei Tageszeitungen 2/3).

[139] So z. B. nach Auffassung des BGH im Fall Gruner & Jahr — Zeit, wonach eine Zeitung nur auf dem Lesermarkt, nicht aber auch auf dem Anzeigenmarkt marktbeherrschend sein kann, vgl. WuW/E BGH 2112, 2115.

[140] WuW/E BGH 1854, 1856 Zeitungsmarkt München.

[141] Spätestens ab 2/3 Marktanteil kann nicht mehr von einem Wettbewerbsmarkt gesprochen werden („Absorptionsprozeß", höhere Anzeigenpreise), vgl. Ulmer, Schranken, S. 32 f.
Die gebotene Gesamtbetrachtung, die das Kriterium Marktanteil i.a. etwas relativiert (vgl. Harms in GK, § 24 Rn 251), wird im Pressebereich wegen der spezifischen Strukturen des Zeitungswettbewerbs in aller Regel zu keinem anderen Ergebnis führen.

[142] So z. B. WuW/E BKartA 1921, 1928 Burda — Springer; KG WuW/E OLG 2228, 2230 Zeitungsmarkt München; WuW/E BKartA 2140, 2141 Südkurier — Singener Wochenblatt.

[143] So z. B. BKartA, a.a.O., 1928; WuW/E BKartA 1863, 1866 Gruner & Jahr — Zeit.

[144] Zu dieser umstrittenen Marktabgrenzung s. oben im Text S. 53 f.

lage nahm die „Zeit" eine Spitzenstellung ein. Gemessen an den Gesamterlösen aus Verkauf und Anzeigengeschäft war die „Zeit" dagegen der kleinste Wettbewerber.[145]

Der Anteil an den Vertriebserlösen insgesamt wird der Prüfung dann zugrunde zu legen sein, wenn sehr verschiedene Presseobjekte in einen Markt miteinzubeziehen sind (beispielsweise bei Fachzeitschriften), denn nur so kann der unterschiedliche „Wert" des einzelnen Exemplars aus der Sicht des Lesers berücksichtigt werden.[146]

(2) auf dem Anzeigenmarkt

Auch für die Messung der Marktanteile auf den Anzeigenmärkten werden in der Praxis unterschiedliche Bemessungsgrundlagen verwendet. Richtigerweise ist die Summe des Anzeigenaufkommens (Anzeigenumsatzerlöse) auf dem abgegrenzten Markt insgesamt zugrunde zu legen.[147] Dagegen können Auflagenanteile nicht ohne weiteres den Marktanteilen gleichgesetzt werden.[148] Gerade bei Anzeigenblättern, die unentgeltlich abgegeben werden, ist vielmehr der Umsatz maßgeblich, der durch Anzeigenaufträge erzielt wird, zumal die Auflagenhöhe wegen der „Tausenderpreise" die Anzeigenpreise mitbestimmt.

(3) Marktposition insgesamt

Für die Beurteilung der Marktstellung eines Verlages („Gesamtbetrachtung") sind die Vertriebs- und Anzeigenerlöse zusammenzurechnen, was dann in der Bemessungseinheit „Gesamterlöse" zum Ausdruck kommt.[149]

Als weiteres Kriterium kann die Finanzkraft des betroffenen Unternehmens zu berücksichtigen sein. Für die Strukturprognose ist sie insofern von Bedeutung, als sie beispielsweise Aufschluß über die Möglichkeit einer Ausdehnung des Verbreitungsgebietes zu Lasten kleinerer Verlage oder

---

[145] Vgl. KG AG 1983, 285, 287 l. Sp.

[146] Vgl. WuW/E BKartA 1709, 1711 Bertelsmann — Deutscher Verkehrsverlag.

[147] WuW/E BKartA 1863, 1864 Gruner & Jahr — Zeit; ebenso WuW/E BGH 1905, 1907 Münchner Anzeigenblätter; KG WuW/E OLG 3767, 3771 Rheinische Anzeigenblätter; WuW/E BKartA 2259, 2264 Springer — Kieler Zeitung.

[148] Zu Unrecht KG WuW/E OLG 2457, 2459 Münchner Wochenblatt; vgl. WuW/E BGH, a.a.O.

[149] WuW/E BKartA 1921, 1928 Burda — Springer; WuW/E BKartA 1863, 1864 Gruner & Jahr — Zeit; KG WuW/E OLG 3807, 3810 Gruner & Jahr — Zeit II; WuW/E BGH 2031, 2032 Springer — Elbe Wochenblatt II; KG WuW/E OLG 3767, 3771 Rheinische Anzeigenblätter

einer dauerhaften Absicherung der erreichten Position geben kann.[150] Ebenso können Leistungsfähigkeit des Nachrichtenbeschaffungssystems[151] oder Qualität und Umfang des redaktionellen Teils einer Zeitung im Vergleich zu konkurrierenden Objekten für die Marktposition von Bedeutung sein, solange sie auch strukturell bedingt sind.[152]

3. *Prognoseentscheidung*

Hat man den Beherrschungsgrad der am Zusammenschluß beteiligten Unternehmen auf dem relevanten Markt festgestellt, muß die Prognoseentscheidung getroffen werden. Hierbei sind die strukturellen Wettbewerbsbedingungen vor und nach dem Zusammenschluß zu vergleichen. Eine Untersagung nach § 24 Abs. 1 kann nur erfolgen, wenn zu erwarten ist, daß sich durch den Zusammenschluß die Marktstruktur verschlechtert. Für Kausalität,[153] Spürbarkeit und Prognose gelten im Pressebereich die allgemeinen Grundsätze.[154]

4. *Systematische Darstellung bisheriger Pressezusammenschlüsse*

Eine systematische Darstellung der Kriterien, die in der bisherigen Praxis bei Pressezusammenschlüssen zur Entstehung bzw. Verstärkung marktbeherrschender Stellungen geführt haben, könnte sich an der geläufigen Einteilung wie horizontale, vertikale und konglomerate Zusammenschlüsse orientieren. Wegen der engen Marktabgrenzungen sind jedoch fast alle Pressezusammenschlüsse im Grenzbereich zwischen horizontalen und konglomeraten Zusammenschlußformen angesiedelt. In vielen Fällen sind an den Zusammenschlüssen Unternehmen beteiligt, die Presseobjekte anbieten, die zwar nicht mehr zum selben relevanten Markt gehören, die jedoch sowohl auf den Leser- wie Anzeigenmärkten in unterschiedlich stark ausgeprägter Substitutionskonkurrenz stehen. Hinzu kommt, daß bei Pressezusammenschlüssen verschiedene dieser Zusammenschlußformen gleichzei-

[150] WuW/E BKartA 2103, 2105 Süddeutscher Verlag — Donau-Kurier; WuW/E BKartA 1863, 1866 Gruner & Jahr — Zeit; WuW/E BGH 1854, 1858 Zeitungsmarkt München.

[151] WuW/E BGH 1854, 1858 Zeitungsmarkt München.

[152] WuW/E BKartA 1709, 1711 Bertelsmann — Deutscher Verkehrsverlag.

[153] Der Kausalitätsprüfung ist besondere Aufmerksamkeit zu widmen, wenn die am Zusammenschluß beteiligten Verlagsunternehmen die einzigen Anbieter auf dem relevanten Markt sind, beispielsweise bei einer Fusion in einem Zweizeitungskreis, s. hierzu unten im Text bei Sanierungsfusionen, S. 88 f.

[154] Zu diesen vgl. z. B. Möschel, Wettbewerbsbeschränkungen, Rn 844 ff.; Harms in GK, § 24 Rn 310 und 841 mwN.

tig vorliegen können, da man für die betroffenen Leser- und Anzeigenmärkte zu unterschiedlichen Typisierungen gelangen kann, so daß Überschneidungen und fließende Übergänge charakteristisch sind. Eine Einteilung nach diesen Kategorien erscheint deshalb wenig aussagekräftig. Gefolgt werden soll deshalb einer Darstellung anhand von Fallgruppen.

In der Rechtsanwendungspraxis bereitet in den meisten Fällen der Nachweis der Entstehung oder Verstärkung einer marktbeherrschenden Stellung durch den Zusammenschluß wenig Schwierigkeiten. Gleichwohl ist die Argumentation nicht immer einheitlich und deren Plausibilität in Frage gestellt worden. Im folgenden sollen die Gründe, die zu Strukturverschlechterungen geführt haben, anhand unterschiedlicher Fallgruppen bisheriger Pressezusammenschlüsse dargestellt werden.[155]

(1) Zusammenschlüsse zwischen Medienkonzernen oder überregionalen Zeitungsunternehmen und lokalen/regionalen Zeitungen

Entstehung oder Verstärkung marktbeherrschender Stellungen sind hierdurch auf Leser- wie Anzeigenmärkten in verschiedenen Variationen möglich.

a) Verstärkung einer bereits bestehenden marktbeherrschenden Stellung des Medienkonzerns / der überregionalen Zeitung

Ein Beispiel hierfür ist der Zusammenschluß „Zeitungsmarkt München".[156] Die Springer-Gruppe beabsichtigte, sich an der Münchener Zeitungs-Verlag KG, Herausgeberin des „Münchner Merkur" (Abonnementtageszeitung) und der „tz" (Straßenverkaufszeitung) zu beteiligen. Durch den Zusammenschluß änderte sich nichts an der Erstzeitungsposition der „Süddeutschen Zeitung" auf Leser- und Anzeigenmarkt in der Region München. Der BGH stellte deshalb auf eine Verstärkung der marktbeherrschenden Stellung der Springer-Gruppe auf dem Lesermarkt für Straßenverkaufszeitungen ab.[157] Die Verstärkung ergab sich unabhängig davon, welchen räumlich relevanten Markt man der Prüfung zugrunde legte.[158] Ging man vom gesamten Bundesgebiet aus (Marktanteil von „Bild" ca. 80 %), ergab sich die Verstärkung aus einer weiteren Absicherung in der Region München, einem für Springer wichtigen Teilmarkt, wobei es nicht erforderlich war, daß durch den Zusammenschluß die Schwelle der Marktbeherrschung erreicht wurde. Ging man

155 Vgl. zum folgenden Möschel, JZ 1984, 498 f.

156 Nw. oben im Text S. 41.

157 WuW/E BGH 1854, 1859.

158 Vgl. hierzu bereits oben im Text S. 65.

von einer Vielzahl einzelner Märkte aus (Inseltheorie), ergab sich die Verstärkung der dort gegebenen überragenden Marktstellungen durch deren zusätzliche Absicherung. Da der Zusammenschluß dort jedoch keinen Zuwachs an Marktanteilen zur Folge hatte, argumentierte der BGH mit einem zusätzlichen Abschreckungseffekt gegenüber aktuellen und potentiellen Wettbewerbern in jenen Teilmärkten. Eine Verstärkung könne sich auch dadurch ergeben, daß die Fähigkeit zur Abwehr des nachstoßenden Wettbewerbs durch Minderung des von Wettbewerbern zu erwartenden Wettbewerbsdruckes verstärkt, erhalten oder gesichert werde.[159] Wegen des Wegfalls der Münchener Wettbewerber könne sich Springer verstärkt auf die übrigen vorhandenen Wettbewerbsmärkte konzentrieren.

b) Verstärkung der marktbeherrschenden Stellung beider Beteiligter, also sowohl der überregionalen als auch der regionalen/lokalen Zeitung

Der untersagte Zusammenschluß „Süddeutscher Verlag — Donau-Kurier" steht hierfür als Beispiel.[160] Die überregionale Tageszeitung „Süddeutsche Zeitung" (SZ) wollte den „Donau-Kurier" (DK), die führende Abonnementtageszeitung in der Region Ingoldstadt, erwerben. Zwischen beiden Blättern bestand erheblicher Randwettbewerb.[161] Die Verstärkung der marktbeherrschenden Stellung des DK ergab sich daraus, daß durch den Zusammenschluß die Chance für ein Wiederaufleben des Konkurrenzdruckes von seiten der SZ, etwa durch Beilage eines Lokalteils, vertan würde. Andere potentielle Wettbewerber würden abgeschreckt durch die höhere Finanzkraft und dadurch, daß dem DK erhebliche redaktionelle Vorteile durch den Zusammenschluß mit der SZ erwachsen würden. Die Verstärkung der überragenden Marktstellung der SZ insbesondere gegenüber dem „Münchner Merkur" folgte aus der Möglichkeit, Kombinationstarife mit dem DK und mit dessen Anzeigenblättern anbieten zu können, was über das Anzeigengeschäft auch Auswirkungen auf den Lesermarkt gehabt hätte.[162]

(2) Zusammenschlüsse zwischen Tageszeitungen und Anzeigenblättern

Sie sind in der Rechtsanwendungspraxis von großer Bedeutung.[163] Auch hier wirkt sich der Zusammenschluß meist auf die Marktstellung beider Beteiligter aus.

[159] WuW/E BGH 1860; eingehend auch WuW/E BKartA 1733, 1739; im übrigen grundlegend hierzu schon WuW/E BGH 1533, 1537 Erdgas Schwaben.

[160] Nw. oben im Text S. 41.

[161] s. hierzu bereits oben im Text S. 52.

[162] KG WuW/E 3303, 3313; WuW/E BGH 2276, 2283.

[163] Vgl. oben im Text, Übersicht, S. 41 f.

a) Auf dem Anzeigenmarkt ergibt sich die Verstärkung der meist marktbeherrschenden Alleinstellung der Tageszeitung durch Absicherung dieser Position.[164] Durch den unmittelbaren wirtschaftlichen Zusammenhang zwischen Leser- und Anzeigenmarkt ergibt sich dadurch auch eine Verstärkung auf dem Lesermarkt, obwohl das Anzeigenblatt hier keine Leistungen anbietet, die mit den Leistungen einer Tageszeitung auf diesem Markt konkurrieren.[165] Unerheblich ist es in diesem Zusammenhang, ob man Anzeigen in Tageszeitungen und in Anzeigenblättern demselben relevanten Anzeigenmarkt zurechnet oder nicht.[166] Denn zumindest bestehen zwischen diesen beiden Zeitungsarten auf dem Anzeigenmarkt Rand- und Substitutionswettbewerb, der den Verhaltensspielraum der Verlage (z. B. Preispolitik) kontrollieren kann und der als Restwettbewerb um so nachhaltiger geschützt werden muß.[167] Hauptziel ist hierbei, auf den lokalen Anzeigenmärkten eine Wettbewerbsstruktur aufrechtzuerhalten, die die Chancen für zukünftigen Restwettbewerb nicht gänzlich zunichte macht.

b) Die Entstehung oder Verstärkung einer marktbeherrschenden Stellung beim Anzeigenblatt ergibt sich insbesondere aus dem zusätzlichen Abschreckungseffekt, den der Zusammenschluß auf aktuelle und potentielle Wettbewerber ausüben kann. Verhältnismäßig niedrige Marktzutrittsschranken, die Neugründung von Anzeigenblättern durchaus ermöglichen, verlieren dann ihre Bedeutung, wenn sich ein etabliertes Anzeigenblatt mit der marktbeherrschenden Tageszeitung am Ort zusammenschließt.[168]

Hervorzuheben ist hier der Fall „Münchner Anzeigenblätter". Da die von der SZ erworbenen Anzeigenblätter auf ihren sublokalen Märkten gemessen an ihren Marktanteilen (31 %, 21 %, 38 %) vor dem Zusammenschluß keine überragende Marktstellung innehatten, argumentierte der BGH mit der Entstehung einer marktbeherrschenden Stellung aufgrund der überragenden Finanzkraft der SZ, sowie durch personelle und redaktionelle Unterstützungs- und Verflechtungsmöglichkeiten, die den Verhaltensspielraum erweiterten.[169]

---

[164] Vgl. WuW/E BKartA 2140, 2141 Südkurier — Singener Wochenblatt; WuW/E BKartA 2251, 2255 Hamburger Wochenblatt — Schlei-Verlag; KG WuW/E OLG 3875, 3882 Südkurier — Singener Wochenblatt.

[165] Vgl. BKartA AG 1984, 164, 166 Rheinische Anzeigenblätter.

[166] s. hierzu oben im Text, S. 61 f.

[167] Vgl. WuW/E BKartA 1931, 1933 Contact — Ammerland Echo; BKartA WuW/E BKartA 2140, 2141 Südkurier — Singener Wochenblatt; KG WuW/E OLG 3875, 3882 f.

[168] WuW/E BKartA 1931, 1934 Contact — Ammerland Echo; BKartA AG 1984, 164, 166 Rheinische Anzeigenblätter; KG WuW/E OLG 3367, 3373/74 Rheinische Anzeigenblätter.

[169] WuW/E BGH 1905, 1908; KG WuW/E OLG 2457, 2458; ebenso WuW/E BKartA 2140, 2142 Südkurier — Singener Wochenblatt.

Im Fall Hamburger Wochenblatt — Schlei-Verlag ging das BKartA noch weiter. Es nahm die Entstehung einer marktbeherrschenden Stellung eines Anzeigenblattes auf zwei lokalen Anzeigenmärkten an, als sich ein Konzernunternehmen der Springer-Gruppe an dem Anzeigenblatt mehrheitlich beteiligen wollte, obwohl in den betroffenen Märkten jeweils eine lokale Tageszeitung nahezu Monopolstellung hatte (Marktanteil auf dem Lesermarkt über 80%, auf dem Anzeigenmarkt über zwei Drittel). Das Amt argumentierte hier mit der Eindringensvermutung des § 23a Abs. 1 Nr. 1a und begründete dies mit der Besorgnis, durch den Einsatz der finanziellen Ressourcen des Springer-Verlages könnte die Existenz der Lokalzeitungen ernstlich gefährdet werden.[169a] Dieser Fall zeigt, wie schnell wegen der speziellen Strukturen im Zeitungswettbewerb bei drohender Existenzgefährdung einzelner Unternehmen die Grenzen zum Bestandsschutz selbst für Monopolunternehmen erreicht sein können.

(3) Aufkauf eines Marktführers durch einen Medienkonzern

Im Fachzeitschriftenbereich war diese Konstellation gegeben, als die Bertelsmann-Gruppe als weitaus größter deutscher Medienkonzern beabsichtigte, den Deutschen Verkehrs-Verlag (DVV) zu erwerben.[170] Der DVV war mit seiner dreimal wöchentlich erscheinenden Deutschen Verkehrs-Zeitung sowohl auf dem Lesermarkt für allgemeine und aktuelle Zeitschriften für die Güterverkehrswirtschaft als auch auf dem entsprechenden Anzeigenmarkt schon vor dem Zusammenschluß marktbeherrschend. Die dominierende Stellung ergab sich auf dem Lesermarkt aufgrund der herausragenden redaktionellen Leistungen und auf dem Anzeigenmarkt aufgrund der hohen Kontaktintensität für spezielle Zielgruppen, die durch das hohe fachliche Ansehen der Zeitung noch begünstigt wurde. Trotz dieser bereits bestehenden herausragenden Marktstellung des DVV hätte der Zusammenschluß nach Auffassung des BKartA zu einer weiteren Verstärkung geführt. Die Marktanteile hätten dann bei 77 % an den Vertriebserlösen und 55 % am Werbevolumen gelegen. Hinzugekommen wäre ein Ressourcenzuwachs und zusätzliche economies of scale in Herstellung und Vertrieb der Zeitung, wodurch sich ein gesteigerter Abschreckungseffekt auf potentielle Konkurrenten ergeben hätte.[171]

[169a] WuW/E BKartA 2251, 2256 f.

[170] WuW/E BKartA 1709.

[171] Vgl. a.a.O., 1714 f.; ansonsten werden Zusammenschlüsse im Bereich von Fachzeitschriftenverlagen meist deshalb nicht untersagt, weil hier trotz verhältnismäßig hoher Marktanteile niedrige Marktzutrittsschranken bestehen, vgl. BKartA TB 1979/80, S. 98 l. Sp.; ähnliches gilt im Bereich spezieller Publikumszeitschriften, vgl. BKartA TB 1983/84, S. 101 „top spezial"; TB 1985/86, S. 88 r. Sp.

(4) Verstärkte Oligopolisierung eines Marktes

Ein Beispiel für einen Zusammenschluß innerhalb eines oligopolistisch strukturierten Marktes im Pressebereich ist der vom BKartA untersagte Zusammenschluß Burda-Springer.[172] Diese beiden Verlage erfüllten zusammen mit den Verlagen Bauer und Gruner & Jahr/Bertelsmann in jeweils verschiedenen Konstellationen aufgrund ihrer Marktanteile auf mehreren Teilmärkten im Bereich der Publikumszeitschriften die qualifizierte Oligopolvermutung des § 23a Abs. 2. Auf dem Pressevertriebsmarkt hätten Burda/Springer (gemeinsamer Marktanteil 32,4 %) zusammen mit Bauer einen Marktanteil von 54,6 % erreicht, auf dem Anzeigenmarkt für Publikumszeitschriften (gemeinsamer Marktanteil 23,8 %) zusammen mit Gruner & Jahr und Bauer einen Marktanteil von 60,1 % und auf dem Markt für Tiefdruck von Zeitschriften und Werbedrucksachen (gemeinsamer Marktanteil 19,3 %) zusammen mit Gruner & Jahr/Bertelsmann und Girardet einen Marktanteil von 52,7 %.[173] Da die qualifizierte Oligopolvermutung eine echte Umkehr der formellen und materiellen Beweislast zu Lasten der beteiligten Unternehmen beinhaltet, hätten die Verlage die Marktbeherrschungsvermutung widerlegen müssen. Sie hatten jedoch nichts Substantielles dazu vorgetragen, ob die Wettbewerbsbedingungen auch nach dem Zusammenschluß zwischen ihnen wesentlichen Wettbewerb erwarten lassen.[174]

Ein anderes Beispiel ist der Fall „Gruner & Jahr -- Zeit". Hier hätte der Zusammenschluß unter Einbeziehung des Spiegel-Verlages zur Entstehung eines Oligopols gemäß § 22 Abs. 2 i.V.m. § 22 Abs. 1 Nr. 1 und damit zu einer marktbeherrschenden Stellung auf dem Markt für politische Wochenzeitungen geführt, da zwischen „Spiegel" (Marktanteil 65,9 % an den Gesamterlösen) und „Zeit" (Marktanteil 22,6 %) nach dem Zusammenschluß kein wesentlicher Wettbewerb mehr zu erwarten war.[175] Zwar sei der Spiegel-Verlag auch schon vor dem Zusammenschluß marktbeherrschend gewesen, doch schließe dies die „Entstehung" einer marktbeherrschenden Stellung i.S.d. § 24 Abs. 1 durch „Entstehung" eines Oligopols nicht aus, da diese (konkrete) Marktstellung vor dem Zusammenschluß nicht bestand. Auch der von den überregionalen Tageszeitungen ausgehende Substitutionswettbewerb sei nicht geeignet, die Entstehung des Oligopols verhindern zu können.[176]

---

[172] Vgl. WuW/E BKartA 1921; hierzu auch MK SG 12, 1982.

[173] WuW/E, a.a.O., 1923, 1926, 1927.

[174] a.a.O., 1930.

[175] KG WuW/E OLG 3807, 3813 f. Gruner & Jahr — Zeit II; bestätigt durch BGH DB 1987, 2556.

[176] KG, a.a.O., 3815.

(5) Marktverflechtungen

Von den Wirkungszusammenhängen zwischen Leser- und Anzeigenmärkten zu unterscheiden sind Marktverflechtungen, die bewirken können, daß durch einen Zusammenschluß wachsende Wettbewerbsvorteile auf dem einen sachlich relevanten Markt die Entstehung oder Verstärkung einer marktbeherrschenden Stellung auf einem anderen relevanten Markt nach sich ziehen.[177] So hätte der Zusammenschluß „Burda-Springer" die bestehende überragende Marktstellung auf den Märkten für Programmzeitschriften, für Straßenverkaufszeitungen und für Sonntagszeitungen dadurch verstärkt, daß den Beteiligten zusätzliche Wettbewerbsvorteile im Vertriebsmarkt entstanden wären, die sich negativ auf die Marktzutrittsmöglichkeiten potentieller Wettbewerber ausgewirkt hätten.[178]

In diesem Zusammenhang aufschlußreich ist auch der Zusammenschlußfall „Gruner & Jahr — Zeit".[179] Beabsichtigt war, den zum Bertelsmann-Konzern gehörenden Gruner & Jahr-Verlag am Zeit-Verlag zu beteiligen, um die Existenz der „Zeit" langfristig zu sichern. Gruner & Jahr gibt mehrere illustrierte Zeitschriften heraus, darunter das Magazin „Stern". Mit der Begründung, durch den Zusammenschluß würde die marktbeherrschende Stellung des „Stern" auf dem Markt der aktuellen Publikumszeitschriften (Marktanteil an den Gesamterlösen 52 %) verstärkt werden, untersagte das BKartA den Zusammenschluß. Die Verstärkung wurde damit begründet, daß „Stern" und „Zeit" zwar unterschiedlichen Lesermärkten zuzurechnen seien, daß aber durch den Zusammenschluß Gruner & Jahr in einen Markt eindringe, der in einem „weiteren wettbewerblichen Umfeld"[180] zum „Stern" stehe. Trotz zahlreicher Unterschiede zwischen „Stern" und „Zeit" bezüglich ihres Charakters und ihrer inhaltlichen Ausgestaltung gebe es zwischen beiden Objekten Gemeinsamkeiten, die zu — wenn auch eingeschränkten — Wettbewerbsbeziehungen führten und die durch den Zusammenschluß beschränkt würden.[181] Das Kammergericht widersprach und hob hervor, daß, da die beiden Zeitungen nicht miteinander konkurrierten, es sich um einen konglomeraten Unternehmenszusammenschluß handelte, der nach § 24 Abs. 1 nur dann untersagt werden könne, wenn sich die markt- und unternehmensbezogenen Strukturen, die die Marktmacht im Sinne von § 22 Abs. 1 bestimmten, dadurch in einer die neutralisierende Wirkung des Wettbe-

---

[177] Diese sind auch zu unterscheiden von Verstärkungen auf anderen räumlich relevanten Märkten, wie z. B. im Fall „Zeitungsmarkt München", WuW/E BGH 1854, 1860.

[178] WuW/E BKartA 1921, 1928 ff. Burda — Springer.

[179] Nw. s. oben im Text S. 41.

[180] Zu diesem Begriff auch MK HG V Tz 607 ff.

[181] WuW/E BKartA 1863, 1864 f. Gruner & Jahr — Zeit.

werbs einschränkenden Weise veränderten.[182] Eine solche Veränderung zugunsten des Gruner & Jahr-Verlages sei jedoch nicht erkennbar. Eine Verstärkung der marktbeherrschenden Stellung des „Stern" durch den Zusammenschluß sei weder aufgrund finanziellen Ressourcentransfers von seiten der ertragsschwachen „Zeit" noch in journalistisch-redaktioneller Hinsicht wegen zu unterschiedlicher publizistischer Konzeptionen zu erwarten. Auch eine gemeinsame Anzeigenaquisition käme lediglich der „Zeit" zugute, da der „Stern" unverzichtbares Werbemedium sei.[183] Der BGH ließ es dahingestellt, ob zwischen „Stern" und „Zeit" Substitutionswettbewerb herrschte. Im Anschluß an das Kammergericht ging er ebenfalls davon aus, daß selbst dann, wenn dies der Fall sein sollte, dieser durch den Zusammenschluß nicht zugunsten des „Stern" beeinträchtigt werde.[184]

Angesprochen ist damit die diffizile Frage, ob bei konglomeraten Pressezusammenschlüssen marktbeherrschende Stellungen dadurch entstehen oder sich verstärken können, daß mehrere unterschiedliche Presseobjekte in eine kaufmännische und publizistische Gesamtstrategie einbezogen werden können, um damit möglicherweise etwaigen Substitutionswettbewerb zwischen den Objekten zu steuern.

Das BKartA hatte im Fall „Gruner & Jahr — Zeit" argumentiert, der Zusammenschluß ermögliche durch ein längerfristiges verlegerisches Gesamtkonzept im Sinne einer Koordination den Ausbau der Marktpositionen von „Stern", „Spiegel" und „Zeit" gegenüber anderen Wettbewerbern.[185] Das Kammergericht dagegen war der Auffassung, die Blätter müßten im Interesse eines Markterfolges jeweils unabhängig voneinander geführt werden, weshalb der Zusammenschluß keine Verstärkungswirkung für „Stern" bzw. „Spiegel" habe.[186] Der BGH ist dieser Auffassung nicht entgegengetreten, da nicht ersichtlich sei, daß verlegerische Maßnahmen, die im Interesse eines wirtschaftlichen Erfolges für die „Zeit" geboten erschienen, aus Rücksicht auf die wirtschaftlichen Belange des „Stern" bzw. des „Spiegel" unterblieben.[187] Vielmehr gelte, daß gerade profilierte Zeitschriften im Interesse ihres wirtschaftlichen Erfolges je selbständig unter Wahrung ihrer jeweiligen Besonderheiten geführt werden: „Die Struktur der Lesermärkte, auf denen die einzelnen Zeitschriften tätig sind, wird daher in erster Linie durch die Zahl der auf ihnen erscheinenden Blätter und deren Marktanteile geprägt. Hinge-

---

[182] KG AG 1983, 285, 286 r. Sp. unter Hinweis auf BGH WuW/E BGH 1685, 1691 Springer — Elbe Wochenblatt.

[183] Zu den damit zusammenhängenden Marktabgrenzungsproblemen vgl. oben im Text S. 53 f.

[184] WuW/E BGH 2112, 2117 f.

[185] WuW/E BKartA 1863, 1866.

[186] KG AG 1983, 285, 286 r. Sp. oben.

[187] WuW/E BGH 2112, 2118 oben.

gen beeinflussen die Beteiligungsverhältnisse an den Verlagen der einzelnen Zeitschriften die Marktstruktur nicht in der Weise, daß ihre Änderung einschließlich der Zusammenfassung von Beteiligungen in einer Hand ohne weiteres zu einer für die Anwendung des § 24 Abs. 1 erheblichen Änderung der Marktstruktur führt."[188]

Die Begründung überzeugt schwerlich. Aus wettbewerblicher Sicht ist die Marktstruktur nicht bereits dann als günstig zu beurteilen, wenn möglichst viele im Wettbewerb miteinander stehende Produkte auf dem Markt angeboten werden. Hinzukommen muß vielmehr, daß diese von verschiedenen Herstellern stammen. Für den Pressebereich gilt nichts anderes. Abgesehen davon, daß Meinungsvielfaltskriterien ohnehin unerheblich sind, gewährleistet eine solche „Produktdifferenzierung" auch im Pressebereich keine Marktstruktur, die den Verhaltensspielraum der Unternehmen im Wettbewerb mit anderen Verlagen begrenzt. Denn möglich und wahrscheinlich ist zumindest die Koordinierung von den wirtschaftlichen Wettbewerb betreffenden Handlungsparametern (z. B. gemeinsame Anzeigen- und Vertriebspreispolitik) und dadurch die Erweiterung des Verhaltensspielraums zu Lasten von kleineren, nicht verbundenen Verlagen.[189]

In seiner zweiten Entscheidung ließ denn auch das Kammergericht die Richtigkeit dieser Auffassung grundsätzlich dahingestellt, da zumindest in dem zu entscheidenden Fall eine Verschlechterung der Marktstruktur konkret zu erwarten sei. Denn die Beteiligten strebten durch den Zusammenschluß Wettbewerbsvorteile auf Kosten dritter unbeteiligter Verlage und nicht auf Kosten der verbundenen Verlage an.[190]

5. *Zusammenfassung und kritische Würdigung*

Zusammenfassend sollen im folgenden die Entstehungs- bzw. Verstärkungskriterien marktbeherrschender Stellungen kurz strukturiert und kritisch gewürdigt werden.

(1) Marktanteil

Für die Feststellung der Marktbeherrschung ist gerade im Pressebereich dem Marktanteilskriterium große Bedeutung beizumessen.[191] Wegen der

[188] a.a.O., 2119 oben.

[189] Kritisch auch Möschel, AG 1986, 190 l. Sp., der von „inszeniertem Wettbewerb" spricht; vgl. hierzu auch Bechtold, AfP 1985, 37.

[190] KG WuW/E OLG 3807, 3814 f. Gruner & Jahr — Zeit II.

[191] Bedenken gegen eine allzu große Bedeutung des Marktanteils zählen hier also geringer, vgl. allgemein zur Bedeutung des Marktanteils KG WuW/E OLG 3759, 3762 Pillsbury — Sonnen-Bassermann, davor BKartA AG 1985, 281.

spezifischen Strukturen des Pressewettbewerbs (Zusammenhang zwischen der Leser- und Anzeigenmarktposition infolge der Anzeigen-Auflagen-Spirale und überproportionaler Wettbewerbsvorteil der Erstzeitung) und den sehr hohen Marktzutrittsschranken indiziert ein hoher Marktanteil insbesondere bei niedrigeren Marktanteilen der Wettbewerber eine auch fusionskontrollrechtlich relevante fehlende Wettbewerbskontrolle. Berechtigterweise kann daher auch in der Stagnation von Marktanteilen auf hohem Niveau ein Indiz für vom Wettbewerb nicht hinreichend kontrollierte Verhaltensspielräume gesehen werden.[192]

Der Zuwachs an Marktanteilen spielt in der fusionskontrollrechtlichen Praxis seltener eine Rolle, da Zusammenschlüsse mit echt horizontalen Elementen wegen der engen Marktabgrenzungen verhältnismäßig selten sind. Liegt einmal Marktanteilszuwachs vor, führt dies richtigerweise zu einer weiteren Konsolidierung der Marktposition, auch wenn der Zuwachs relativ gering ist.[193]

Generelle Aussagen über den Zusammenhang zwischen Leser- und Anzeigenmarktanteil bei der Prüfung der Verschlechterung der Marktstruktur sind nicht möglich. Zwar wird ein Zuwachs an Marktanteilen auf dem Anzeigenmarkt in aller Regel zu einer Verstärkung der Marktposition im Lesermarkt führen und umgekehrt, doch bedeutet Marktbeherrschung auf dem Lesermarkt nicht zwangsläufig Marktbeherrschung auf dem Anzeigenmarkt.[194] Für die Untersagung eines Zusammenschlusses kann die Verschlechterung der Marktstruktur schon auf einem Markt ausreichen, also entweder auf dem Lesermarkt oder auf dem Anzeigenmarkt. Im Rahmen der Gesamtbetrachtung sind jedoch die Positionen auf beiden Märkten zu berücksichtigen.

Nach Auffassung des BGH kann sich die Marktstellung einer Zeitung auf dem Anzeigenmarkt durch Zusammenschluß dann nicht (mehr) verstärken, wenn das Blatt bereits unverzichtbares Werbemedium ist und deshalb mit der anderen Zeitung auf dem Werbemarkt nicht in Konkurrenz steht.[194] Gemeinsame Anzeigenaquisition und Kombinationstarife könnten den Anzeigenumfang der „unverzichtbaren" Zeitung nicht mehr steigern.

[192] a.A. Harms in GK, § 24 Rn 849. Kantzenbach (in AG 1986, 192 l. Sp. unten) spricht ab einem Marktanteil von 80 % von „monopolizing", s. hierzu auch oben im Text S. 69 Anm. 141; in der Schweiz wird von einem regionalen Monopol gesprochen, wenn die Auflage einer Tageszeitung 2/3 der Gesamtauflage des regionalen Tageszeitungsmarktes übersteigt, vgl. Wettbewerbsentwicklung, S. 124 Teil II Rn 113.2.

[193] WuW/E BKartA 1700, 1703 Springer — Elbe Wochenblatt; WuW/E BKartA 1709, 1714 Bertelsmann — Deutscher Verkehrsverlag; vgl. hierzu noch KG WuW/E OLG 2228, 2230 Zeitungsmarkt München; kritisch Knöpfle, Zusammenschlußkontrolle, S. 44 Anm. 74; zur Entstehung einer marktbeherrschenden Stellung gem. § 23a Abs. 2 s. WuW/E BKartA 1921 Burda — Springer.

[194] WuW/E BGH 2112, 2116 Gruner & Jahr — Zeit.

Diese Auffassung bewegt sich m.E. zumindest an der Grenze wettbewerbstheoretisch zweifelhafter Argumentationstechnik. Denn einseitig wird nur danach gefragt, ob nach dem Zusammenschluß das Anzeigenaufkommen des „unverzichtbaren" Objekts noch vergrößert wird. Aus der Sicht der Marktgegenseite und auf der Basis des Bedarfsmarktkonzepts indiziert „Unverzichtbarkeit" unkontrollierte Verhaltensspielräume. Verkürzt ist es, aus der augenblicklichen Unverzichtbarkeit auf generell fehlende Konkurrenzverhältnisse zu schließen. Es hätte die Frage geprüft werden müssen, ob nicht in einem fusionskontrollrechtlich relevanten Umfang mittel- oder langfristig Substitutionskonkurrenz zwischen „Stern" und „Zeit" beim Anzeigenwettbewerb entstehen kann, der als Restwettbewerb dann den Verhaltensspielraum der betroffenen Unternehmen doch in gewissem Grade begrenzen könnte und daher geschützt werden muß (Verhinderung von Absicherung).

(2) Beschränkung des Substitutionswettbewerbs

Von größerer Bedeutung als der Zuwachs an Marktanteilen sind in der Praxis Zusammenschlüsse mit eher konglomeraten Tendenzen, durch die noch bestehender oder zu erwartender Substitutionswettbewerb beeinträchtigt wird oder ganz wegfällt.[195] Hier können marktbeherrschende Stellungen entstehen oder verstärkt werden, wenn durch den Zusammenschluß selbständige Wettbewerber im marktnahen Bereich wegfallen.[196] Die Grenze zu horizontalen Zusammenschlüssen ist fließend, da hier Produkte bzw. Leistungen angeboten werden, die zwar verschiedenen relevanten Märkten angehören, dabei aber trotzdem Ausweichmöglichkeiten in bestimmtem Umfang eröffnen. Substitutionswettbewerb kann im Einzelfall die Entstehung oder Verstärkung einer marktbeherrschenden Stellung verhindern; entsprechend kann durch die Beschränkung des Substitutionswettbewerbs eine marktbeherrschende Stellung begründet oder verstärkt werden. In der Regel jedoch hat Substitutionswettbewerb keinen hinreichenden Einfluß, um überragende Verhaltensspielräume ausreichend zu kontrollieren.[197] Da er sich in der Regel auf alle Wettbewerber eines relevanten Marktes gleichmäßig auswirkt, will der BGH ihn nur dann berücksichtigen, wenn das betreffende Unternehmen in größerem Maße als seine Konkurren-

---

[195] z. B. KG WuW/E OLG 2527, 2533 Springer — az Anzeigenblatt; WuW/E BGH 2112, 2123 Gruner & Jahr — Zeit; WuW/E BKartA 1931, 1933 Contact — Ammerland Echo; WuW/E BKartA 2140, 2141 Südkurier — Singener Wochenblatt.

[196] Vgl. auch MK HG V Tz 607.

[197] KG WuW/E OLG 3759, 3763 Pillsbury — Sonnen-Bassermann; so auch im Fall Gruner & Jahr — Zeit für Wochenzeitungen durch überregionale Tageszeitungen, KG WuW/E OLG 3807, 3815 f.

ten diesem Substitutionswettbewerb ausgesetzt ist.[198] Diese Auffassung ist im Schrifttum überwiegend auf Ablehnung gestoßen.[199] In der Tat widerspricht sie dem alleinigen Ziel der Prüfung, nämlich festzustellen, ob durch den Zusammenschluß unkontrollierte Verhaltensspielräume begründet oder verstärkt werden. „Neutraler" Substitutionswettbewerb ist deshalb auch dann zu berücksichtigen, wenn er die Konkurrenten am Markt genauso betrifft. Anderenfalls käme der Marktabgrenzung, die nicht immer zweifelsfrei vorgenommen werden kann, eine zu kategorische Bedeutung zu. Grenzt man den Markt etwas weiter ab, sind die Produkte aus dem wettbewerblichen Umfeld eventuell noch in den Markt einzubeziehen, und in diesem Fall wird dann nicht unterschieden, ob ein Unternehmen mehr oder weniger von dem davon ausgehenden Wettbewerb betroffen ist.

(3) Abschreckungseffekt

Ein konglomerater Zusammenschluß kann nur dann untersagt werden, wenn sich die markt- und unternehmensbezogenen Strukturen, die die Marktmacht i.S.d. § 22 Abs. 1 bestimmen, dadurch in einer die neutralisierende Wirkung des Wettbewerbs einschränkenden Weise verändern.[200] In der Anwendungspraxis sind diese Voraussetzungen bereits dann gegeben, wenn von dem Zusammenschluß durch die gesteigerte Fähigkeit, nachstoßenden Wettbewerb abzuwehren, eine abschreckende Wirkung auf aktuelle und potentielle Wettbewerber ausgeht.[201] Gesichert werden soll dadurch zukünftiger Wettbewerb auf horizontaler Ebene.

Im Pressebereich können hauptsächlich drei Kriteriengruppen den Abschreckungseffekt begründen:

a) Zuwachs an Finanzkraft[202]

Das Kriterium der Finanzkraft sollte im Rahmen der Abschreckungstheorie im übrigen industriellen Bereich zurückhaltend angewendet und diffe-

---

[198] WuW/E BGH 2112, 2123 Gruner & Jahr — Zeit; ebenso nun auch KG WuW/E OLG 3759, 3763 Pillsbury — Sonnen-Bassermann; WuW/E BKartA 2213, 2217 Linde-Agefko.

[199] Vgl. Harms in GK, § 24 Rn 848; Markert in Schwerpunkte 1986, S. 77; Königs, WuW 1985, 876; Möschel, AG 1986, 189; Bechtold, AfP 1985, 37 f.

[200] Vgl. KG AG 1983, 285, 286 Gruner & Jahr — Zeit; s. oben im Text S. 77 f.

[201] WuW/E BGH 1854, 1859 f. Zeitungsmarkt München.

[202] a.a.O., 1860; Wuw/E BGH 1905, 1908 Münchner Anzeigenblätter; KG WuW/E OLG 3303, 3310 f. Süddeutscher Verlag — Donau-Kurier; WuW/E BKartA 2140, 2142 Südkurier — Singener Wochenblatt.

renziert werden zwischen wettbewerbsbeschränkenden Zusammenschlußwirkungen und solchen, die zu erhöhter Effizienz und damit wettbewerblich erwünschten Wirkungen führen.[203] Bei Zusammenschlüssen im Pressebereich steht eine solche Differenzierung schnell im Widerspruch zu den Zwecken der Pressefusionskontrolle, kleine und mittlere Unternehmen zu erhalten. Insbesondere konglomerate Zusammenschlüsse zwischen im marktnahen Bereich tätigen Presseunternehmen[204] führen in aller Regel nicht nur zu artifiziellen Größenvorteilen, sondern zu effizienzsteigernden Verbundvorteilen, so daß ein Zuwachs an Finanzkraft insbesondere wegen der spezifischen Struktur des Pressewettbewerbs zu noch höheren Marktzutrittsschranken führt.[205] Dies gilt in besonderem Maße bei Zusammenschlüssen zwischen Anzeigenblättern und Tageszeitungen.[206]

b) Ressourcen- und Personaltransfer, Verbundvorteile

Hierunter fallen beispielsweise als Folge von Pressezusammenschlüssen der gegenseitige Zugang zum Archiv- und Bildmaterial, kostengünstige Bereitstellung von Servicefunktionen im Bereich der allgemeinen Verwaltung und Kooperationsmöglichkeiten der Redaktionen,[207] ebenso die gemeinsame Nutzung des Korrespondentennetzes oder des Nachrichtenbeschaffungssystems.[208] Bei der Produktion von Zeitungen können solche Verbundvorteile große Kostenersparnisse bringen, weil der für die Herstellung eines Exemplars erforderliche Input beliebig oft wiederverwendet werden kann („öffentliches Gut").[209] Allgemeine Rationalisierungseffekte kön-

[203] Vgl. Möschel, AG 1984, 258 l. Sp. und 260 l. Sp.; ders., RabelsZ 44 (1980), 238 ff.; ders., RabelsZ 48 (1984), 552 ff.; ders., Schwerpunkte 1986; Markert, AG 1986, 179 r. Sp.; kritisch zu diesem Mestmäcker, AG 1986, 182 r. Sp. und Kantzenbach, AG 1986, 187.

[204] Beispiel Gruner & Jahr — Zeit.

[205] KG WuW/E OLG 3807, 3818 Gruner & Jahr — Zeit II.

[206] Vgl. hierzu auch den nicht untersagten Zusammenschluß Holtzbrinck — Südkurier, in BKartA TB 1979/80, S. 93 r. Sp.; KG WuW/E OLG 3767, 3772 Rheinische Anzeigenblätter.

[207] WuW/E BKartA 1733, 1736 Kaufzeitungen; WuW/E BGH 1905, 1908 Münchner Anzeigenblätter; BKartA AG 1981, 260, 264 Springer — az Anzeigenblatt; KG WuW/E OLG 3303, 3311 Süddeutscher Verlag — Donau-Kurier; KG WuW/E OLG 3807, 3815 Gruner & Jahr — Zeit II; WuW/E BGH 2276, 2283 Süddeutscher Verlag — Donau-Kurier; KG WuW/E OLG 3767, 3772 Rheinische Anzeigenblätter.

[208] WuW/E BKartA 2103, 2105 Süddeutscher Verlag — Donau-Kurier; KG WuW/E OLG 2228, 2231 Zeitungsmarkt München; ähnlich zum Ressourcentransfer WuW/E BGH 1954, 1958 Springer — az Anzeigenblatt; vgl. hierzu auch Harms in GK, § 24 Rn 844.

[209] Vgl. MK HG V Tz 638 und 648; MK HG VI Tz 732 ff., 738 ff.

nen auch im Anzeigengeschäft, beim Druck und im Vertrieb erreicht werden.[210] Kein Argument gegen die Anwendbarkeit der Fusionskontrolle im Pressebereich ist es, wenn durch den Zusammenschluß die Leistungsfähigkeit der Unternehmen verbessert wird.[211] Rationalisierungseffekte sind die Folge nahezu eines jeden Zusammenschlusses. Um einer Verschlechterung der sensiblen Wettbewerbsstrukturen im Pressebereich vorzubeugen, kann bei bestimmten Konstellationen (marktbeherrschenden Stellungen) externes Unternehmenswachstum auch dann nicht zugelassen werden, wenn es leistungsfähigere Unternehmensgrößen schafft.

c) Koordination des verlegerischen Gesamtkonzepts

Umstritten ist, ob Abschreckungseffekte dadurch entstehen, daß für die am Zusammenschluß beteiligten Presseverlage Möglichkeiten zur journalistisch-redaktionellen Verflechtung und zur Koordination des verlegerischen Gesamtkonzepts geschaffen werden.[212] Hier wird die Beliebigkeit der Argumentation bei dem Versuch, Verstärkungskriterien zu systematisieren, besonders deutlich. Nach Auffassung des BGH können sich zumindest bei profilierten Zeitschriften Verhaltensspielräume nicht erweitern, da sie im Interesse ihres Verkaufserfolges getrennt voneinander geführt werden müssen.[213] Diese Argumentation überzeugt jedoch dann wenig, wenn zwischen verschiedenen Presseobjekten, die von demselben Verleger herausgegeben werden, aktueller oder potentieller Substitutionswettbewerb besteht. Eine solche Strategie entspricht dann eher einer Produktdifferenzierung einer unternehmerischen Einheit.[214] Mit Hilfe konzeptioneller Grundentscheidungen können Leser- und Anzeigenkunden koordiniert umworben werden, die bisher ihren Bedarf im wettbewerblichen Umfeld gedeckt haben, so daß durch den Zusammenschluß Wettbewerbsvorteile auf Kosten dritter unbeteiligter Verlage erzielt werden können.

---

[210] BKartA AG 1981, 260, 264 Springer — az Anzeigenblatt; BKartA AG 1984, 164, 166 Rheinische Anzeigenblätter; KG WuW/E OLG 3767, 3772.

[211] So aber Harms in GK, § 24 Rn 845.

[212] So WuW/E BKartA 1863, 1865 f. Gruner & Jahr — Zeit.

[213] WuW/E BGH 2112, 2119; dahingestellt gelassen von KG WuW/E OLG 3807, 3814 Gruner & Jahr — Zeit II; vgl. oben im Text S. 79.

[214] Ähnlich wie im Fall „Zeitungsmarkt München", KG WuW/E OLG 2228, 2231 unten bezüglich „Münchner Merkur", „tz" und „Bild"-München; zum „konzerninternen Wettbewerb" auch Bechtold, AfP 1985, 37; vgl. auch oben im Text S. 78 f.

IV. Verbesserungen der Wettbewerbsbedingungen (Abwägungsklausel)

Nach § 24 Abs. 1 haben die an einem Zusammenschluß beteiligten Unternehmen die Möglichkeit, eine Untersagung des Zusammenschlusses dadurch zu verhindern, daß sie nachweisen, daß durch den Zusammenschluß auch Verbesserungen der Wettbewerbsbedingungen eintreten und daß diese Verbesserungen die Nachteile der Marktbeherrschung überwiegen.[214a]

Das BKartA kann hierbei lediglich Strukturkriterien rein wettbewerblicher Natur berücksichtigen. Außerwettbewerbliche Gesichtspunkte, wie beispielsweise arbeitsplatzpolitische oder medienpolitische Überlegungen, können nur im Rahmen einer Ministererlaubnis nach § 24 Abs. 3 berücksichtigt werden.[215]

Verbesserungen der Wettbewerbsbedingungen können sich theoretisch sowohl auf dem Markt, auf dem die Entstehung oder Verstärkung einer marktbeherrschenden Stellung zu erwarten ist, als auch auf Drittmärkten ergeben.[216] In der Praxis haben Verbesserungen der Wettbewerbsbedingungen bei Zusammenschlüssen im Pressebereich bisher nur in wenigen Fällen eine substantielle Rolle gespielt.[217] Es soll daher im folgenden nur kurz darauf eingegangen werden.

Verbesserungen von Wettbewerbsbedingungen auf demselben Markt, auf dem die Entstehung oder Verstärkung der marktbeherrschenden Stellung zu erwarten ist, bilden ohnehin eine Ausnahme.[218] Behaupten die Beteiligten überwiegende Verbesserungen, müssen sie diese konkret nachweisen. Der allgemeine Hinweis, durch den Zusammenschluß sollte die Existenz einer Zeitung dauerhaft gesichert werden, reicht für den Nachweis nicht aus.[219] Theoretisch allerdings sind im Pressebereich insbesondere im Zusammen-

[214a] Zum Kausalitätsproblem vgl. KG WuW/E OLG 3767, 3778 Rheinische Anzeigenblätter.

[215] Vgl. Möschel, Wettbewerbsbeschränkungen, 886 f.; Harms in GK, § 24 Rn 616; KG WuW/E OLG 3875, 3884 Südkurier — Singener Wochenblatt.

[216] Vgl. Möschel, a.a.O., Rn 889; Harms, a.a.O., Rn 628; hierzu auch Schwintowski, S. 39 ff., S. 44 ff.

[217] Vor Inkrafttreten der 3. Novelle ließ das BKartA wegen Aufrechterhaltens selbständiger Redaktionen einen Pressezusammenschluß zu; s. hierzu unten im Text S. 88 im Zusammenhang mit sog. Sanierungsfusionen der Fall WAZ-NRZ, BKartA TB 1975, S. 42/43; Schwintowski, S. 88 f.; jüngst auch BKartA TB 1983/84, S. 102 r. Sp.; TB 1985/86, S. 89 l. Sp. Münchner Merkur — Kreisboten-Verlag.

[218] Vgl. Möschel, Wettbewerbsbedingungen, Rn 890; Mestmäcker in IM, § 24 Rn 121; Harms in GK, § 24 Rn 631.

[219] Vgl. BKartA 1863, 1866 Gruner & Jahr — Zeit; zur Beweislast in diesem Zusammenhang vgl. Schwintowski, S. 128.

hang mit Sanierungsfusionen Zusammenschlußkonstellationen denkbar, die die Voraussetzungen der Abwägungsklausel erfüllen. Allerdings entsprechen die Kriterien meist schon denjenigen, die die Kausalität des Zusammenschlusses für die Entstehung oder Verstärkung einer marktbeherrschenden Stellung verneinen.[220]

Die Verbesserungen von Wettbewerbsbedingungen auf „Drittmärkten"[221] dagegen haben in der Praxis bei Pressezusammenschlüssen das Vorbringen der Beteiligten bestimmt. Auch hier ist es schwierig, unter wettbewerblichen Gesichtspunkten Märkte miteinander zu vergleichen, zwischen denen keine Wettbewerbsbeziehungen in Form von Wahlmöglichkeiten bestehen.[222] Aus der Praxis können hierfür zwei Beispiele angeführt werden:

Zu nennen sind einmal die Fälle, in denen sich eine Tageszeitung mit einem Anzeigenblatt verbindet und den Zusammenschluß damit begründet, daß ihre Existenz ansonsten gefährdet sei. In einem solchen „Sanierungsfall" können die Verschlechterungen der Wettbewerbsbedingungen auf dem Anzeigenmarkt aufgehoben werden durch Verbesserungen auf dem Lesermarkt. Das BKartA führte hierzu aus: „Führt der Wettbewerb im Anzeigenmarkt zum Ausscheiden der Tageszeitung, so verschlechtert sich die Marktstruktur im Lesermarkt und es verringert sich die Pressevielfalt. Der Erwerb eines Anzeigenblattes durch eine Tageszeitung zur Absicherung des Anzeigenmarktes gegen ein eindringendes konkurrierendes Anzeigenblatt kann daher im Einzelfall ein geeignetes und notwendiges Mittel sein, die Wettbewerbsbedingungen zu verbessern."[223] Hierbei muß jedoch eine konkrete Gefährdung der Tageszeitung durch konkurrierende Anzeigenblätter nachgewiesen werden, eine generelle Anwendung der Abwägungsklausel zugunsten der Tageszeitung ist nicht möglich. Hieran scheiterte die Anwendung im Zusammenschlußfall „Springer — Elbe Wochenblatt".

In einem anderen Fall dagegen konnten sich die Unternehmen erfolgreich auf die Abwägungsklausel berufen. Nicht untersagt wurde die gemeinsame Beteiligung einer Erst- und einer Zweitzeitung an einem konkurrierenden Anzeigenblatt. Anderenfalls wäre durch die Aktivitäten des Anzeigenblattes und die Abwehrreaktionen der Erstzeitung die Existenz der Zweitzeitung ernsthaft gefährdet gewesen. Die daraus entstehende Verschlechterung der

---

[220] Zu den einzelnen Kriterien eingehend Möschel, Pressekonzentration, S. 190, 193-195; Harms in GK, § 24 Rn 639; in der Praxis z. B. BKartA TB 1985/86, S. 87 l. Sp. Mannheimer Morgen — Bergsträßer Anzeiger, und Darmstädter Echo — Darmstädter Tageblatt; a.a.O., S. 88, Kieler Zeitung — Segeberger Zeitung.

[221] Vgl. Harms in GK, § 24 Rn 629; unterschiedliche Märkte sind hierbei auch Leser- und Anzeigenmärkte.

[222] Dies gilt erst recht für den Fall, daß Leser- und Anzeigenmärkte miteinander verglichen werden; allgemein hierzu auch Möschel, Wettbewerbsbeschränkungen, Rn 889; ders., Pressekonzentration, S. 190.

[223] WuW/E BKartA 1700, 1704 Springer — Elbe Wochenblatt.

Wettbewerbsstruktur auf dem Anzeigenmarkt wurde vom Amt als erheblich weniger bedeutsam eingestuft als die drohende Verschlechterung auf dem Lesermarkt für Tageszeitungen durch den Wegfall der Zweitzeitung.[224]

Im Einzelfall können umgekehrt auch Verschlechterungen auf den Anzeigenmärkten stärker ins Gewicht fallen als mögliche Verbesserungen auf Lesermärkten. In dem Zusammenschlußfall „Rheinische Anzeigenblätter"[225] waren lediglich einzelne Lokalausgaben, die in ihren Gebieten als Zweitzeitung erschienen, in ihrer Herausgabe bedroht, nicht die Existenz der Tageszeitungsverlage insgesamt. Diese hatten in ihren übrigen Verbreitungsgebieten jeweils marktbeherrschende Stellungen inne. Das BKartA sah in dem Zusammenschluß mit den Anzeigenblättern zur Absicherung der Zweitzeitungs-Lokalausgaben keine Verbesserungen der Wettbewerbsbedingungen Denn selbst dann, wenn die finanzielle Situation der Verlage durch den Zusammenschluß verbessert werde, biete dies keine Gewähr für die Weiterexistenz bestimmter Lokalausgaben, die auch ohne Zusammenschluß weitergeführt werden könnten. Demgegenüber überwögen die negativen Folgen der verstärkten Marktbeherrschung auf den Anzeigenmärkten, zumal der Wettbewerb hier durch den Zusammenschluß auf Dauer zum Erliegen kommen würde, während eine mögliche Einstellung bestimmter Lokalausgaben von Zweitzeitungen nicht endgültig zu sein brauchte.[226]

Ein anderes Beispiel der Anwendung der Abwägungsklausel auf eigentlich nicht vergleichbare Drittmärkte bildet der Zusammenschlußfall "Zeitungsmarkt München".[227] Hier hätte die Beteiligung der Springer-Gruppe die Stellung der Abonnementzeitung „Münchner Merkur" (MM) verstärken und als Gegengewicht zu der marktbeherrschenden „Süddeutschen Zeitung" (SZ) wirken können. Der BGH legte den Schwerpunkt jedoch auf die zu erwartende Strukturverschlechterung auf dem Lesermarkt für Straßenverkaufszeitungen. Ausschlaggebend hierfür waren Größenkriterien.[228] Der betroffene Markt für Abonnementtageszeitungen war verhältnismäßig klein, da die SZ nur in der Stadt München führend ist; in den umliegenden Landkreisen dagegen ist die Wettbewerbsstruktur zwischen MM und SZ ausgewogen. Größeres Gewicht war demgegenüber auf die Verstärkung der bundesweit marktbeherrschenden Stellung der „Bild"-Zeitung zu legen.[229]

---

224 BKartA TB 1983/84, S. 102 r. Sp.; vgl. auch BKartA TB 1985/86, S. 89 Münchner Merkur — Kreisboten-Verlag.

225 BKartA AG 1984, 164.

226 a.a.O., 167; mit abweichender Begründung im Ergebnis bestätigt durch KG WuW/E OLG 3767, 3775 ff., wobei das KG den Schwerpunkt auf die fehlende Kausalität der gewählten Zusammenschlußform für die Verbesserungen legte.

227 Nw. oben im Text S. 41.

228 Zu den Abwägungskriterien, die sich aus der Relativität des Marktbeherrschungsbegriffs und aus quantitativen Überlegungen ergeben, vgl. Möschel, Pressekonzentration, S. 191.

Auf ein allgemein zu berücksichtigendes Abwägungskriterium weist das Kammergericht in diesem Fall hin.[230] Zu beachten sei, daß die starke Stellung der SZ auf dem Regionalmarkt München das Ergebnis eines Wettbewerbsprozesses sei. Die Entstehung bzw. Verstärkung einer marktbeherrschenden Stellung der Springer-Gruppe als Ergebnis eines Konzentrationsprozesses dagegen werde von der Rechtsordnung bekämpft. Das Kammergericht stellt in diesem Fall grundsätzlich in Frage, ob selbst in dem Fall, daß die Existenz des MM und der tz ohne den Zusammenschluß gefährdet wäre, eine Verbesserung der Wettbewerbsbedingungen angenommen werden könne, denn „wenn die Fusionskontrolle externes Wachstum begrenzt, kann die Erhaltung der Angebotspalette des Marktes grundsätzlich nicht zu einer strukturellen Verbesserung der Wettbewerbsbedingungen führen".[231] Die angesprochene Frage weist auf die Problematik der Sanierungsfusionen hin.

Zur Sanierungsfusion

Da Sanierungsfusionen seit Einführung der 3. Novelle in der Rechtsanwendungspraxis keine entscheidende Rolle gespielt haben, soll hier der Vollständigkeit halber nur kurz darauf eingegangen werden.[232]

Nach Einführung der pressespezifischen Fusionskontrolle wurden Befürchtungen laut, die Sanierungsfusion könne zur „Quelle des dauernden Versagens der Fusionskontrolle im Pressewesen" werden.[233] Obwohl die ursprünglich im Gesetzentwurf vorgesehene sog. Zusagenklausel, die Sanierungsfusionen erleichtern sollte, letztlich nicht Gesetz geworden war,[234] befürchtete man, daß die Zusage von fusionierenden Verlagen, selbständige Redaktionen aufrechtzuerhalten, vom BKartA als Verbesserung der Wettbewerbsbedingungen angesehen werden könnte.[235] Nach allgemeiner Auffassung wäre ein solches Vorgehen jedoch aus mehreren Gründen nicht in

---

[229] WuW/E BGH 1854, 1861 Zeitungsmarkt München; kritisch hierzu Harms in GK, § 24 Rn 855; vgl. aber auch BKartA TB 1985/86, S. 89 Münchner Merkur — Kreisboten-Verlag.

[230] KG WuW/E OLG 2228, 2233 Zeitungsmarkt München.

[231] KG, a.a.O., 2233; ähnlich KG WuW/E OLG 3303, 3313 Süddeutscher Verlag — Donau-Kurier; bestätigt durch BGH WuW/E BGH 2276, 2284; vgl. auch KG WuW/E OLG 3807, 3817 Gruner & Jahr — Zeit II; KG WuW/E OLG 3875, 3885 Südkurier — Singener Wochenblatt; vgl. auch Langen, § 24 Rn 49; Harms in GK, § 24 Rn 855.

[232] Eingehend hierzu Möschel, Pressekonzentration, S. 182 ff.; ders., Sanierungsfusion, S. 487 ff.

[233] Vgl. Möschel, Pressekonzentration, S. 185.

[234] s. RegE 1974 Begr., S. 7.

[235] Im Anschluß an die Entscheidung WAZ/NRZ, vgl. BKartA TB 1975, S. 42/43; kritisch hierzu auch MK HG I Tz 934 f.; Mestmäcker, Medienkonzentration, S. 97 ff.

Einklang mit dem deutschen Wettbewerbsrecht zu bringen gewesen.[236] Da die Fusionskontrolle ausschließlich an wettbewerbliche Zwecke anknüpft, sind medienpolitische Argumentationen im Rahmen des § 24 Abs. 1 schon im Ansatz unzulässig. Mehr Meinungsvielfalt ist kein Tatbestand, der unmittelbar mit Wettbewerbskriterien faßbar wäre. Publizistische Kriterien würden Inhaltsvergleiche zwischen Presseerzeugnissen erforderlich machen und damit mit Art. 5 GG in Konflikt geraten.

Auch als rein wettbewerblicher Sachverhalt stellen solche Zusagen keine Verbesserung der Wettbewerbsbedingung dar, da es sich hierbei lediglich um Maßnahmen interner Unternehmensorganisation handelt.[237] Auszugehen ist vielmehr von der im Gesetz normierten Vermutung, daß zwischen den zusammengeschlossenen Unternehmen der Wettbewerb ausgeschaltet wird. Zusagenpraktiken, die auf eine Teilrücknahme der einen Zusammenschluß kennzeichnenden Übertragung gesellschaftsrechtlicher Leitungsbefugnis hinauslaufen („unechter Zusammenschluß"), sind im Rahmen des § 24 Abs. 1 nicht berücksichtigungsfähig.[238]

Hinzu kommt, daß das BKartA zu einer Art Verhaltenskontrolle über interne Organisation und Willensbildung bei den beteiligten Unternehmen gezwungen wäre, was mit einem wesentlichen Strukturprinzip der deutschen Fusionskontrolle nicht zu vereinbaren ist.[239]

V. Ministererlaubnis

Für die Praxis der Zusammenschlußkontrolle im Pressebereich ähnlich bedeutungslos wie die Abwägungsklausel ist die sog. Ministererlaubnis nach § 24 Abs. 3. Grundsätzlich könnte damit ein Pressezusammenschluß zugelassen werden, der den wirtschaftlichen Wettbewerb beeinträchtigt, dafür aber den publizistischen Wettbewerb erhält oder verstärkt und der Meinungsvielfalt dient. Tatsächlich hat es bisher jedoch nur in einem einzigen Verfahren[240] einen Antrag gemäß § 24 Abs. 3 gegeben, der von den Beteiligten jedoch wegen Aussichtslosigkeit wieder zurückgezogen wurde.[241] Weder das Argument, die Presseerzeugnisse der Springer-Gruppe seien für die

---

[236] Vgl. KG WuW/E OLG 2228, 2233 Zeitungsmarkt München; MK HG I Tz 934 f.; Mestmäcker in IM, § 24 Rn 124; Schwintowski, S. 88; Harms in GK, § 24 Rn 858; Möschel, Pressekonzentration, S. 198 ff.

[237] Vgl. Mestmäcker, Medienkonzentration, S. 97; Möschel, Pressekonzentration, S. 199.

[238] Vgl. Möschel, a.a.O., S. 200.

[239] Vgl. Möschel, JZ 1984, 499 r. Sp.

[240] Zusammenschluß „Burda — Springer", vgl. hierzu auch MK SG 12, 1982.

[241] Vgl. Möschel, JZ 1984, 499 r. Sp.

Meinungsvielfalt in der deutschen Presselandschaft unverzichtbar und daher besonders erhaltenswert, noch der Hinweis auf die von den neuen Medien ausgehenden Gefährdungen hatten eine Chance, als überragendes Allgemeinheitsinteresse den Zusammenschluß zu rechtfertigen. Das erste Argument konnte deshalb nicht zum Erfolg führen, da es notwendigerweise eine laufende Verhaltenskontrolle erforderlich gemacht hätte, was mit dem System des GWB unvereinbar ist (s. § 24 Abs. 3 Satz 4). Das zweite Argument konnte deshalb nicht durchdringen, weil es in einer wettbewerblichen Ordnung keinen Bestandsschutz für einzelne Verlagsunternehmen geben kann.[242]

Anhand dieses Falles wird deutlich, daß die Frage relevant werden kann, inwiefern der Bundesminister für Wirtschaft im Rahmen der Ministererlaubnis den Aspekt der Meinungsvielfalt berücksichtigen kann. Denkbar wäre die Berücksichtigung medienpolitischer Überlegungen im Zusammenhang mit Sanierungsfusionen, wenn beispielsweise in einem Einzeitungskreis die Lokalzeitung nur mit Hilfe einer Fusion am Leben gehalten werden könnte.[243] Ob in einem solchen Fall die Voraussetzungen der Erforderlichkeit, der Geeignetheit und der Verhältnismäßigkeit erfüllt sein können, blieb bisher der theoretischen Diskussion vorbehalten. Eine praktische Relevanz scheint sich für den Pressebereich nicht abzuzeichnen.

VI. Entflechtungen

Hinsichtlich der Auflösung eines vollzogenen und dann rechtskräftig untersagten Zusammenschlusses nach § 24 Abs. 6 und 7 sind für den Pressebereich keine Besonderheiten hervorzuheben. Der als Musterverfahren vor die Gerichte gelangte Zusammenschluß „Springer — Elbe Wochenblatt", in dem es im Juni 1981 zum ersten Mal zu einer Entflechtungsanordnung nach § 24 Abs. 6 überhaupt gekommen war, steht lediglich beispielhaft für die verhältnismäßig große Erfolglosigkeit dieser Verfahren.[244] Die Effizienz der deutschen Fusionskontrolle wird hierdurch jedoch seit der Änderung des § 24a in der 4. Novelle 1980 und der damit verbundenen Verlagerung des Schwerpunktes weg von der nachträglichen und hin zur präventiven Fusionskontrolle nicht wesentlich beeinträchtigt. Da Pressezusammenschlüsse schon bei Umsätzen von 100 bzw. 50 Mio. DM (§ 24a Abs. 1 Satz 2 Nr. 1 und Nr. 2), beim Vertrieb bei Umsätzen von 133,33 bzw. 66,67 Mio. DM zwingend

---

[242] Vgl. auch Möschel, Wirtschaftswoche, 11/1982, S. 73.

[243] Hierzu Möschel, Pressekonzentration, S. 206 f.

[244] WuW/E BKartA 1888 Springer — Elbe Wochenblatt II; KG WuW/E OLG 2753; WuW/E BGH 2031; hierzu auch Canenbley, GRUR 1984, 188; Möschel, ZGR 1984, 655; ders., JZ 1984, 500.

angemeldet werden müssen,[245] fallen alle Pressezusammenschlüsse, bei denen eines der großen Medienunternehmen beteiligt ist, unter die präventive Fusionskontrolle. Als Gegenstand von Entflechtungsverfahren denkbar bleiben nur Zusammenschlüsse mittlerer und kleinerer Zeitungen oder Anzeigenblätter, wenn ein gemeinsamer Umsatz von mindestens 25 Mio. DM erreicht wird.[246]

[245] s. hierzu oben im Text S. 23.

[246] Vgl. auch Möschel, JZ 1984, 500; Harms in GK, § 24 Rn 859.

Zweiter Teil

Die Fusionskontrolle im Medienbereich in den USA

Es zeichnet sich ab, daß Zusammenschlußaktivitäten zwischen deutschen Presseunternehmen zunehmend nicht mehr nur isoliert für den Pressebereich betrachtet und beurteilt werden können.[1] Die Zulassung von privaten Rundfunkunternehmen unter Beteiligung von Print-Medienunternehmen impliziert intermediäre Verflechtungssachverhalte. Da es bisher in der Bundesrepublik an derartigen Sachverhaltsvorbildern fehlt, bietet sich ein rechtsvergleichender Blick auf das Regelungsinstrumentarium des US-amerikanischen Antitrustrechts im Hinblick auf die Fusionskontrolle im Medienbereich an. Zum einen weist das amerikanische Antitrustrecht Parallelen zum deutschen Kartellrecht auf;[2] zum anderen hat die Anwendung des amerikanischen Wettbewerbsrechts auf die dortigen Medienmärkte eine über 60jährige Tradition. Erkenntnisse und Erfahrungen, die die amerikanische wissenschaftliche Diskussion, die Regelungen der Behörden und die Entscheidungen der Gerichte zur Verflechtung von Print- und Rundfunkmedien gebracht haben, sollen für die Beurteilung der Fusionskontrolle nach deutschem Recht soweit wie möglich nutzbar gemacht werden. Die amerikanischen Erfahrungen können jedoch nicht vorbehaltlos auf die deutsche Diskussion übertragen werden. Die technischen, wirtschaftlichen und geographischen Bedingungen, die in den USA zur Formulierung von kontrollrechtlichen Regelungen geführt haben, unterscheiden sich in wesentlichen Punkten von den Bedingungen, die den Medienmärkten in der Bundesrepublik zugrunde liegen.[3]

Obwohl das allgemeine Deregulierungskonzept[4] der Reagan-Administration auch zum Teil den Medienbereich erfaßt hat, soll die ausführliche Diskussion in den 70er Jahren um die Konzentrations- und Verflechtungskontrolle in ihren Grundzügen dargestellt werden, da heute Parallelen in der deutschen Diskussion zur Neuordnung der Medienmärkte unverkennbar

---

[1] Zu den Verflechtungen im einzelnen vgl. unten im Text S. 150 ff.

[2] Vgl. Büscher, S. 505 ff.; Neiser, S. 51 ff.

[3] Zur Aussagefähigkeit amerikanischer Erfahrungen im Rundfunkbereich vgl. Hoffmann-Riem, Kommerzielles Fernsehen, S. 31 ff.

[4] Überblick bei Steckmeister, WuW 1986, 349, 357.

sind.[5] Erfahrungswerte bei der Gewährleistung wirtschaftlichen Wettbewerbs in den Medienmärkten mit Hilfe fusionskontrollrechtlicher Bestimmungen sind zumindest hinsichtlich prinzipieller Fragestellungen übertragbar.

A. Pressefusionskontrolle in den USA

I. Zu den Rechtsgrundlagen des amerikanischen Antitrustrechts

Zentrale Vorschriften im US-amerikanischen Antitrustrecht sind vor allem der Sherman Act,[6] der Clayton Act[7] und der FTC Act,[8] die nebeneinander anwendbar sind.

Für die Zusammenschlußkontrolle wichtigste Vorschrift ist Section 7 Clayton Act aus dem Jahre 1914 in der durch das Celler-Kefauver Amendment von 1950 verbesserten Fassung.[9] Er stellt die engste und speziellste Fusionskontrollregelung dar, da schon die Wahrscheinlichkeit von Wettbewerbsbeschränkungen ausreicht. Ein Zusammenschluß ist verboten, „where ... the effect ... may be substantially to lessen competition, or to tend to create a monopoly".[10] Fusionen, die den Tatbestand erfüllen, sind damit materiell rechtswidrig. Eine Untersagung wie im deutschen Recht durch Behörden und Gerichte ist — zumindest theoretisch — nicht erforderlich.[11]

Neben diesem als Gefährdungstatbestand formulierten Fusionsverbot gilt Section 1 Sherman Act aus dem Jahre 1890, wonach ganz allgemein sämtliche wettbewerbsbeschränkenden Absprachen horizontaler und vertikaler Art verboten sind. Hinzu tritt Section 2 Sherman Act, der jegliche tatsächliche und versuchte Monopolisierung eines Marktes verbietet.[12]

Einen Auffangtatbestand stellt der generalklauselartig gestaltete Section 5 FTC Act dar, wonach schon Gefährdungssachverhalte im Vorfeld des Sherman Act als gesetzwidrig erfaßt werden.[13]

---

[5] s. hierzu nur Hoffmann-Riem, AöR 1985, 530.

[6] 15 U.S.C.A. §§ 1-7 (1982).

[7] 15 U.S.C.A. §§ 12-27 (1982).

[8] 15 U.S.C.A. §§ 41-58 (1982).

[9] 15 U.S.C.A. § 18.

[10] „No person engaged in commerce or in any activity affecting commerce shall aquire, directly or indirectly, the whole or any part of the stock or other share capital ..., where in any line of commerce, or ... in any section of the country, the effect of such aquisition may be substantially to lessen competition, or to tend to create a monopoly."

[11] Vgl. hierzu auch Neiser, S. 45.

[12] Vgl. Möschel, Wettbewerbsbeschränkungen, Rn 48.

[13] Vgl. Möschel, a.a.O., Rn 51.

Diese allgemeinen antitrustrechtlichen Vorschriften sind auch auf Zusammenschlüsse im Pressebereich anwendbar. Spezielle Sonderregelungen für Pressefusionen gibt es im amerikanischen Recht nicht. Einzige Ausnahme bildet allerdings der 1970 verabschiedete Newspaper Preservation Act.[14]

Hiernach ist die Anwendung der allgemeinen Antitrustgesetze auf bestimmte Zusammenschlüsse unmittelbar konkurrierender Zeitungsverlage („joint operating arrangements") zu Gemeinschaftsunternehmen eingeschränkt, wenn sich eines der beteiligten Unternehmen in wirtschaftlichen Schwierigkeiten befindet.[15]

Wie in anderen Anwendungsbereichen des amerikanischen Antitrustrechts, so sind auch im Pressebereich die generalklauselartigen Vorschriften von den amerikanischen Gerichten konkretisiert worden. Bevor die wichtigsten Entscheidungen hierzu dargestellt werden, sollen zum besseren Verständnis der Struktur der amerikanischen Pressemärkte einige Zahlen den Konzentrationsgrad und die Konzentrationsentwicklung der Zeitungspresse verdeutlichen.

II. Zur Struktur der amerikanischen Tageszeitungsmärkte

Ähnlich wie der bundesdeutsche Zeitungsmarkt ist auch der US-amerikanische durch einen rasanten Umbruch in der Eigentümerstruktur gekennzeichnet, der zu einem relativ hohen Konzentrationsgrad geführt hat.

Der amerikanische Markt für Tageszeitungen weist jedoch einige Unterschiede zum deutschen auf. In größerem Maße als in der Bundesrepublik werden in den USA wichtige und umfangreiche Entscheidungsbefugnisse auf lokaler Ebene ausgeübt, weshalb der lokalen Tageszeitung größere politische Bedeutung zukommt. Kennzeichnend hierfür ist auch die Tatsache, daß es in den USA nur eine einzige Zeitung gibt, die landesweit am selben Tag gekauft werden kann: die spezielle Finanzzeitung „Wall Street Journal". Andere große und einflußreiche Tageszeitungen wie z. B. die „New York Times", die „Los Angeles Times" oder die „Washington Post" sind nicht überall im Land am Tag ihres Erscheinens erhältlich.[16]

Die im folgenden wiedergegebenen Zahlen sollen nicht Grundlage einer exakten Konzentrationsstatistik sein, sondern die Trends in der Konzentrationsentwicklung auf dem Markt für Tageszeitungen der letzten Jahre sichtbar machen.

[14] 15 U.S.C.A. §§ 1801-1804 (1982).

[15] Joint operating arrangements haben getrennte Redaktionen bei gemeinsamer Verwaltung und Druckerei, vgl. hierzu im einzelnen unten im Text S. 107 ff.

[16] Vgl. Bagdikian in FTC, S. 12.

Die Gesamtzahl aller in den USA allgemein verbreiteten Tageszeitungen ist seit 1945 annähernd gleich geblieben. 1946 gab es insgesamt 1 763 Morgen- und Abendzeitungen,[17] 1985 waren es noch 1 674.[18] Hinzu kamen 1985 797 Sonntagszeitungen (1946: 497). Die Gesamtauflage aller Tageszeitungen stieg von 50,9 Mio. Exemplaren im Jahre 1946 auf 62,7 Mio. 1985, die der Sonntagszeitungen von 43,6 Mio. auf 58,8 Mio. Exemplare. Die Wettbewerbsverhältnisse in der amerikanischen Tageszeitungsindustrie sind dabei ähnlich ungünstig wie in der bundesdeutschen. Die meisten amerikanischen Tageszeitungen können sich auf Monopolstellungen stützen. 1985 gab es 1 533 Städte und Gemeinden mit eigenen Tageszeitungen (1945: 1 396). Doch in lediglich 131 Städten gab es zwei oder mehr Tageszeitungen. In der Mehrzahl dieser Städte gehören die verschiedenen Blätter demselben Eigentümer. 51 Städte haben heute zwei oder mehr Tageszeitungen, die nicht demselben Eigentümer gehören, davon kooperieren in 21 Städten die Zeitungen in sog. joint operating agreements zusammen. Das heißt, in nur noch 30 amerikanischen Städten gibt es direkt konkurrierende Wettbewerber im Tageszeitungsgeschäft, das entspricht ca. 2 % aller Städte mit eigenen Tageszeitungen. Hinzu kommen die Verflechtungen der lokalen bzw. regionalen Tageszeitungen untereinander. 1985 gab es 156 Zeitungsgruppen bzw. -ketten,[19] die 1 186 Tageszeitungen mit einer Gesamtauflage von 49,7 Mio. Exemplaren herausgaben. Damit werden 71 % aller Tageszeitungen und 77 % der Gesamtauflage von Zeitungsgruppen veröffentlicht. Die größte Gruppe ist Gannett Co. Inc. mit 90 Tageszeitungen (Gesamtauflage 5,5 Mio.) und 60 Sonntagszeitungen (Gesamtauflage 4,7 Mio.). Es folgen Knight-Ridder Newspapers Inc. mit 27 Tageszeitungen (Gesamtauflage 3,6 Mio.) und 22 Sonntagszeitungen (Gesamtauflage 4,3 Mio.) und Newhouse Newspapers mit 26 Tageszeitungen (Gesamtauflage 2,9 Mio.) und 20 Sonntagszeitungen (Gesamtauflage 3,6 Mio.). An 10. Stelle, gemessen an der verkauften Gesamtauflage, liegt Thomson Newspapers Inc. mit 90 Tageszeitungen (1,4 Mio. Auflage) und 45 Sonntagszeitungen (938870 Auflage).[20]

Überblickt man diese Zahlen, wird deutlich, daß kein einzelnes Unternehmen die Zeitungsindustrie dominiert. Das größte Tageszeitungsunternehmen hält ca. 9 % der Auflagen des gesamten US-amerikanischen Tageszeitungsmarktes, das zweitgrößte knapp 6 %. Hervorzuheben ist, daß die Zeitungsgruppen vor allem die amerikanischen Großstadtzentren beherrschen und dort meist ohne Wettbewerber sind.[21] Die Konzentrationsent-

[17] Zahlen in Facts, 1986, S. 2 ff.; zur Entwicklung vgl. eingehend Rosse in FTC, S. 74 ff.; Dertouzos in FTC, S. 474; Bagdikian in FTC, S. 7.

[18] Davon 482 Morgen- und 1 220 Abendausgaben.

[19] Zwei oder mehr Tageszeitungen in verschiedenen Städten stehen unter gleichem Eigentum oder Kontrolle.

[20] Zur Entwicklung vgl. Rosse in FTC, S. 430 ff.

[21] Rosse in FTC, S. 85; Dertouzos in FTC, S. 476.

wicklung ist noch nicht abgeschlossen, und die Tendenz zu weiteren Gruppenaufkäufen ist nach wie vor ungebrochen. Allein im Jahre 1985 nahm die Zahl der im Gruppeneigentum stehenden Tageszeitungen um 17 % zu. Nach einer Studie der „Washington Post" sollen im Jahre 1997 nahezu alle Zeitungen in den USA von weniger als zwei Dutzend konglomeraten Kommunikationsgroßkonzernen beherrscht werden.[22]

III. Ursachen für die Konzentrationsentwicklung

Die Diskussion um die Ursachen dafür, daß es in der amerikanischen Tageszeitungsindustrie immer weniger direkten Wettbewerb gibt, daß die lokalen Märkte weitgehend monopolisiert sind und sich immer mehr Tageszeitungen sog. Zeitungsketten angliedern, nahm vor allem in den 60er und 70er Jahren im amerikanischen Schrifttum breiten Raum ein.[23] Es werden zahlreiche verschiedene Ursachen genannt, die von den jeweiligen Autoren unterschiedlich gewichtet werden. Als Hauptursachen werden meist folgende Bereiche genannt:[24]

1. Ökonomische Faktoren, die die speziellen Strukturen der Zeitungsindustrie kennzeichnen (economies of scale).
2. Wettbewerb von seiten anderer Medien.
3. Scharfer Wettbewerb der Zeitungverlage untereinander, der zu speziellen Formen wettbewerbswidriger Verhaltensweisen führt und sich in der ihm eigenen Form auf die Struktur der Zeitungsmärkte auswirkt.
4. Staatliche Maßnahmen.

Zu 1. (Ökonomische Faktoren):

Im Mittelpunkt stehen hier allgemeine economies of scale bei der Zeitungsproduktion.[25] Hierunter wird der Umstand verstanden, daß ein Unternehmen einen bestimmten Markt zu niedrigeren Kosten versorgen kann, als dies mehr als ein Unternehmen könnte. Eine entscheidende Rolle spielt hierbei die zeitungsspezifische strukturelle Besonderheit, daß sich die Produktionskosten mit steigender Auflage verhältnismäßig wenig erhöhen, da die Herstellung des ersten Exemplars einer Ausgabe bei kleineren Auflagenzahlen bereits mindestens 40 % aller Ausgaben aufzehrt. Auf diese Weise

---

[22] Vgl. Nelson/Teeter, S. 605 f.

[23] s. hierzu u. a. vor allem Note in 61 Yale L.J., 948 (1952); Flynn, 22 Vand. L. Rev., 103 (1968); Roberts, 82 Harv. L.R., 319 (1968); Carlson, 46 Ind. L.J., 392 (1971); Jones, 8 St. Mary's L.J., 160 (1976); Rosse in FTC, S. 429 ff.; Barnett in FTC, S. 498 ff.

[24] Vgl. Flynn, 22 Vand. L. Rev., 104.

[25] Vgl. hierzu auch Rosse in FTC, 437 ff.

amortisieren sich die „first copy costs" überproportional mit steigender Auflagenhöhe.[26]

Eine zusätzliche Begünstigung ergibt sich aus der „Anzeigen-Auflagen-Spirale", die sich auch im amerikanischen Zeitungskonzentrationsprozeß auswirkt, da ca. 70 % aller Einnahmen aus dem Anzeigengeschäft kommen und die Existenz amerikanischer Tageszeitungen ebenso wie die der bundesdeutschen mit der Höhe des Anzeigenaufkommens verknüpft ist.[27] Daraus wird in der amerikanischen Diskussion eine Tendenz zum sog. natürlichen Monopol abgeleitet. Dies gilt insbesondere für kleinere Städte, in denen es schon immer weniger direkte Wettbewerber gab als in den großen Städten, da hier das Anzeigenaufkommen begrenzt ist und nicht ausreicht, zwei konkurrierende Zeitungen zu tragen.[28]

Um wirtschaftliche Schwierigkeiten auffangen zu können, sahen sich viele Zeitungsunternehmen gezwungen, sich zusammenzuschließen oder an Zeitungsketten anzugliedern. Dies bot wirtschaftlich und finanziell dauerhafte Sicherheit. Um wettbewerbsfähig zu bleiben, mußten sich die Unternehmen die neuen Zeitungstechnologien nutzbar machen, wofür ein hoher Kapitalbedarf notwendig war. Größere Zeitungsgesellschaften konnten ihre finanziellen Ressourcen bündeln und einzelnen Mitgliedern der Reihe nach zur Verfügung stellen, womit Investitionen ermöglicht und Unternehmen modernisiert und gleichzeitig das Risiko minimiert werden konnte.[29]

Darüber hinaus kommen Zeitungsunternehmen, die Mitglieder von Zeitungsgruppen sind, bei der Herstellung der Zeitung in den Genuß größenbedingter Kostenvorteile. Der redaktionelle Teil, vor allem der Nachrichtenteil von überregionalem Interesse, wird von einer zentralen Stelle produziert und an alle Gruppenmitglieder unter Aufteilung der Kosten zur Verfügung gestellt.[30] Ähnliche Vorteile können sich beim Druck, beim Vertrieb und bei der Anzeigenaquisition ergeben.[31]

Die Folge dieser Entwicklung ist, daß es unabhängige Wettbewerber kaum noch gibt und die Marktzutrittsschranken für potentielle unabhängige Wettbewerber unüberwindlich hoch sind.

---

[26] Vgl. Rosse, a.a.O., S. 439.

[27] Hierzu Flynn, 22 Vand. L. Rev., 107; Rosse, a.a.O., S. 449 ff.

[28] Vgl. Rosse in FTC, S. 431; Jones, 8 St. Mary's L.J., 162; Union Leader Corp. v. Newspapers of New England, Inc., 284 F. 2d 582, 584 (1st Cir. 1960); United States v. Harte-Hanks Newspapers, Inc., 170 F. Supp. 227, 228 (N.D. Tex. 1959).

[29] Vgl. Dertouzos in FTC, S. 472, 479.

[30] Vgl. Dertouzos in FTC, S. 479.

[31] Vgl. Flynn, 22 Vand. L. Rev., 108.

Zu 2. (Wettbewerb von seiten anderer Medien):

Für Tageszeitungen gehen auf Leser- und Anzeigenmärkten gerade auch im lokalen Bereich wettbewerbliche Wirkungen von Hörfunk und Fernsehen und von anderen Print-Medien wie Magazinen, Wochenzeitungen, und hinsichtlich des Anzeigenmarktes auch von Direktwerbung per Postsendung aus.[32] Insbesondere regionale und nationale Werbung verlagerte sich in den letzten Jahrzehnten in gewissem Umfang von den Zeitungen weg hin zum Rundfunk. Dies führte vor allem bei Großstadtzeitungen zu finanziellen Einbußen.[33].

Um diesem Wettbewerbsdruck zu entgehen, schlossen sich die im Wettbewerb stehenden Unternehmen zusammen, um den Anzeigenwettbewerb zu entschärfen und lukrative Kombinationstarife anbieten zu können.[34].

Zu 3. (Wettbewerb der Zeitungsverlage untereinander):

Von anderen Autoren wird die Auffassung vertreten, daß für die Entwicklung lokaler Monopolmärkte weniger strukturell bedingte economies of scale verantwortlich gemacht werden können, als vielmehr die wirtschaftlichen Praktiken und wettbewerbsbehindernden Verhaltensweisen der Zeitungsindustrie selbst.[35] Genannt wird hierbei vor allem das Nachrichtenbeschaffungssystem. Früher hatten die großen Nachrichtenagenturen oft die auflagenstärksten Zeitungen am Ort bevorzugt mit Beiträgen beliefert, wodurch aktuelle und potentielle Wettbewerber benachteiligt wurden. Der Supreme Court hatte schon 1945 entschieden, daß diese einseitige Benachteiligung illegal sei.[36] Heute wird eine ähnliche Art der Wettbewerbsbeschränkung insbesondere bei der Belieferung mit features durch die News Service-Systeme der großen Tageszeitungen „New York Times" und „Washington Post / Los Angeles Times" beklagt.[37] So werden Veröffentlichungsrechte mittels Exklusivverträge meist nur den auflagenstärksten Tageszeitungen am Ort angeboten. Zweitzeitungen haben auf diese Weise keine Möglichkeit mehr, an zusätzliche Nachrichtenbeiträge und qualifizierte Berichte und Kommentare heranzukommen. Als einziger Ausweg bleibt dann oft nur noch der Zusammenschluß in Form eines joint operating agreements mit der Erstzeitung.[38]

[32] Vgl. Rosse in FTC, S. 429.

[33] Hierzu Rosse in FTC, S. 461.

[34] Vgl. Jones, 8 St. Mary' L.J., 162.

[35] Vgl. Barnett in FTC, 498 ff.; ders., Cross-Ownership, S. 8 f.; Roberts, 82 Harv. L. Rev., 325 ff.; Note in Yale L.J., 959-966; Bagdikian in FTC, S. 522.

[36] U.S. v. Associated Press, 326 U.S. 1 (1945).

[37] Beispiele nennt Barnett in FTC, S. 498, 499 f.

[38] Vgl. den Fall „Cincinnati Post" und „Cincinnati Enquirer", wiedergegeben bei Barnett in FTC, S. 499 f.; zu diesen und anderen wettbewerbswidrigen Praktiken auch Roberts, 82 Harv. L. Rev., 331 ff. mwN; Flynn, 22 Vand. L. Rev., 108.

Eine weitere Ursache für die Monopolisierung lokaler Zeitungsmärkte wird darin gesehen, daß an einzelne Tageszeitungen Fernsehlizenzen erteilt wurden. Diese Tageszeitungen hatten dann gegenüber anderen Wettbewerbern ohne Sendelizenz Wettbewerbsvorteile ökonomischer und publizistischer Art.[39]

Auch im Vertrieb von Zeitungen werden wettbewerbswidrige Praktiken beklagt, insofern auf unabhängige Vertriebsgesellschaften Druck dahingehend ausgeübt wurde, konkurrierende Zeitungen nicht mehr auszuliefern.[40]

Als weitere wesentliche Ursache für die Verdrängung von Wettbewerbern aus einem Markt wird die Möglichkeit für verbundene Zeitungen[41] genannt, im Anzeigengeschäft günstige Kombinationstarife anbieten zu können, die unabhängige Zeitungen nicht kalkulieren können.[42]

Zu 4. (Staatliche Maßnahmen):

Wichtige Konzentrationsursache ist auch die staatliche Steuergesetzgebung.[43] Sie zwingt die Zeitungsunternehmen dazu, ihre Gewinne alsbald wieder im Zeitungsgewerbe zu investieren, wodurch insbesondere das Wachstum von Zeitungsketten beschleunigt wird. Hinzu kommen die Erbschaftssteuerregelungen, die vor allem Familienunternehmen zu Zusammenschlußaktivitäten motivieren.[44]

Als weitere staatliche Maßnahme, die insbesondere die Monopolisierung lokaler Märkte begünstigt, kommt dem Newspaper Preservation Act Bedeutung zu, indem er lokale Zeitungsmonopole garantiert und für aktuelle und potentielle Wettbewerber Wettbewerbsnachteile mit sich bringt.[45]

Es ist darauf hinzuweisen, daß keine der genannten Konzentrationsursachen für sich allein die große Zahl von lokalen Monopolstellungen und von Zeitungsketten in der Tageszeitungsindustrie geschaffen hat. Als Zusammenspiel zahlreicher verschiedener Faktoren kommt die Tendenz zum Ausdruck, die die amerikanische Industrie insgesamt kennzeichnet, nämlich ein „economic imperativ" als Zeichen dafür, daß auch die Kommunikationsindustrie „is operating in harmony with the rest of the American economy".[46]

[39] Vgl. Barnett in FTC, S. 501; hierzu auch unten im Text S. 117 f.

[40] Vgl. Roberts, 82 Harv. L. Rev., 347/348.

[41] Hierzu zählen Morgen- und Abendausgaben oder Werktags- und Sonntagsausgaben und joint operating agreements.

[42] s. Barnett in FTC, S. 501; Zwangskombinationstarife verstoßen jedoch gegen Sec. 1 und Sec. 2 Sherman Act: „unreasonable restraints of trade" oder „attempts to monopolize", s. Times-Picayune, 345 U.S. 594 (1953).

[43] Vgl. Dertouzos in FTC, 472, 479.

[44] Vgl. Roach, 9 Mem. St. U.L. Rev., 260 in Anm. 16.

[45] Vgl. Barnett in FTC, 509 ff.

[46] Vgl. Bagdikian, Newspaper Mergers — The Final Phase, Colum. Journalism Rev., Mar. 1977, 19, zit. bei Roach, 9 Mem. St. U.L. Rev., 260 Anm. 16.

Insbesondere die strukturellen zeitungsspezifischen Konzentrationsursachen werden teilweise auch in der deutschen Diskussion genannt. Gerade aus ihnen können für die unten im dritten Teil vorzunehmende Untersuchung der Fusionskontrolle im intermediären Bereich bei der zu treffenden Prognoseentscheidung über die Verschlechterung der Marktstruktur Rückschlüsse abgeleitet werden. Denn die Konzentrationsursachen können die Kriterien widerspiegeln, die zur Entstehung oder Verstärkung marktbeherrschender Stellungen zu führen vermögen.

IV. Die Anwendung der Antitrustgesetze auf Zusammenschlüsse im Pressebereich

In den USA wurde die Zeitungskonzentration schon früh als Problem erkannt und diskutiert.[47] Bereits 1920 wurden zum ersten Mal Antitrustgesetze auf Verlagsunternehmen angewendet.[48] In Anbetracht der mittlerweile hoch konzentrierten lokalen Zeitungsmärkte stellt sich die Frage, weshalb das verhältnismäßig strenge amerikanische Antitrustrecht diese Entwicklung nicht verhindern konnte. Effektivität und Grenzen der Fusionskontrollvorschriften — angewendet auf den Pressebereich — sollen im folgenden dargestellt werden.

1. Zuständigkeit der verschiedenen Behörden

Zuständig für die Durchsetzung der Antitrustgesetze sind zwei Behörden, deren Aufgabenfelder sich zum Teil überschneiden.

Für die Durchsetzung des Sherman Act zuständig ist die Antitrust-Division (A.D.), eine Abteilung des Federal Department of Justice (DoJ). Sie muß sich hierbei gerichtlicher Straf- oder Zivilverfahren bedienen.

Außerdem ist die A.D. zuständig für Verfahren nach Section 7 und 8 Clayton Act. Für diese Verfahren konkurrierend zuständig ist die Federal Trade Commission (FTC), die im Wege von Verfügungen handeln kann. Eine doppelte Prüfung wird dadurch vermieden, daß die Durchführung eines Verfahrens ein sog. clearing der jeweils anderen Behörde voraussetzt. Für die Durchsetzung des Section 5 FTC Act ist die FTC allein zuständig.[49]

---

[47] s. hierzu Robinson, 14 Gonz. L. Rev., 828 (1979).

[48] Blumenstock Bros. Advert. Agency v. Curtis Publishing Co., 252 U.S. 436 (1920).

[49] Zu allem vgl. Rosen, 32 Fed. Comm. L.J., 107 ff. und 117 ff. (1980); Neiser, S. 46 f.; Möschel, Wettbewerbsbeschränkungen, Rn. 52.

2. *Antitrustgesetze und Pressefreiheit*

Kein Hindernis für die Anwendung der Antitrustgesetze im Pressebereich ist die verfassungsrechtlich garantierte Pressefreiheit. Zwar heißt es im First Amendment der US-amerikanischen Verfassung, „Congress shall make no law ... abridging the freedom ... of the press", jedoch steht seit der Grundsatzentscheidung Associated Press v. United States[50] fest, daß der Pressebereich nicht aus dem Anwendungsbereich antitrustrechtlicher Vorschriften herausgenommen ist. Vielmehr soll die strikte Anwendung der Antitrustgesetze eine umfassende Meinungsvielfalt und -freiheit sichern helfen. Funktionierender wirtschaftlicher Wettbewerb wird als Voraussetzung für publizistische Vielfalt gesehen. Der Supreme Court stellte fest: „It would be strange indeed ... if the grave concern for freedom of the press which prompted adoption of the First Amendment should be read as a command that the government was without power to protect that freedom ... The First Amendment rests on the assumption that the widest possible dissemination of information from diverse and antagonistic sources is essential to the welfare of the public."[51]

Trotz dieser Grundsatzsentscheidung durch das oberste Bundesgericht kam es nur selten zu antitrustrechtlichen Aktivitäten gegen die Presse.[52] Von den wenigen Verfahren, die von dem dafür zuständigen DoJ eingeleitet wurden,[53] richteten sich die meisten gegen wettbewerbswidrige Verhaltensweisen, nicht gegen Strukturverschlechterungen durch Zusammenschluß. So konnten beispielsweise im Jahre 1976 72 Zeitungsverlagsverkäufe in den USA ohne antitrustrechtliche Beanstandung getätigt werden.[54]

Stellt man die Frage nach den Ursachen für die letztlich ineffektive Zusammenschlußkontrolle in den USA im Pressesektor, ist zunächst grundsätzlich zu unterscheiden zwischen zwei verschiedenen Formen der Konzentration. Die eine betrifft die direkt miteinander im Wettbewerb stehenden Tageszeitungen in lokalen Märkten (horizontale Zusammenschlüsse), die andere betrifft die marktübergreifende Kettenbildung (konglomerate Zusammenschlüsse).

Eine Schlüsselfunktion für die Fusionskontrolle in beiden Bereichen nimmt Section 7 Clayton Act ein, die an sich effektivste Vorschrift des amerikanischen Antitrustrechts gegen externes Unternehmenswachstum.[55]

[50] Associated Press v. United States, 326 U.S. 1 (1945).

[51] a.a.O., 20; ebenso in Citizen Publishing Co. v. United States, 394 U.S. 131, 139 (1969).

[52] Vgl. Oppenheim/Shields, S. 41; Nelson/Teeter, S. 604.

[53] Vgl. hierzu im deutschen Schrifttum die Nachweise bei Möschel, Presskonzentration, S. 212 Anm. 16.

[54] McIntosh, Colum. Journalism Rev., May 1977, S. 48.

[55] Vgl. Nelson/Teeter, S. 608.

Er ist auf horizontale, vertikale und konglomerate Zusammenschlüsse anwendbar.[56]

3. *Die Anwendbarkeit des Section 7 Clayton Act*

(1) Horizontale Zusammenschlüsse

Nach Sec. 7 Clayton Act können Zusammenschlüsse direkter Wettbewerber grundsätzlich auch im Pressebereich wegen Marktanteilszuwachs am ehesten untersagt werden, da der Nachweis substantieller Wettbewerbsminderung hier am leichtesten geführt werden kann. Trotzdem waren Antitrustklagen gegen Pressezusammenschlüsse direkter Wettbewerber häufig erfolglos. Obwohl die negativen Auswirkungen lokaler Zeitungsmonopole auf die Meinungsvielfalt unbestritten waren und das kartellrechtliche Instrumentarium zur Verfügung stand, scheiterte ein Zusammenschlußverbot häufig deshalb, weil sich die Auffassung durchgesetzt hatte, der Wegfall direkten Wettbewerbs zwischen Tageszeitungen sei in bestimmten Fällen unvermeidlich.[57] Ein interessantes Beispiel hierfür ist der Fall United States v. Harte-Hanks Newspapers, Inc.[58] Das Gericht sah keine Verletzung der Antitrustgesetze, als in einer Stadt von 17000 Einwohnern der bis zu dem Zusammenschluß bestehende verlustreiche Wettbewerb zwischen zwei rivalisierenden Tageszeitungen dadurch beendet wurde, daß sich beide Zeitungen einer wirtschaftlich erfolgreichen Zeitungskette anschlossen.[59] Das Gericht begründete dies hauptsächlich damit, daß der örtliche Markt nur eine Zeitung tragen könne („natürlicher Monopolzeitungsmarkt") und daß Wettbewerb deshalb hier nicht im öffentlichen Interesse liege, zumal durch den Zusammenschluß die Anzeigenpreise für die Werbenden sinken würden.[60]

In zwei anderen Zusammenschlußfällen direkter Wettbewerber dagegen war die Regierung erfolgreicher. Über diese beiden aufschlußreichen Entscheidungen haben die Grundsätze des amerikanischen Antitrustrechts Eingang in die Fusionskontrolle im Pressebereich gefunden und bis heute ihre Gültigkeit nicht verloren.

---

[56] Brown Shoe Co. v. United States, 370 U.S. 294, 317 (1962).

[57] Zu dieser Auffassung vgl. Owen, Economics, S. 52 f.

[58] 170 F. Supp. 227 (N.D. Tex. 1959).

[59] Damit lag eine Variante einer Sanierungsfusion im weitesten Sinne vor, vgl. hierzu unten im Text S. 107 ff.

[60] Hierzu auch Jones, 8 St. Mary's L.J. 164 (1976); Roach, 9 Mem. St. U.L. Rev., 270 (1979); zu einem ähnlichen Fall (lokale Alleinstellung als „natürliches Monopol") vgl. im dt. Schrifttum Mestmäcker, Medienkonzentration. S. 82 f.; Union Leader Corp. v. Newspapers of New England, 284 F. 2d 582, 584 (1st Cir. 1960).

Im Fall United States v. Times Mirror Co.[61] wurde der Zusammenschluß zwischen der größten Tageszeitung Kaliforniens (Los Angeles Times) mit der größten unabhängigen Regionalzeitung Südkaliforniens untersagt.[62] Das Gericht stützte sich ausdrücklich nur auf Sec. 7 Clayton Act und wandte die vom Supreme Court in der Entscheidung Brown Shoe Co. v. United States[63] und in anderen Entscheidungen entwickelten Grundsätze an. Danach gilt auch für Zusammenschlüsse im Pressebereich folgendes:[64]

— Sec. 7 Clayton Act gilt für horizontale, vertikale und konglomerate Zusammenschlüsse, wenn Wettbewerbsbeschränkungen zu befürchten sind.
— Eine Untersagung kann erfolgen, wenn wettbewerbsgefährdende Tendenzen erst im Anfangsstadium sichtbar werden.
— Für die Abgrenzung des sachlich und geographisch relevanten Marktes gibt es keine besonderen gesetzlichen Maßstäbe.
— Ein Zusammenschluß muß im Zusammenhang mit dem davon betroffenen Industriezweig beurteilt werden.
— Sec. 7 hat durch die Formulierung „... may be substantially to lessen competition ..." ausdrücklich klargestellt, daß die Wahrscheinlichkeit ausreicht.
— Es ist nicht nur die augenblickliche Wettbewerbssituation zu berücksichtigen, sondern es kommt auch auf mögliche Verschlechterungen der Wettbewerbsbedingungen in der Zukunft an.
— Für die Untersagung reicht es aus, wenn durch den Zusammenschluß ein potentieller Wettbewerber für den betroffenen Markt ausscheidet.
— Konkurrierende Produkte müssen nicht unbedingt einem Produktmarkt zugerechnet werden, sondern es können auch getrennte Teilmärkte einbezogen werden.
— Sec. 7 ist verletzt, wenn durch Zuwachs relativ kleiner Marktanteile an große Unternehmen eine auffallende Tendenz zur Konzentration sichtbar wird.
— In einen Markt können auch unterschiedliche Produkte und Leistungen einbezogen werden, wenn dies die tatsächlichen Wettbewerbsverhältnisse widerspiegelt.

---

[61] 274 F. Supp. 606, D.C. Cal. (1967), bestätigt 390 U.S. 712 (1968), Final Judgment mit Entflechtungsanordnung 1968 Trade Cases § 72, 515; in der dt. Literatur hierzu Mestmäcker, Medienkonzentration, S. 77 f.; Möschel, Pressekonzentration, S. 213.

[62] Inzwischen wurde diese Zeitung jedoch von der Gannett-Kette übernommen, vgl. Nelson/Teeter, S. 624.

[63] 370 U.S. 294 (1962).

[64] Vgl. 274 F. Supp. 606, 613 ff.

Bei der Produktmarktabgrenzung wird von einem eigenen sachlich relevanten Markt für Tageszeitungen ausgegangen, wobei weiter in Lokalzeitungen, Regionalzeitungen und Großstadtzeitungen zu unterteilen ist. Andere Medien können in diesen Markt nicht einbezogen werden, da sie sich sowohl im redaktionellen als auch im Anzeigenteil zu sehr von Tageszeitungen unterscheiden.[65] Bestimmte Anzeigenkunden sind für ihre Werbung von den Tageszeitungen abhängig. Wettbewerbliche Wirkungen von Radio und Fernsehen, die es sowohl im redaktionellen Bereich als auch im Anzeigengeschäft gibt, haben nicht zur Folge, daß von einem einheitlichen Produktmarkt ausgegangen werden muß.

Der geographisch relevante Markt umfaßt das Gebiet, in dem der Vertrieb der an dem Zusammenschluß beteiligten Zeitungen sich überschneidet.

Die von Sec. 7 geforderten Wettbewerbsbeschränkungen können sich bei Pressezusammenschlüssen ergeben aus[66]

— der feststellbaren Tatsache, daß der vor einem Zusammenschluß noch bestehende Wettbewerb zwischen den Beteiligten nach dem Zusammenschluß aufhört;
— einer erheblichen Erhöhung der Marktanteile. In diesem Fall kann ein prima facie-Verstoß gegen Sec. 7 vorliegen, so daß wettbewerbsbeschränkende Effekte nicht mehr im einzelnen nachgewiesen werden müssen;
— der erkennbaren Tendenz zu weiterer Konzentration im Pressesektor auf dem umfassender betroffenen geographisch relevanten Markt, beispielsweise durch ständigen Rückgang unabhängiger Tageszeitungen;
— einer weiteren Verschlechterung der Marktstruktur dadurch, daß die Marktzutrittsschranken in dem betroffenen Gebiet unüberwindlich hoch werden.

Von den Gerichten untersagt wurde auch der Zusammenschluß zweier direkt konkurrierender Tageszeitungen in Tucson/Arizona.[67] Hierbei handelte es sich um eine Fusion der einzigen allgemeinen Morgen- und Sonntagszeitung mit der einzigen allgemeinen Abendzeitung. Die Beteiligten hatten schon seit 1940 in einem joint operating agreement zusammengearbeitet. Darin war festgelegt, daß jede Zeitung ihre eigene Identität bewahren und die redaktionellen Teile getrennt und unabhängig voneinander weitergeführt werden sollen. Produktion und Vertrieb wurden von einer gemein-

---

[65] a.a.O., 617 l. Sp. oben.

[66] a.a.O., 619-622.

[67] United States v. Citizen Publishing Co., 280 F. Supp. 978 (D.C. Ariz. 1968), bestätigt 394 U.S. 131 (1969); Final Judgment 1970 Trade Cases § 73.094; im dt. Schrifttum vgl. Mestmäcker, Medienkonzentration, S. 84 ff.; Möschel, Pressekonzentration, S. 214.

sam gegründeten Tochter übernommen. Die Gewinne wurden gepoolt und nach einem festen Schlüssel verteilt.[68]

Nach Auffassung der Gerichte verstießen diese joint operating agreements per se gegen Section 1 und 2 Sherman Act wegen verbotener Preisabsprachen, verbotener Vergemeinschaftung der Gewinne und verbotener Marktaufteilung. Insofern führte der Zusammenschluß, der eine Monopolstellung in Tucson zur Folge gehabt hätte, zu einem Vorstoß gegen Sec. 1 und 2 Sherman Act und gegen Sec. 7 Clayton Act.[69]

Die im Anschluß an dieses Verfahren drohende Auflösung sämtlicher joint operating agreements durch die Antitrustdivision des Justizministeriums veranlaßte den Kongreß unter dem Druck der Zeitungsindustrie, den Newspaper Preservation Act zu verabschieden, wodurch sämtliche bestehenden und zukünftig vereinbarten joint operating agreements aus dem Anwendungsbereich der Antitrustgesetze weitgehend herausgenommen wurden.[70]

(2) Konglomerate Zusammenschlüsse

Hierunter fallen im Pressebereich beispielsweise der Zusammenschluß einer bisher unabhängigen Tageszeitung und einer Zeitungskette oder der Zusammenschluß zwischen zwei Zeitungsketten, wenn die jeweiligen Beteiligten auf verschiedenen geographischen Märkten tätig sind.[71] Die Anwendbarkeit des Section 7 Clayton Act ist in diesen Fällen nahezu immer ausgeschlossen.[72] Zwar genügt für einen Verstoß gegen Sec. 7 bereits die Wahrscheinlichkeit einer substantiellen Wettbewerbsminderung, doch ist ein solcher im konkreten Fall bei Zusammenschlüssen zu Zeitungsketten kaum nachweisbar. Denn gegen das Gesetz verstoßen nur solche Zusammenschlüsse, die in einem bestimmten sachlich und geographisch relevanten Markt wahrscheinlich wettbewerbsbeschränkende Effekte haben.[73] Aufgrund der Struktur der amerikanischen Tageszeitungsmärkte ist die wettbewerblich relevante Ebene der Leser- und Anzeigenmärkte fast ausschließlich die lokale.[74] Der Nachweis wettbewerbsbeschränkender Effekte

[68] Ähnliche solche joint operating arrangements gab es damals in den USA 22, s. die Nw. bei Möschel, Pressekonzentration, S. 214; s. hierzu auch unten im Text S. 107 ff.

[69] 394 U.S. 131, 135 f. (1969).

[70] 15 U.S.C.A. §§ 1801-1804 (1982) vom 24. Juli 1970, hierzu unten im Text S. 107 ff.

[71] Strukturveränderungen dieser Art werden hauptsächlich aus Sorge um die Gefährdung der First Amendment-Grundsätze kritisiert, vgl. nur Roach, 9 Mem. St. U.L. Rev. 276 (1979).

[72] s. hierzu Oppenheim/Shields, S. 230.

[73] Vgl. Sullivan, Antitrust, S. 601.

[74] Vgl. Mahaffie, 13 Antitrust Bull., 932 (1968).

auf dem geographisch relevanten Markt ist daher bei Kettenbildung außerordentlich schwierig.[75] Da Tageszeitungen auch weder auf dem Leser- noch auf dem Anzeigenmarkt auf nationaler Ebene konkurrieren, greift Sec. 7 nicht. So können beispielsweise Zeitungsketten beliebig viele Zeitungen bis hin zu wiederum anderen Ketten aufkaufen, ohne gegen die Antitrustgesetze zu verstoßen, sofern sie mit dem erworbenen Objekt nicht in irgendeinem lokalen Markt bereits in direktem Wettbewerb stehen.[76] Überschneiden sich in einem solchen Fall doch einmal das Verbreitungsgebiet einer Zeitung einer Kette mit einem Objekt der zu erwerbenden Kette, kann ein Verstoß gegen Sec. 7 dadurch vermieden werden, daß das betreffende Objekt vor oder nach dem Zusammenschluß anderweitig verkauft wird.[77]

Eine Untersagung konglomerater Zusammenschlüsse käme nur nach der potential entrant (oder potential competition) theory, nach der entrenchment doctrin, wegen der Möglichkeit des reciprocal dealing oder wegen allgemein verstärkter Konzentrationszunahme (aggregate concentration theory) in Betracht.[78] Die bekannten Schwierigkeiten beim Nachweis für wahrscheinliche Wettbewerbsbeschränkungen gelten für die lokalen Tageszeitungsmärkte ganz besonders, da meist bereits „natürliche Monopolstellungen" vorliegen und potentieller Wettbewerb durch Marktneuzutritt gänzlich unwahrscheinlich ist. So kann kaum nachgewiesen werden, daß sich an der Wettbewerbssituation etwas ändert.[79] Dies hat dazu geführt, daß im Pressebereich bisher kein konglomerater Zusammenschluß nach diesen Kriterien untersagt werden konnte.

Abschließend sei hier jedoch daran erinnert, daß die Zahl der durch die Behörden eingeleiteten Verfahren oder von den Gerichten entschiedenen Fälle noch nichts über die Effektivität des Sec. 7 Clayton Act an sich aussagt. Das darin normierte Fusionsverbot wirkt unmittelbar mit der Folge, daß Zusammenschlüsse, die den Tatbestand erfüllen, materiell rechtswidrig

[75] Hierzu auch McIntosh, Colum. Journalism Rev., May 1977, S. 48.

[76] Auf diese Weise war es der Gannett-Gruppe möglich, was der Los Angeles Times nicht möglich war, nämlich die größte unabhängige regionale Tageszeitung Südkaliforniens zu erwerben, da es weder einen nationalen Leser- oder Anzeigenmarkt gab, auf dem die wettbewerblichen Wirkungen gemessen werden konnten, noch Überlappungen irgendwelcher geographischer Märkte. Ein anderes Beispiel: im Jahre 1974 schloß sich die Knight-Zeitungskette, die 16 Tageszeitungen herausgab, mit der Ridder-Kette, die 19 Tageszeitungen besaß, zusammen. Heute kontrolliert diese Gruppe 49 Tages- und Sonntagszeitungen. Oder: 1976 fusionierte die Newhouse-Kette, Eigentümerin von 22 Tageszeitungen, mit 8 Tageszeitungen einer Kette aus Michigan, vgl. Robinson, 14 Gonz. Law Rev., 847 Anm. 165 (1979).

[77] So im Fall United States v. Thomson-Brush-Moore Newspapers, Inc., Trade Cases § 72.295 (N.D. Ohio 1968); vgl. auch Jones, 8 St. Mary's L.J., 167 (1976).

[78] s. hierzu unten im Text S. 129.

[79] Vgl. Gillmor/Barron, S. 639.

sind. Die eigentliche Wirkung des Sec. 7 ist von daher im Grunde allein seiner Existenz zuzuordnen.[80]

4. Zum Newspaper Preservation Act[81]

Erklärtes Ziel des Newspaper Preservation Act (NPA) ist es, unter dem Aspekt der Meinungsvielfalt unabhängige und miteinander im publizistischen Wettbewerb stehende Redaktionen zu erhalten, falls diese wegen finanzieller Schwierigkeiten vom Ausscheiden aus dem Markt bedroht sind.[82] Die Verabschiedung des Gesetzes war die direkte Antwort auf die Entscheidung des Supreme Court, wonach joint operating arrangements (JOA) gegen den Sherman Act verstießen.[83] Mit der Verabschiedung des NPA wurden die zu diesem Zeitpunkt bestehenden 22 JOA, deren Legalität vom Justizministerium bis dahin nie in Frage gestellt worden war, formell legalisiert und die drohenden Auswirkungen des Citizen Publishing-Urteils beseitigt. Neue JOA konnten fortan unter vorheriger schriftlicher Erlaubnis des Bundesjustizministers gegründet werden, um wirtschaftlich angeschlagene Zeitungen zu retten. Heute existieren 23 solche JOA.[84]

Interessant ist, daß damit in der amerikanischen Tageszeitungsindustrie auf die Erhaltung wirtschaftlichen Wettbewerbs weitgehend verzichtet wird. Erlaubt sind umfassende wirtschaftliche Kooperationen und Zusammenschlüsse zwischen unmittelbar konkurrierenden Zeitungen im Druck, Vertrieb, bei der Anzeigenaquisition und dergleichen. Dahinter steht die Auffassung, daß wirtschaftlicher Wettbewerb in der Zeitungsindustrie im Gegensatz zu anderen Industriebereichen nicht unbedingt dem öffentlichen Interesse diene und wirtschaftlicher Wettbewerb hier gegenüber anderen höheren Zielen zweitrangig sei.[85] Tageszeitungen hätten eine der Allgemeinheit dienende Funktion, die sie unter scharfen Wettbewerbsbedingungen nicht besser erfüllen könnten. Insofern würde in diesen Fällen auch der publizistische Wettbewerb nicht effektiver ausfallen.[86] Durch Entschärfung des wirtschaftlichen Wettbewerbs soll publizistischer Wettbewerb möglich bleiben. Bemerkenswert ist, daß damit ein Grundprinzip amerikanischer Wettbe-

---

[80] Vgl. hierzu auch Oppenheim/Shields, S. 165 f.; ein umfangreicher Nachweis sämtlicher Entscheidungen zum Pressebereich mit Bezug zum Antitrustrecht, ebenda, S. 489 ff.

[81] 15 U.S.C.A. §§ 1801-1804 (1982) vom 24. Juli 1970.

[82] 15 U.S.C.A. § 1801; vgl. auch Nelson/Teeter, S. 629 ff.

[83] s. hierzu oben im Text S. 104 f.

[84] Vgl. Gillmor/Barron, S. 649; im dt. Schrifttum im einzelnen hierzu Möschel, Pressekonzentration, S. 215 mwN; Mestmäcker, Medienkonzentration, S. 84 ff.

[85] Vgl. Martel/Haydel, B.Y.U.L. Rev., 126 (1984).

[86] Vgl. u. a. Knox, Law & Soc. Ord., 17 f. (1971).

werbsordnung für den Zeitungsbereich außer Kraft gesetzt wurde, nämlich daß der Erfolg eines Unternehmens von seiner Fähigkeit abhängen sollte, ein Produkt herzustellen bzw. eine Leistung anzubieten, die auf dem Markt Abnehmer findet.

Die Sinnfälligkeit des NPA ist nach wie vor umstritten.[87] Fest steht jedoch, daß der NPA den weiteren Rückgang direkt konkurrierender Tageszeitungen nicht verhindern konnte. Zahlreiche Großstadtzeitungen verschwanden in den letzten Jahren vom Markt. Seit Mitte 1981 wurden auf diese Weise auch die Städte Washington, Philadelphia, Cleveland und Buffalo zu Ein-Zeitungs-Städten.[88] Heute gibt es in den USA nur noch 30 Städte mit zwei oder mehr konkurrierenden Tageszeitungen.[89] Die Ursache hierfür ist wohl auch darin zu sehen, daß der Gesetzgeber bei der Verabschiedung des NPA vor allem die Legalisierung der damals bestehenden JOA im Auge gehabt hat. Keine effektive Hilfe dagegen kann das Gesetz für Zeitungen sein, die einmal von dem verhängnisvollen Abwärtsmechanismus der Anzeigen-Auflagen-Spirale in die wirtschaftlich schwache Zweizeitungsposition gedrängt worden sind. Für ein JOA ist es in diesem Fall meist zu spät. Die wirtschaftlich stärkere Erstzeitung hat kein Interesse mehr, sich mit dem schwächeren Wettbewerber zusammenzuschließen, wenn dessen Ausscheiden aus dem Markt ohnehin absehbar ist und der stärkere Rivale dadurch automatisch Monopolist wird. Hinzu kommt eine finanzielle Überforderung der ohnehin schwachen Zeitung durch die sich über ein bis zwei Jahre hinziehenden Genehmigungsverfahren beim Justizministerium. Defizitäre Zeitungen können sich weder die in dieser Zeit eingefahrenen Millionenverluste noch die anschließenden teuren Gerichtsverfahren leisten. So erklärt sich auch, warum die Möglichkeit, neue JOA abzuschließen, kaum wahrgenommen wird.[90]

Von bereits bestehenden JOA können negative Wirkungen auf den wirtschaftlichen Wettbewerb ausgehen. Aktuelle und potentielle Wettbewerber, die an dem JOA nicht beteiligt sind, werden benachteiligt.[91] Marktzu-

[87] Zustimmend Martel/Haydel, B.Y.U.L. Rev., 123 ff. (1984); Oppenheim/Shields, S. 187 ff.; ablehnend Patkus, 17 Akron L.R., 435 ff. (1984).

[88] Vgl. Patkus, a.a.O., S. 436.

[89] Vgl. Facts, 1986, S. 21; nach Martel/Haydel, a.a.O., S. 128/129, waren es 1984 sogar nur 23 Städte.

[90] Heute gibt es 21 Städte mit JOA; von 1970 bis 1982 waren es nur 4 neue Anträge, zuletzt für Seattle, Washington, Committee for an Independent Post Intelligencer v. Smith, 549 F. Supp. 985 (W.D. Wash. 1982), aff'd in part, rev'd in part sub nom. Comm. for an Independent P-I v. Hearst Corp., 704 F. 2d 467 (9th Cir. 1983), cert. denied, 104 S. Ct. 236 (1983); vgl. Patkus, a.a.O., S. 452; und City and County of Honolulu v. Hawaii Newspaper Agency, Inc., 559 F. Supp. 1021 (D.C. Hawaii 1983).

[91] Vgl. Patkus, 17 Akron L. Rev., 448 f. (1984); dort (442 f.) auch zu möglichen wettbewerbsbeschränkenden Wirkungen auf dem Anzeigenmarkt.

trittsschranken werden zusätzlich erhöht. Seit 1941 wurde in den Städten mit mehr als 200000 Einwohnern keine einzige Tageszeitung erfolgreich gegründet. Es kann deshalb gesagt werden, daß der NPA im Endeffekt lokale Zeitungsmonopole und Zeitungsketten zusätzlich begünstigt.[92] Das Ziel des Kongresses, publizistisch unabhängige und miteinander konkurrierende Zeitungen zu erhalten, wurde damit weitgehend verfehlt.

V. Ergebnis

Für die deutsche Pressefusionskontrolle ist aus den Anwendungserfahrungen US-amerikanischen Antitrustrechts im Pressebereich wenig ableitbar. Zwar knüpfen die Regelungsansätze beider Rechtsordnungen grundsätzlich nicht an publizistisch-inhaltliche Vielfaltskriterien an; doch obwohl Section 7 Clayton Act als Gefährdungstatbestand formuliert ist, erweist sich die deutsche Pressefusionskontrolle im Ergebnis als erheblich effektiver. Dies ist zum einen darauf zurückzuführen, daß in der Bundesrepublik nicht nur lokale und regionale Tageszeitungsmärkte wettbewerblich relevant sind, sondern darüber hinaus Wettbewerbsbeziehungen von überregionalen Presseobjekten zu berücksichtigen sind, so daß hier Zusammenschlußsachverhalte häufiger räumliche Überschneidungen der Verbreitungsgebiete aufweisen. Zum anderen haben in der deutschen Pressefusionskontrollpraxis selbst in den Fällen, in denen ausschließlich lokale oder regionale Tageszeitungsmärkte und direkte Wettbewerber betroffen waren, Sanierungssachverhalte keine substantielle Rolle gespielt, wie dies im amerikanischen Ansatz zum Ausdruck kommt.

Wesentlich erscheint der Hinweis darauf, daß in den USA Verflechtungen und Fusionen unter ausschließlicher Beteiligung von Zeitungsunternehmen nur eine Seite der Medienverflechtung sind. In der überwiegenden Zahl aller Zusammenschlüsse in diesem Bereich sind intermediäre Wettbewerbsbeziehungen zu berücksichtigen, da die meisten Zeitungsunternehmen gleichzeitig Hörfunk- und Fernsehstationen betreiben. Im folgenden ist daher auf die Regelungsproblematik der Fusionskontrolle im intermediären Bereich einzugehen. Miteinbezogen werden intramediäre Rundfunkverflechtungen.

---

[92] Vgl. ders., a.a.O., S. 449 Anm. 141; von den 44 Zeitungen, deren JOA durch den NPA legalisiert worden war, gehörten 1980 22 größeren Zeitungsketten.

B. Fusions- und Verflechtungskontrolle im intermediären Bereich

Die starke Konzentrationswelle hatte nicht nur die US-amerikanische Tagespresse erfaßt mit den Folgen weitgehender Monopolisierung lokaler Zeitungsmärkte und wachsender Zeitungsketten, sondern sie hatte auch die elektronischen Medien Hörfunk und Fernsehen ergriffen. Seit Ende der 60er Jahre richtete sich die Diskussion auch in der amerikanischen Öffentlichkeit zunehmend auf die Eigentumsstrukturen in der Kommunikationsindustrie insgesamt. Gegenstand zahlreicher Untersuchungen waren zum einen die gesellschaftlichen Auswirkungen der zunehmenden Konzentration im Bereich der Massenmedien im Hinblick auf eine Gefährdung des publizistischen Wettbewerbs und der Meinungsvielfalt, zum anderen aber auch die Folgen für den wirtschaftlichen Wettbewerb zwischen den Medien. Eine zentrale Rolle spielte hierbei die Diskussion um die wirtschaftlichen und publizistischen Wirkungen der lokalen und nationalen Verflechtung von Zeitungsverlagen und Rundfunkunternehmen (cross-ownership).[1,2]

Da bei der Beurteilung der cross-ownership-Problematik wettbewerbsrechtliche und rundfunkrechtliche Aspekte gleichermaßen einfließen, ist die rechtliche Behandlung dieser Sachverhalte komplex. Im folgenden wird die amerikanische Diskussion zur Konzentrationsentwicklung und Konzentrationskontrolle im Medienbereich dargestellt. Der Schwerpunkt wird auf die cross-ownership-Problematik gelegt. Es werden zu behandeln sein die unterschiedlichen Regelungsversuche und Entscheidungen, die von den Behörden und Gerichten angestrebt, durchgesetzt und getroffen wurden, um den wirtschaftlichen und publizistischen intermediären Wettbewerb zu gewährleisten. Ebenso soll die wissenschaftliche Diskussion in ihren Grundzügen dargestellt werden, die mit Kritik und Regelungsvorschlägen die Entscheidungspraxis begleitete. Erkenntnisleitend soll die Frage sein, inwiefern die Fusionskontrollvorschriften des amerikanischen Antitrustrechts geeig-

[1] Vgl. Phillips, 24 Emory L.J., 1121 (1975).

[2] In der amerikanischen Diskussion spielte die Regulierung des Kabelfernsehens (CATV) in den letzten Jahren eine zentrale Rolle. Auf eine Darstellung der mit diesem Teil des Rundfunkbereichs zusammenhängenden Fragen wird hier verzichtet, da für die untersuchte deutsche Fragestellung daraus wenig abgeleitet werden kann. Denn beim Kabelrundfunk handelt es sich um eine andere Art der Übertragungstechnologie von Rundfunkprogrammen. Sie ist von daher nach deutschem Recht eher dem Bereich des Fernmeldeeinrichtungswesens zuzuordnen. In den USA dagegen gibt es private Kabelrundfunksysteme, für die zunächst jeder Bundesstaat eigene Regelungen geschaffen hatte. Inzwischen hat man sich auf ein nationales einheitliches Gesetz geeinigt. Die Broadcast Cable cross-ownership rule verbietet Doppeleigentum von Kabelfernsehsystemen und Rundfunkstationen (47 C.F.R. §§ 73.3555, 76.501 (1984); Cable Communications Policy Act of 1984, § 613 (a); hierzu auch Hoffmann-Riem, AöR 110 (1985), 551.

net sind, Verschlechterungen der Wettbewerbsbedingungen im Medienbereich vorzubeugen, um daraus eventuell Beurteilungskriterien für die deutsche Diskussion zu gewinnen.

I. Die Anfänge der amerikanischen Diskussion

Erste Hinweise auf die Frage, ob sich Zeitungsverlage als Rundfunkveranstalter betätigen können sollten, finden sich bereits im Zusammenhang mit der Debatte um die Verabschiedung des Communications Act im Jahre 1934.[3] Damals erwartete man offensichtlich noch nicht, daß sich Zeitungsverlage in größerem Umfang für Rundfunkstationen interessieren würden. Senator Clarence Dill, der als Vater des Communications Act bezeichnet wird, stellte später fest: „If I had dreamed that newspapers would aquire radio and television stations, I would have written a prohibition into the act. Certainly newspapers which occupy monopoly positions in a city should not be permitted also to own radio and television stations. This country cannot afford to have monopoly over public opinion any more than it can afford to have monopoly in industry."[4]

Andererseits ließen die Eigentümerverhältnisse schon früh erkennen, daß es in der Zukunft ein Regelungsbedürfnis für diese Sachverhalte geben würde. Schon in den 30er Jahren waren Eigentümer führender Radiostationen im Zeitungsgewerbe tätig[5] und später betätigten sich die Zeitungsverleger als Pioniere beim Aufbau des Fernsehens.[6] Die erste kommerzielle Fernsehstation wurde von einem Zeitungsverleger betrieben.[7] Bereits 1941 ergab eine Untersuchung, daß in 87 von insgesamt 111 amerikanischen Städten, in denen es jeweils eine Tageszeitung und eine Radiostation gab, der Zeitungsverlag Eigentum oder Kontrolle über die Rundfunkstation besaß.[8] Heute werden ca. 30 % aller kommerzieller Fernsehstationen von Tageszeitungen betrieben.

---

[3] s. im einzelnen hierzu unten im Text, S. 131; die Terminologie in der amerikanischen Diskussion betreffend den Tatbestand der Verflechtung von Presseverlagen, Radio- und Fernsehstationen ist nicht immer einheitlich. Es wird entweder von „joint mass media ownership" gesprochen, wenn das Eigentum von mehr als einem Massenmedium (Tageszeitung, Radio- oder Fernsehstation) in einer Hand liegt, vgl. Lago, 16 Antitrust Bull., 789 (1971), oder von „cross-ownership", wenn gemeinsame Kontrolle oder Eigentum an einer Tageszeitung einerseits oder einer Rundfunkstation (Radio- oder Fernsehstation) andererseits am selben Ort vorliegt, vgl. Crown, Ann. Surv. Am. L., 345 Anm. 12 (1979).

[4] Vgl. Zit. in Note, 75 Mich. L. Rev., 1719 Anm. 54 (1977).

[5] Hearst; Scripps-Howard.

[6] Vgl. Phillips, 24 Emory L.J., 1139 (1975).

[7] The Journal Company of Milwaukee Anfang der 40er Jahre, vgl. Ginsburg, S. 20.

[8] Vgl. Phillips, a.a.O., S. 1140.

II. Zur Struktur der Medienmärkte

Insgesamt gibt es in den USA heute[9] 8762 kommerzielle Radiostationen,[10] 964 Fernsehstationen[11] und 408 Low Power-Fernsehsender.

Im Jahre 1977 sendeten insgesamt 7985 kommerzielle Radiostationen und 718 kommerzielle Fernsehstationen. 25 % aller Radiostationen und 71 % aller Fernsehstationen waren damals im Besitz von konglomeraten Medienunternehmen.[12] Von den 1580 Tageszeitungen wurden 948 von konglomeraten Medienunternehmen kontrolliert, was einem Anteil von 60 % entsprach.

Aufgrund von rundfunkrechtlichen Verflechtungsbeschränkungen,[13] die das gemeinsame Eigentum an Tageszeitungen und Rundfunkstationen regeln, nahm die verhältnismäßige Anzahl von Rundfunkstationen, die im Eigentum von Tageszeitungen stehen, in den letzten Jahren zum Teil ab. Waren es 1965 von insgesamt 4044 Mittelwellensendern 383 (= 9,5 %), wurden 1975 von insgesamt 4 432 Mittelwellensendern 321 (= 7,2 %) von Zeitungsverlagen kontrolliert. Bei den UKW-Sendern ist eine ähnliche Entwicklung zu verzeichnen. 1965 standen von insgesamt 1270 UKW-Sendern 159 (= 12,5 %) in Zeitungseigentum, 1975 waren es von 2636 236 (= 9,0 %). Bei den Fernsehstationen scheint sich die Zahl bei der 30 %-Marke einzupendeln. 1965 wurden von insgesamt 569 Fernsehstationen 181 (= 31,8 %) von Tageszeitungen kontrolliert. 1975 waren es von 711 Stationen insgesamt 193 (= 27,1 %), und im Jahre 1983 von insgesamt 802 Stationen 251 (= 31,3 %).[14]

Betrachtet man jedoch allein die Zahlen der Tageszeitung-Fernsehstationen-Kombinationen in ein und derselben Stadt, ist eine abnehmende Tendenz seit Mitte der 70er Jahre feststellbar. Dies ist auf die Regelungspolitik der FCC zurückzuführen. Waren es 1970 noch 94 Tageszeitung-Fernsehstation-Kombinationen in derselben Stadt (= 14 % aller Stationen), ging

---

[9] Zahlen vom 30. Juni 1986, vgl. FCC News media information 202/254-7674 vom 15. Juli 1986.

[10] Davon 4839 Mittelwellen- und 3923 UKW-Sender; hinzu kommen 1247 nichtkommerzielle UKW-Educational-Sender.

[11] Davon 422 UHF- und 248 VHF-Sender; hinzu kommen 300 Educational-Sender.

[12] Hierunter fallen Unternehmen, die mindestens eine der folgenden Kombinationen erfüllen: 3 oder mehr Radiostationen, 2 oder mehr Tageszeitungen, 2 oder mehr Fernsehstationen, jede Doppeleigentümerstellung einer Tageszeitung und einer Rundfunkstation; Zahlen nach Dertouzos in FTC, S. 490; zu den umfangreichen Beteiligungsverhältnissen bezüglich cross- und group-ownership vgl. im einzelnen Broadcasting Cablecasting Yearbook 1986, S. A-51 bis S. A-62.

[13] Vgl. hierzu im einzelnen unten im Text S. 140.

[14] Zahlen nach Sterling/Haight, vgl. die dortigen Tabellen; Zahlen von 1983 bei Schmitz, Media Perspektiven 1984, 512.

diese Zahl über 83 im Jahr 1974 auf 59 im Jahr 1977 zurück. Ein weiterer Rückgang auf eine Zahl unter 5 % wird erwartet.[15]

Betrachtet man die 100 größten Märkte in den USA, ist festzustellen, daß hier der Tageszeitungs-Anteil an den Fernsehstationen den Beteiligungsverhältnissen insgesamt entspricht. Im Jahre 1986 gab es in den 100 größten US-amerikanischen Fernsehmärkten 595 Stationen, von denen 176 im Eigentum von Tageszeitungen waren (= 29,5 %).[16]

Dagegen nahm die Zahl der in Gruppeneigentum stehenden Rundfunkstationen ständig zu. Hier sind die rundfunkrechtlichen Konzentrationsbeschränkungen weniger streng. Standen im Jahr 1957 192 von insgesamt 471 Fernsehstationen (= 41 %) in Gruppeneigentum, waren es 1966 von 585 Stationen 324 (= 55 %) und 1977 von 711 Stationen insgesamt 405 (= 57 %).[17]

Bei vielen amerikanischen Medienunternehmen kommen vielfältige und umfangreiche Verflechtungen in anderen Medienbereichen hinzu (cross-involvement).[18] So ist beispielsweise die American Broadcasting Companies, Inc. (ABC), die in der Statistik der am umfangreichsten verflochtenen Medienunternehmen in den USA ganz oben steht, in folgenden Bereichen engagiert: zu ihr gehören eine Buchverlag-Holdinggesellschaft, 5 Magazinverlage, eine Filmproduktionsgesellschaft, 277 Kinos, zahlreiche Radio- und Fernsehstationen, mehrere Record Labels, ein Radio-/Fernsehnetwork und mehrere Kabelsysteme.[19]

III. Zu den Konzentrationsursachen

Die Ursachen für die fortgeschrittene Konzentration im amerikanischen Medienbereich insgesamt sind wiederum vielfältig. Einigkeit besteht darüber, daß es monokausale Erklärungsmuster nicht gibt. Unterschiedliche Auffassungen werden hinsichtlich der Gewichtung der einzelnen möglichen Gründe vertreten. Seltener werden theoretische Überlegungen mit empirisch gewonnenen Untersuchungsergebnissen begründet, so daß auch in der amerikanischen Diskussion die Grenzen zum Spekulativen fließend sind.

---

[15] Vgl. Dimling in FTC, S. 411.

[16] Auskunft der ANPA (American Newspaper Publishers Association) vom 2. Dez. 1986.

[17] Vgl. Dertouzos in FTC, S. 482.

[18] Vgl. Sachar in FTC, S. 421; Dertouzos in FTC, S. 488 ff.; zur neueren Konzentrationsentwicklung, begünstigt durch die Liberalisierung der Reagan-Administration vgl. auch Ridder-Aab, Media Perspektiven 1985, 369; s. hierzu auch unten im Text S. 146 f.

[19] Vgl. Stirling/Haight, S. 65.

Sofern Konzentration durch externes Unternehmenswachstum verursacht wird, gelten im intermediären Bereich zunächst die für alle diagonalen Zusammenschlüsse wesentlichen komplexen Ursachen.[20] Darüber hinaus kommen im Medienbereich in besonderem Maße economies of scale zum Tragen, was mit dem „public good"-Charakter der produzierten Leistungen zusammenhängt.[21]

1. Zusammenschlüsse zwischen Rundfunkstationen

Die hauptsächlichen Gründe für Rundfunkstationen, sich mit anderen Rundfunkstationen zusammenzuschließen (Gruppen- und Kettenbildung), sind im wesentlichen dieselben, die auch für Zusammenschlußvorhaben bei Zeitungen bestimmend sind. Hierunter zählen vor allem größenbedingte Kosten- und Verbundvorteile sowohl im Bereich der Programmproduktion als auch der Anzeigenaquisition, Vorteile in den Finanzmärkten und Steuerbegünstigungen.[22]

2. Zusammenschlüsse zwischen Tageszeitungen und Rundfunkstationen

Auch hier werden in erster Linie wirtschaftliche und finanzielle Gründe genannt, die ihre Wurzeln auch in der historischen Entwicklung der Rundfunkmedien haben.[23] So war beispielsweise für den anfänglichen Aufbau eines landesweiten Fernsehsendernetzes ein hoher Kapitalbedarf notwendig, den damals nur die im allgemeinen sehr gewinnträchtigen Tageszeitungen aufzubringen bereit waren. Sie nahmen das Risiko auf sich, um durch die Investitionen im marktnahen Bereich im Massenmediengeschäft präsent zu bleiben. Auch heute noch ist das Tageszeitungsgeschäft sehr lukrativ, was es den Zeitungsunternehmen ermöglicht, umfangreiche Investitionen im Rundfunkbereich zu tätigen.[24] Dabei kommt es bei den Investitionsentscheidungen der Tageszeitungen nicht so sehr darauf an, ob das anvisierte Rundfunkunternehmen auf demselben geographischen Markt arbeitet oder

---

[20] Vgl. hierzu z. B. eingehend Büscher, S. 52 ff.; zu den komplexen Motivationsursachen diagonaler Unternehmenszusammenschlüsse in den USA vgl. auch Möschel, RabelsZ 48 (1984), 559.

[21] Vgl. Rosse in FTC, S. 46 ff.; im dt. Schrifttum Hoffmann-Riem, Media Perspektiven 1985, 183 f.; zur Konzentrationsursache „Werbung" auch Winckler, S. 219 ff.

[22] Vgl. Dertouzos in FTC, S. 484; s. hierzu auch oben im Text S. 96 ff.

[23] Vgl. Sachar in FTC, S. 420 f.

[24] Die Gewinne einer marktbeherrschenden Tageszeitung sind meist höher als die Gewinne aller Fernsehstationen in einem Markt zusammen, vgl. Sachar in FTC, S. 421.

ob das finanzielle Engagement in einem anderen geographischen Markt erfolgt, denn „the fact remains that both the newspaper and broadcast business are extremely profitable, regardless of whether the jointly owned properties are in the same market or not".[25]

Neben dem Kapitalüberschuß der Zeitungsverlage, der Investitionen im marktnahen Bereich generell nahelegt, gilt als Ursache für die Beteiligung von Tageszeitungen an den Rundfunkstationen die Verlagerung eines Teils der Werbungsausgaben der werbetreibenden Wirtschaft weg von der Zeitung hin zu den elektronischen Medien. Auf diese Weise wollen sich die Unternehmen Werbeeinnahmequellen in beiden Mediengattungen sichern. Umgekehrt führt dies aber auch dazu, daß Eigentümer von Rundfunkstationen Beteiligungen an Zeitungen erwerben.[26] Inzwischen engagieren sich Presse- und Rundfunkunternehmen verstärkt im Kabelrundfunkgeschäft, da erneut eine Verlagerung von Werbeeinnahmen stattfindet.

Die Frage, ob zu erwartende betriebswirtschaftliche Vorteile, wie z. B. economies of scale, für intermediäre Zusammenschlüsse zwischen Tageszeitungen und Rundfunkunternehmen ursächlich sind, wird im amerikanischen Schrifttum nicht einheitlich beantwortet und gehört zu einer der umstrittensten Fragen, die die cross-ownership betreffen. Einerseits wird auf Untersuchungen verwiesen, die nachweisen, daß es für cross-owner keine signifikanten Kostenvorteile durch einheitliche Leitung gebe.[27] Andererseits wird vorgetragen, daß in Doppeleigentum stehende Tageszeitung-Rundfunk-Kombinationen für Konsumenten qualifiziertere Leistungen anbieten könnten, was auf größenbedingte Kosten- und Verbundvorteile zurückzuführen sei.[28]

Ebensowenig einheitlich wird die Frage beantwortet, ob ein mehrfaches Engagement in verschiedenen Medienträgern im selben lokalen Medienmarkt zu überproportionalen Gewinnmöglichkeiten im Anzeigengeschäft führt und ob dies als Konzentrationsursache gesehen werden kann.[29]

Insgesamt gilt wohl — wie schon für die Konzentrationsursachen im Zeitungsgewerbe —, daß keine Ursache für sich allein für den Konzentrations- und Verflechtungsgrad verantwortlich gemacht werden kann. Ausschlaggebend ist vielmehr eine Vielzahl von Faktoren, die im jeweiligen Einzelfall ganz unterschiedlich gewichtet sein können, wobei sicherlich in

---

[25] Sachar in FTC, S. 421.

[26] Vgl. Sachar in FTC, S. 422.

[27] Vgl. Leuchter, 54 Tex. L. Rev., 349 (1976), die auf die Levin-Studie (H. Levin, Broadcast Regulation and Joint Ownership of Media, 1966) verweist.

[28] Vgl. Leuchter, a.a.O., S. 350, unter Hinweis auf die NAB-Studie von Litwin & Wroth, The Effects of Common Ownership in Media Context and Influence; s. hierzu auch im einzelnen unten im Text S. 117 ff.

[29] Auch hierzu unten im Text S. 118 ff.

gewissem Umfang auch das „ziellose Wachstumsstreben management-kontrollierter Großunternehmen"[30] ein zusätzliches Erklärungskriterium liefern kann.

IV. Die Diskussion um die Wirkungen (lokaler) cross-ownership

Obwohl es in den USA seit über 60 Jahren den Tatbestand der Medienverflechtung gibt, besteht in der amerikanischen Diskussion keine Einigkeit in der Beurteilung der Wirkungen auf den wirtschaftlichen und publizistischen Wettbewerb.[31] Die amerikanischen Behörden, die Gerichte und die meisten Autoren im Schrifttum[32] sind sich zwar in ihrer grundsätzlichen Beurteilung lokaler Verflechtung von Tageszeitungen und Rundfunkstationen dahingehend einig, daß solche Kombinationen so weit wie möglich zu vermeiden seien. Von seiten der amerikanischen Presse- und Rundfunkindustrie wird dagegen in cross-ownership weder ein den publizistischen noch den wirtschaftlichen Wettbewerb gefährdender Tatbestand gesehen.[33] Betrachtet man die Diskussion über Vor- und Nachteile lokaler cross-ownership genauer, ist festzustellen, daß trotz zahlreicher Untersuchungen zu diesem Thema ein Defizit an aussagefähigen Ergebnissen aus dem Bereich der empirischen Forschung besteht.[34] So erklärt sich, daß sowohl in der wissenschaftlichen Diskussion als auch in der Regelungs- und Entscheidungspraxis der FCC in erster Linie normativ argumentiert wird.[35]

Ursächlich hierfür sind mehrere Gründe. Zum einen ist der Untersuchungsgegenstand selbst so komplex, daß die Signifikanz der gewonnenen Ergebnisse leicht angezweifelt werden kann. So kann beispielsweise nicht allein die Eigentümerstruktur für die Erklärung bestimmter Wirkungen lokaler Medienverflechtungen verantwortlich gemacht werden. Um zuverlässige Ergebnisse zu bekommen, müssen zusätzlich zahlreiche andere Variablen berücksichtigt werden, die möglicherweise einen größeren Einfluß haben, wie z. B. Marktanteile, Auflagenhöhe, Zuschauerzahlen, andere Wettbewerber in dem betroffenen Markt und dergleichen.[36] Zum anderen gibt es für die

[30] Vgl. Büscher, S. 98.

[31] Vgl. hierzu eingehend die veröffentlichten Beiträge zu einem von der FTC veranstalteten Symposium zur Medienkonzentration, FTC 1978.

[32] Vgl. Barnett, Cross-Ownership, 1974; ders. in FTC, S. 498 ff.; Firestone in FTC, S. 382 ff.; Rosse in FTC, S. 429, 470; Bagdikian in FTC, S. 6 ff.

[33] Vgl. Loevinger, 24 Antitrust Bull., 486 (1979); ähnlich Compaine, S. 335; auch Dimling in FTC, S. 410, 412.

[34] Hierzu NCCB v. FCC, 555 F. 2d 938, 957 ff.

[35] Im dt. Schrifttum vgl. Kübler, S. 37.

[36] Hiermit wird begründet, daß verallgemeinerungsfähige Aussagen kaum getroffen werden können, vgl. Barnett, Cross-Ownership, S. 11 mwN.

Beurteilung der Wirkungen von cross-ownership keine einheitlichen qualitativen und quantitativen Kriterien. Zwar schreiben sich zahlreiche Studien selbst Objektivität zu, doch beruhen sie zwangsläufig auf Inhaltsanalysen der Medienangebote, was unvermeidlich subjektive Bewertungen impliziert.[37]

Insofern wettbewerbsbeschränkende Einzelverhaltensweisen als Folge von cross-ownership behauptet werden, kommt die Schwierigkeit hinzu, diesbezügliche Zusammenhänge tatsächlich nachzuweisen.

Im folgenden soll auf die Vor- und Nachteile der Verflechtung lokaler Tageszeitungen und Rundfunksender am selben Ort etwas näher eingegangen werden. Für die deutsche Diskussion über die Fusionskontrolle ist dieser Punkt deshalb von Interesse, weil hieraus Kriterien für die Entstehung oder Verstärkung marktbeherrschender Stellungen abgeleitet werden können.

Positive und negative Wirkungen können in zwei verschiedenen Bereichen auftreten, die eng miteinander verknüpft sind. Zu unterscheiden sind Wirkungen auf den publizistischen Wettbewerb, d. h. auf die Qualität des Angebots redaktioneller Leistungen und auf die Meinungs- und Informationsvielfalt einerseits, und Wirkungen auf den wirtschaftlichen Wettbewerb andererseits. In der deutschen Fusionskontrolle kann eine Verschlechterung der Marktstruktur nur auf der Basis wirtschaftlicher Kriterien festgestellt werden. Da der wirtschaftliche Erfolg eines Medienträgers jedoch unmittelbar vom publizistischen Erfolg abhängt, können die Wirkungen von cross-ownership im publizistischen Bereich auch für die Fusionskontrolle nicht gänzlich ignoriert werden. Auch auf diese ist deshalb kurz einzugehen.

1. Wirkungen im publizistischen Bereich

Von Befürwortern der cross-ownership wird insbesondere betont, die Qualität von Rundfunkprogrammen sei bei Sendern, die mit einer lokalen Tageszeitung verbunden sind, höher. Es würden vor allem mehr und qualitativ bessere Nachrichten gesendet und auch die anderen redaktionellen Beiträge seien meist von höherem Niveau. Dies hänge damit zusammen, daß die Eigentümer seriöse journalistische Leistungen gemäß ihrem traditionellen Selbstverständnis als Zeitungsverleger anbieten würden.[38] Auch genössen Tageszeitung-Rundfunk-Kombinationen aufgrund ihrer guten wirtschaftlichen Situation größere finanzielle Stabilität, die ein qualitativ besseres Leistungsangebot zulasse.[39] Begründet wird dies mit der Auffas-

[37] Vgl. in NCCB v. FCC, 555 F. 2d 957 bei No. 58 (1977).

[38] Vgl. Phillips, 24 Emory L.J., 1152 mwN.

[39] s. den Hinweis auf die Studie von Litwin & Wroth, vgl. bereits oben im Text S. 115 Anm. 28, NCCB v. FCC, 555 F. 2d 957 bei No. 59; vgl. hierzu auch Sec. Rep. & Ord., FCC 1975, zit. bei Ginsburg, S. 212 No. 64.

sung, zu viel wirtschaftlicher Wettbewerb schwäche die Medienunternehmen, so daß sich Eigentümervielfalt letztlich negativ auf die publizistische Qualität auswirke.[40]

Nach Auffassung von Kritikern beruht diese Einschätzung auf rein subjektiven Eindrücken, wie sie in meist voreingenommenen Studien zum Ausdruck komme.[41] Andere wissenschaftliche Untersuchungen kommen dann auch zu dem Ergebnis, daß sich die Programme zeitungseigener Rundfunkstationen inhaltlich nicht signifikant von denen unabhängiger Stationen unterscheiden, und daß gegebene Programmunterschiede in einzelnen Fällen auf die Angliederung an die nationalen Networks zurückzuführen seien.[42]

Die negativen Auswirkungen von cross-ownership auf Nachrichten- und Meinungsvielfalt stehen nicht in direktem Zusammenhang mit dem wirtschaftlichen Wettbewerb und können an dieser Stelle vernachlässigt werden.[43]

2. *Wirkungen auf den wirtschaftlichen Wettbewerb*

Wettbewerbsbeschränkende Wirkungen lokaler Medienkombinationen werden in erster Linie unter Berufung auf Anzeigenpreisvergleiche begründet. Doch auch hier wird die Diskussion kontrovers geführt.[44] Empirische Untersuchungen zum Anzeigenpreiswettbewerb kommen zu widersprüchlichen Ergebnissen oder die Signifikanz der gewonnenen Untersuchungsresultate wird bezweifelt. So gibt es Untersuchungen, die nachweisen, daß Fernsehstationen, die mit Tageszeitungen am selben Ort verbunden sind, im

[40] Eine ähnliche Argumentation war bereits im Zusammenhang mit der Fusionskontrolle im Pressebereich bei Zusammenschlüssen direkter Wettbewerber aufgetaucht („natürlicher Monopolzeitungsmarkt"), vgl. oben im Text, S. 102, und bei der Legitimation des NPA zur Rechtfertigung horizontaler Zusammenschlüsse. Auch dort sollte ein Weniger an wirtschaftlichem Wettbewerb ein Mehr an publizistischem Wettbewerb garantieren, vgl. oben im Text S. 107; auch die neuere Entwicklung in der Diskussion knüpft hieran an, vgl. unten im Text S. 146 f.

[41] Vgl. Phillips, 24 Emory L.J., 1152 (1975); Leuchter, 54 Tex. L. Rev., 348 (1976).

[42] Vgl. Phillips, a.a.O., 1153, und Hoffmann-Riem, Kommerzielles Fernsehen, S. 96 mwN zu solchen Untersuchungen; kritisch auch Barnett, Cross-Ownership, S. 10 ff.

[43] Zu den umstrittenen Wirkungen vgl. u. a. Barnett, Cross-Ownership, S. 17 ff., 31 ff.; Gormley, S. 246 f.; Firestone in FTC, S. 388; im dt. Schrifttum hierzu Hoffmann-Riem, Kommerzielles Fernsehen, S. 97; Kübler, S. 37. Von amerikanischer Verlegerseite wird allerdings behauptet, die meisten kombinierten Medienunternehmen hätten getrenntes Management, getrennte Einrichtungen und getrenntes Personal, und sowohl im Anzeigenbereich als auch im redaktionellen Bereich herrsche zwischen den Medien Wettbewerb, vgl. Sec. Rep. & Ord., FCC 1975, zit. bei Ginsburg, S. 210. Hier drängt sich dann allerdings die Frage auf, worin dann noch die economies of scale bestehen, die einen Zusammenschluß rechtfertigen sollen.

[44] Vgl. hierzu beispielsweise Oppenheim/Shields, S. 323 ff.

Falle einer Monopolstellung 15% höhere Anzeigenpreise berechnen als unabhängige Stationen.[45] Diese Untersuchungen gehen jedoch davon aus, daß Auflagenhöhe bzw. Zuhörer- und Zuschauerzahlen nicht als signifikanter Erklärungswert für höhere Anzeigenpreise dienen können.[46] Vielmehr argumentieren sie dahingehend, daß die Anzeigenpreise die Programmqualität bestimmten und diese wiederum die Publikumsgröße, so daß die Publikumsgröße Folge der Anzeigenpreise sei und nicht umgekehrt.[47]

Andere Untersuchungen beziehen die Publikumsgröße in ihre Analyse mit ein[48] und stellen so keine signifikanten Preisunterschiede in den lokalen Anzeigenmärkten fest.[49]

Eine neuere Studie untersucht die Effekte auf die Tausender-Anzeigenpreise von Tageszeitungen, die mit Rundfunkstationen oder anderen Zeitungen verbunden sind. Die Ergebnisse werden im folgenden zusammengefaßt dargestellt, weil sie in ihrer Differenziertheit deutlich machen, wie schwierig es ist, aus einzelnen empirischen Untersuchungsergebnissen verallgemeinerungsfähige Aussagen zu induzieren.[50]

1. Lokales Tageszeitung-Fernseh-Doppeleigentum hat signifikant niedrigere Zeitungsanzeigenpreise zur Folge.
   Begründung: Mehrfacheigentum hat economies of scale zur Folge bei der Informationsbeschaffung, Anzeigenaquisition und dergleichen, wodurch Kosten gesenkt, die Qualität der Zeitung gesteigert und die Anzeigen-Auflagenspirale nach oben in Gang gesetzt werden können.
2. Lokales Tageszeitung-Radio-Doppeleigentum hat niedrigere Anzeigenpreise zur Folge (nicht signifikant), da die Auflagenhöhe steigt.
3. Bei zunehmender Anzahl von Rundfunkstationen am Ort sinken die Zeitungsanzeigenpreise signifikant, da die Auflagenhöhe steigt.
4. Gibt es im selben Markt eine Zweitzeitung als direkten Wettbewerber, sind die Anzeigenpreise höher (nicht signifikant), da die Auflagenhöhe niedriger ist.
   Begründung: Umkehrung zu Punkt 1.
5. Kleinere Zeitungsketten haben signifikant höhere Anzeigenpreise.
   Begründungsversuch: Bei Zeitungsketten steht die Gewinnmaximierung

[45] So z. B. Rosse/Owen/Grey, Economic Issues in the Joint Ownership of Newspapers and Television Media, 1970, zit. in NCCB v. FCC, 555 F. 2d 958 bei No. 68 (1977).

[46] Vgl. auch Owen, 18 Antritrust Bull., 791 (1973).

[47] Dies erinert an die Henne-Ei-Problematik!

[48] So Lago/Osborne, A Quantitative Analysis of the Price Effects of Joint Mass Communications Media Ownership, 1971, zit. in NCCB v. FCC, 555 F. 2d 958 bei No. 69 (1977); Lago, 16 Antitrust Bull., 791 (1971).

[49] Ebenso Dimling in FTC, S. 412; kritisch Dertouzos in FTC, S. 494 ff.

[50] Zum folgenden vgl. Ferguson, 26 J.L. & Econ., 635, 639, 650 f. (1983).

ganz im Vordergrund, während bei unabhängigen Zeitungen in Familienbesitz auch andere Faktoren wesentlich sind und das Ansehen des Herausgebers im Ort einen hohen Stellenwert besitzt.

6. Große Zeitungsketten haben ebenfalls signifikant höhere Anzeigenpreise.
7. Gruppenmitgliedschaft (= Kooperation unabhängiger Zeitungen) ist verbunden mit signifikant niedrigeren Anzeigenpreisen.
   Begründungsversuch: Es besteht ein Zusammenhang mit dem Verteilschlüssel der Einnahmen aus dem gemeinsamen überregionalen Anzeigenaufkommen. Je höher die Auflage, desto höher der Anteil daran. So werden zur Auflagensteigerung die lokalen Kleinanzeigenpreise niedrig gehalten, da ein umfangreicher Anzeigenteil kaufentscheidend ist.

Diese Ergebnisse zeigen, daß sich ausschließlich negative verallgemeinerungsfähige Aussagen zu den Wirkungen lokaler cross-ownership auf den Anzeigenpreiswettbewerb nicht eindeutig gewinnen lassen. Auch das Argument, eine hohe Konzentration verhindere effiziente Ressourcenallokation, ist für den Anzeigenwettbewerb zumindest nicht nachweisbar.[51] Damit relativiert sich für den Anzeigenwettbewerb das Argument, mehr Wettbewerb führe zu größerer ökonomischer Wohlfahrt.

Zusätzlich wird deshalb noch auf andere negative Effekte lokaler cross-ownership auf den wirtschaftlichen Wettbewerb abgestellt. Genannt werden wettbewerbswidrige Verhaltensweisen, die durch Medienkombinationen erst ermöglicht werden, wie beispielsweise Zwangskombinationsbelegungen im Anzeigengeschäft und die Weigerung von kombinierten Medienunternehmen, Anzeigenkunden Sendezeiten im Rundfunk zur Verfügung zu stellen, falls sie nicht ebenfalls in ihrer Zeitung inserierten.[52]

Unterschiedlich wird auch gewertet, daß sich verbundene Medienunternehmen gegenseitig finanziell unterstützen können. Allgemein wird es als Vorteil angesehen, wenn ein wirtschaftlich florierender Fernsehsender einer finanziell weniger gesunden Zeitung über ihre Schwierigkeiten hinweghelfen kann. Betont wird aber auch, daß auf diese Weise der Wettbewerb mit unabhängigen Nur-Zeitungsunternehmen verzerrt werde.[53]

Überblickt man die gegen lokale cross-ownership vorgetragenen Argumente, ist festzustellen, daß verallgemeinerungsfähige quantifizierbare Aussagen zu positiven und negativen Wirkungen für den wirtschaftlichen Wettbewerb bisher nicht gewonnen werden konnten. Von daher ist es

[51] Vgl. hierzu auch Robinson in Ginsburg, S. 222.

[52] Vgl. hierzu Barnett, Cross-Ownership, S. 13; zum Zeitungsbereich vgl. Andres, 11 Wm. Mitchell L. Rev., 527 (1985).

[53] Vgl. Phillips, 24 Emory L.J., 1153 (1975); zur cross-Subventionierung vgl. Firestone in FTC, S. 388 mwN in Anm. 103.

verständlich, daß in der amerikanischen Diskussion die publizistischen Gefahren lokaler Medienverflechtung die Hauptargumente liefern. So bleibt abschließend hinsichtlich der Wirkungen auf den wirtschaftlichen Wettbewerb nur festzustellen, daß von lokalen Medienkombinationen unbestreitbar zumindest potentielle Gefährdungen auch für den wirtschaftlichen Wettbewerb ausgehen können. Trotz aller unzureichenden quantifizierbaren Ergebnisse ist man sich in der amerikanischen Diskussion bis heute dahingehend einig, daß übermäßige private wirtschaftliche Macht gerade im Medienbereich auch auf lokaler Ebene zu verhindern sei. Weil man von staatlicher Seite zur Erreichung dieses Ziels vor allem auf Marktkräfte vertraut, kommt einer quantitativen Anbietervielfalt entscheidende Bedeutung zu.[54] Welche Funktion hierbei dem antitrustrechtlichen Instrumentarium zuteil wird, soll im folgenden untersucht werden.

V. Die Anwendung der Antitrustgesetze gegen Verflechtungen im Medienbereich

Medienverflechtung als Phänomen ist ein Ergebnis, das aufgrund unterschiedlicher wirtschaftlicher Vorgänge zustande gekommen sein kann; entsprechend sind differenzierte rechtliche Beurteilungen erforderlich. So kennzeichnet der originäre Erwerb einer Rundfunk-Sendelizenz durch einen Zeitungsverlag oder die Herausgabe einer Zeitung durch einen Rundfunklizenzinhaber den Tatbestand des internen Unternehmenswachstums. Der Erwerb eines bereits bestehenden Rundfunksenders ist dagegen als externes Unternehmenswachstum zu qualifizieren.

Mit Hilfe des Section 7 Clayton Act,[55] der Schlüsselnorm der amerikanischen Zusammenschlußkontrollvorschriften, können Verflechtungssachverhalte nur erfaßt werden, wenn sie durch externes Unternehmenswachstum und einen Zusammenschlußtatbestand zustande gekommen sind.[56] Der originäre Erwerb einer Sendelizenz fällt nicht hierunter, auch wenn die dadurch entstandene Marktposition der Unternehmenskombination die Tatbestandsvoraussetzungen im Ergebnis erfüllt.

Auch die anderen antitrustrechtlichen Normen greifen für eine Kontrolle der Entstehung von Medienverflechtung in solchen Fällen wenig effektiv. So verbietet zwar Section 2 Sherman Act[57] bereits jeglichen Monopolisierungsversuch, doch muß dafür ein diesen Tatbestand erfüllendes Verhalten nachgewiesen werden. Der Erwerb einer Rundfunklizenz als solcher fällt in aller

---

[54] Hierzu auch Fowler/Brenner, 60 Tex. L. Rev., 242 (1982).

[55] s. hierzu bereits oben im Text S. 93.

[56] Vgl. Bennett, 66 NW. U.L. Rev., 187 (1971).

[57] s. hierzu oben im Text S. 93.

Regel noch nicht darunter, stellt also i.a. keinen Akt der Monopolisierung dar,[58] und Alleinstellungen als solche sind auch im Medienbereich noch keine Verletzung des Antitrustrechts.[59]

Die Anwendung des an sich sehr früh greifenden Section 5 FTC Act[60] scheitert in erster Linie an der Kompetenzverteilung unter den zuständigen Behörden.[61]

Neben den Antitrustgesetzen bieten sich als zweite Stütze, mit deren Hilfe Medienverflechtung kontrolliert werden kann, die entsprechenden rundfunkrechtlichen Regelungen der FCC an. Sie können auch dort eingreifen, wo durch die originäre Erteilung von Sendelizenzen ein Zusammenschlußtatbestand nicht vorliegt.[62]

Bevor auf das Ineinandergreifen der antitrustrechtlichen und rundfunkrechtlichen Regelungsansätze eingegangen wird, sollen zunächst die Probleme bei der Anwendung des Section 7 Clayton Act im Medienbereich genauer dargestellt werden.

1. Die Anwendbarkeit des Section 7 Clayton Act

Die Anwendbarkeit der allgemeinen Antitrustgesetze ist für den Medienbereich allgemein anerkannt.[63] Die Hoffnungen richten sich darauf, mit Hilfe einer strukturellen Regulierung Eigentümervielfalt zu sichern, ohne an inhaltliche Kriterien anknüpfen zu müssen. Wie in anderen Industriezweigen, so erhofft man sich auch in der Medienindustrie durch die Anwendung antitrustrechtlicher Regelungen die Kontrolle privater wirtschaftlicher Macht durch Wettbewerb.

Insofern Medienkonzentration durch externes Unternehmenswachstum droht, gilt Sec. 7 Clayton Act als die effektivste Vorschrift der amerikanischen Zusammenschlußkontrolle. Ist ein Zusammenschlußtatbestand erfüllt, liegt ein Verstoß gegen Sec. 7 vor, wenn der Zusammenschluß wahrscheinlich wettbewerbsbeschränkende Auswirkungen in einem sachlich und geographisch abgegrenzten Markt hat.[64] Die Feststellung negativer struktureller Wirkungen wirft bei Zusammenschlüssen im Medienbereich

---

[58] Vgl. Barnett, Cross-Ownership, S. 4 f.; Rosen, 32 Fed. Comm. L.J., 107 und 142 (1980).

[59] Vgl. Oppenheim/Shields, S. 140.

[60] s. hierzu oben S. 93.

[61] s. hierzu unten S. 134; Rosen, a.a.O., S. 111 und 144.

[62] s. hierzu im einzelnen unten im Text S. 136 ff.

[63] Vgl. hierzu die Darstellung zum Pressebereich oben im Text S. 101 f.; um Wiederholungen zu vermeiden, sei hierauf verwiesen.

[64] Vgl. Sullivan, Antitrust, S. 601.

besondere Probleme auf, obwohl nach denselben Kriterien geprüft wird wie in anderen Industriebereichen auch. Schwierigkeiten bereitet die außerordentliche Komplexität der Medienindustrie, da es sich im Grunde nicht nur um eine, sondern um mehrere Industrien handelt, von denen jede wiederum unterschiedliche Probleme aufwirft.[65] Hinzu kommt, daß der geographisch relevante Medienmarkt meist der lokale ist, so daß bei Zusammenschlüssen zwischen in verschiedenen Märkten tätigen Unternehmen erhebliche Beweisschwierigkeiten hinsichtlich der wettbewerbsbeschränkenden Wirkungen auftreten.[66] Auch die Trennung zwischen Rezipientenmärkten (Leser-, Hörer-, Zuschauermärkte) einerseits und Anzeigenmärkten andererseits innerhalb eines Produktes macht die Beurteilung schwierig.

Im deutschen Recht müssen Produktmarkt und geographischer Markt für die Feststellung einer marktbeherrschenden Stellung abgegrenzt werden; im amerikanischen Recht hat dieselbe Abgrenzung für die Feststellung einer Wettbewerbsminderung zu erfolgen.[67]

2. *Die Marktabgrenzung im Medienbereich*

Allgemein erfolgt auch die amerikanische Marktabgrenzung nach dem Bedarfsmarktkonzept. Zum selben Produktmarkt gehören „commodities reasonably interchangeable by consumers for the same purposes".[68] Kreuz-Preis-Elastizität auf der Nachfrageseite und Produktumstellungskapazitäten auf der Angebotsseite werden gleichermaßen berücksichtigt. Ähnlich erfolgt die Abgrenzung des geographischen Marktes.[69]

Bei der Marktabgrenzung im Medienbereich sind medienspezifische Besonderheiten zu berücksichtigen. Medienprodukte und Medienleistungen konkurrieren in der Regel auf zwei verschiedenen Märkten (Rezipientenmarkt und Werbungsmarkt), weshalb die Marktabgrenzung für beide Märkte getrennt erfolgen muß. Von Section 7 Clayton Act antitrustrechtlich sanktioniert sind nur die Wettbewerbsbeschränkungen, die den wirtschaftlichen Wettbewerb betreffen.[70] Deshalb sind Beschränkungen des publizistischen Wettbewerbs und Verringerung der Meinungs- und Informationsvielfalt auf dem Rezipientenmarkt nicht berücksichtigungsfähig.

[65] Vgl. Brodley in FTC, S. 673.

[66] Hier gilt dasselbe wie bei Zusammenschlüssen im Pressebereich, vgl. oben im Text S. 105 f.

[67] Vgl. Neiser, S. 116.

[68] United States v. E.I. du Pont, 351, 377-95 (1956); Rosen, 32 Fed. Comm. L.J., 125 (1980). Zur Produktmarktabgrenzung dienen heute die Merger Guidelines, eingehend Fox, 24 Antitrust Bull., 519, 525 f. (1982); Clanton, 53 Antitrust L.J., 345 (1984).

[69] Vgl. Fox, a.a.O., 527 f.

[70] Vgl. Mahaffie, 13 Antitrust Bull., 931 (1968).

Die zentrale Frage, ob Print- und elektronische Medien demselben relevanten Markt zuzurechnen sind, wird in der amerikanischen Entscheidungspraxis nicht einheitlich beantwortet. Dies liegt daran, daß Marktabgrenzungen, insbesondere Teilmarktabgrenzungen, nicht verallgemeinerungsfähig sind. Sie sind immer nur Hilfsmittel, um festzustellen, ob ein Zusammenschluß wettbewerbsbeschränkende Effekte hat oder nicht. Abstrakte Generalisierungen zur Marktabgrenzung sind nicht möglich, vielmehr hat die Abgrenzung am jeweils konkreten Einzelfall zu erfolgen.

Amerikanische Gerichte haben zu diesen Fragen Stellung genommen und für die Marktabgrenzung im Medienbereich (Presse, Hörfunk und Fernsehen) folgende Kriterien entwickelt:[71]

In den beiden berühmten Presseentscheidungen United States v. Times Mirror[72] und United States v. Citizen Publishing Co.[73] hatten die Gerichte festgestellt, daß Tageszeitungen und Rundfunkmedien nicht demselben relevanten Produktmarkt zugerechnet werden können. In exemplarischer Form wurden die Unterscheidungskriterien zwischen den verschiedenen Mediengattungen herausgearbeitet.[74] Hinsichtlich des Angebots an Nachrichten gilt, daß zwar alle drei Medien auch lokale Nachrichten anbieten, daß jedoch die Tageszeitungen i.a. ausführlicher und detaillierter berichten als Hörfunk und Fernsehen, was schon darauf zurückzuführen ist, daß die Tageszeitungen über bessere Nachrichtendienste verfügen als die Rundfunkstationen. Hinzu kommt, daß die Nachrichten in den Tageszeitungen vom Leser jederzeit und überall gelesen werden können, während Nachrichten im Rundfunk immer nur zu bestimmten Sendezeiten empfangen werden können. Während sich die gedruckte Nachrichtenberichterstattung in den Zeitungen durch ihre Beständigkeit auszeichnet, sind die im Rundfunk gesendeten Informationen vergänglich. Auch der Stellenwert von Nachrichten in den einzelnen Medien ist unterschiedlich. In den Zeitungen dienen nur ca. 10 % des Leserteils der Unterhaltung, während im Radio über die Hälfte und im Fernsehen drei Viertel der Sendezeit Unterhaltungszwecken dienen. Im Gegensatz zu den Zeitungen haben die Rundfunkveranstalter die Möglichkeit zu wesentlich aktuellerer Berichterstattung, z. B. durch Livesendungen über politische oder sportliche Veranstaltungen und dergleichen.

Ein weiteres Indiz für die Verschiedenartigkeit sah das Gericht in der Tatsache, daß 82 % aller Haushalte neben einem Tageszeitungsabonnement zusätzlich ein Radiogerät und ca. 78 % ein Fernsehgerät besitzen. Aus all dem wurde geschlossen, daß für Zeitungsleser Radio und Fernsehen nicht als Substitute für die Tageszeitung gelten.[75]

[71] Im dt. Schrifttum hierzu Mestmäcker, Medienkonzentration, S. 80 f.

[72] 274 F. Supp. 606, 617 (D.C. Cal. 1967).

[73] 280 F. Supp. 978, 986 f. (D.C. Ariz. 1968).

[74] Vgl. hierzu auch Oppenheim/Shields, S. 8 ff.

Hinsichtlich der Anzeigenmärkte gilt folgendes: In den Anzeigenmarkt wurden nur die lokalen Tageszeitungen einbezogen. Das Gericht stellte weiter fest, daß zwischen diesen und den lokalen Rundfunkstationen auf dem Anzeigenmarkt Wettbewerb herrsche. Aus der Sicht der Werbetreibenden ist jedoch der Wettbewerb weniger durch die Werbungs- und Anzeigenpreise gekennzeichnet als vielmehr durch die spezifische Effektivität der jeweils zur Verfügung stehenden Werbemedien.

Zwischen Zeitungs- und Rundfunkwerbung werden folgende Unterschiede hervorgehoben: Die Produktion von Fernsehwerbung ist aufwendiger als die von Zeitungsreklame. In den Zeitungen steht den Inserenten praktisch unbegrenzt Raum für Anzeigen zur Verfügung. Da in den elektronischen Medien nur bestimmte Zeiten besonders für Werbung geeignet sind, gibt es zeitliche Begrenzungen, die einem Werbekunden für einen Werbespot zur Verfügung gestellt werden.[76] Während im Radio und Fernsehen nur wenige verschiedene Artikel in einem Werbespot angepriesen werden können (i.a. kaum mehr als drei), ist es in Zeitungen möglich, für bis zu 50 verschiedene Produkte und Preise zu werben. Tageszeitungen sind daher für solche Unternehmen unersetzlich, die gleichzeitig für eine größere Anzahl von Waren zu bestimmten Preisen werben wollen. Hinzu kommt, daß die Werbetreibenden sowohl Print- als auch elektronische Medien oftmals gleichzeitig belegen, um alle Bevölkerungsgruppen zu erreichen. Daraus ist zu schließen, daß die verschiedenen Medien in den Augen der Anzeigenkunden als komplementär eingestuft werden.

Da es an einer praktikablen Vergleichbarkeit zwischen den Anzeigenpreisen in Tageszeitungen und den Werbungskosten für Sendezeiten in den Rundfunkmedien fehlt, kann zwischen den verschiedenen Medien hinsichtlich der Anzeigenwerbung kein eigentlicher Preiswettbewerb stattfinden.[77] Auch die sog. Tausenderpreise sind insofern kein sicheres Kriterium, da die Anzahl der Empfänger einer Werbebotschaft in den Rundfunkmedien nur geschätzt werden kann. Kennzeichnend hierfür ist auch die Tatsache, daß die Hörfunk- und Fernsehstationen ihre Anzeigenpreise nicht unter Berücksichtigung der Anzeigenpreise in den Tageszeitungen festsetzen und umgekehrt. Steigende Anzeigenpreise in den Tageszeitungen hatten nicht zur Folge, daß Anzeigenkunden in entscheidender Zahl auf andere Medien auswichen. Anzeigenpreise können also ohne Rücksicht auf die Existenz der jeweils anderen Medien festgesetzt werden.[78]

Mit Fragen der Marktabgrenzung hat sich auch die FCC im Zusammenhang mit der Verabschiedung der cross-ownership rule[79] auseinanderge-

[75] a.a.O. (Anm. 73), 987 r. Sp.

[76] In Tucson z. B. max. eine Minute am Stück, vgl. a.a.O. (Anm. 73), 990.

[77] a.a.O. (Anm. 73), 991 l. Sp.

[78] a.a.O. (Anm. 73), 992 l. Sp.

setzt. Zwar hatte die FCC in erster Linie den publizistischen Wettbewerb im Auge und der ökonomische Wettbewerb im Anzeigengeschäft wurde ausdrücklich als zweitrangig eingestuft,[80] doch wurde die Regelung aus antitrustrechtlichen Prinzipien abgeleitet. Um cross-ownership in einem relevanten Markt untersagen zu können, war es nach Auffassung der FCC notwendig, Tageszeitungen und Rundfunksender demselben relevanten Produktmarkt zuzurechnen, andernfalls Zusammenschlüsse zwischen diesen Medien nicht zu größeren Marktanteilen geführt hätten.[81] Die FCC hat sich hier der Auffassung des Justizministeriums angeschlossen, wonach Tageszeitungen und Rundfunkstationen vielfach dasselbe Geschäft betrieben, namentlich Publikum zu gewinnen und es an Werbekunden zu verkaufen.[82] Zwar seien die beiden Mediengattungen nicht für alle Werbekunden austauschbar, doch seien sie aufgrund ihrer ähnlichen Verwendungszwecke zumindest für einen Teil der Werbekunden austauschbar.[83] Dieser Wettbewerb müsse geschützt werden, weshalb Tageszeitungen und Rundfunkstationen im Anzeigengeschäft demselben Produktmarkt zuzurechnen seien.

Diese unterschiedlichen Ergebnisse sind nicht Ausdruck prinzipiell unterschiedlicher allgemeiner Auffassungen, sondern sie machen deutlich, daß die Marktabgrenzung Teil der im jeweiligen Einzelfall neu zu treffenden Entscheidung ist, ob sich durch einen Zusammenschluß Marktmacht vergrößert. Die Gerichte prüften Zeitungszusammenschlüsse und kamen zu dem Ergebnis, daß der von Rundfunksendern ausgehende Wettbewerb den Verhaltensspielraum der Zeitungen nicht wesentlich begrenzen kann. Fällt also durch Zusammenschluß zweier Zeitungen der intramediäre Zeitungswettbewerb weg, übt der intermediäre Restwettbewerb keine gleichwertige Kontrolle aus. Abgestellt wird hier auf den Teil der Nachfrager, für den Tageszeitungen und Rundfunkmedien nicht austauschbar sind.

Demgegenüber lag dem Denkansatz der FCC als Ausgangspunkt ein anderer Sachverhaltstyp zugrunde, nämlich der Zusammenschluß zwischen Tageszeitungen und Rundfunkunternehmen. Abgestellt wurde auf den intermediären Wettbewerb. Geschützt werden sollte hier der Teil der Nachfrager, für den die beiden Mediengattungen austauschbar sind.

Im jeweiligen Einzelfall können also verschiedene Teilmärkte gebildet werden. Dies steht im Einklang mit der Rechtsprechung des Supreme Court, wonach Teilmarktbildungen dann möglich sind, wenn es Nachfrager gibt, für

---

[79] s. hierzu im einzelnen unten im Text S. 140 f.

[80] Vgl. Sec. Rep. & Ord., FCC 1975 No. 111 f., zit. bei Ginsburg, S. 217.

[81] Vgl. hierzu auch Rosen, 32 Fed. Comm. L.J., 125 (1980).

[82] Vgl. bei Ginsburg, S. 208, No. 35.

[83] So ist die Nachfrageelastizität für lokal retail advertising (Anzeigen lokaler Einzelhandelsgeschäfte, Supermärkte etc.) in einer Tageszeitung gering, vgl. Oppenheim/Shields, S. 12.

die Produkte des Teilmarktes nicht mit anderen Produkten austauschbar sind.[84]

In den geographischen Markt einbezogen werden jeweils nur die lokalen Medien, deren Verbreitungsgebiet bzw. Sendegebiet mit einer bestimmten Sendeleistung sich überschneidet.[85]

3. *Substantielle Wettbewerbsminderung*

Nach Sec. 7 Clayton Act ist ein Zusammenschluß dann illegal, wenn dadurch eine substantielle Wettbewerbsminderung wahrscheinlich ist.[86] Für den Medienbereich ist entsprechend für die verschiedenen Zusammenschlußformen zu unterscheiden:

a) Horizontale Zusammenschlüsse[87]

Hierunter fallen beispielsweise Zusammenschlüsse zwischen direkt konkurrierenden Tageszeitungen oder direkt konkurrierenden Rundfunkstationen im selben geographischen Markt. Ob hierunter auch Zusammenschlüsse zwischen Tageszeitungen und Rundfunkunternehmen untereinander fallen, hängt vom Ergebnis der Marktabgrenzung ab. Legt man verschiedene Teilmärkte zugrunde, ist der Zusammenschluß eher als konglomerat zu qualifizieren, wobei die Grenzen zum horizontalen Zusammenschluß fließend sein können.

Substantielle Wettbewerbsminderungen lassen sich hier wegen Marktanteilszuwachs grundsätzlich am leichtesten nachweisen, da dem strukturellen Marktanteilskriterium wesentliche Bedeutung zukommt.[88]

Bemessungsgrundlage für die Marktanteile im Medienbereich sind Auflagenhöhe, Einschaltquoten und die Höhe der Werbeeinnahmen, gemessen an den jeweiligen Werbeausgaben in dem betroffenen Markt insgesamt.[89] Die Marktanteile von Tageszeitungen und Rundfunkkombinationen werden

[84] United States v. Continental Can Co., 378 U.S. 441 (1964); United States v. Aluminium Co. of America, 377 U.S. 271 (1964); hierzu auch Mahaffie, 13 Antitrust Bull., 933 f. (1968).

[85] z. B. „Grade A coverage area", vgl. Sec. Rep. & Ord., FCC 1975, bei Ginsburg, S. 209 No. 38; vgl. auch Robinson in Ginsburg, S. 225.

[86] „... may be substantially to lessen competition ...", vgl. Sullivan, Antitrust, S. 601.

[87] Vgl. für den Pressebereich auch oben im Text S. 102.

[88] Daneben finden andere Faktoren Berücksichtigung, insbesondere Marktzutrittsschranken, s. Merger Guidelines 1984, vgl. hierzu Clanton, 53 Antitrust L.J., 350 (1984).

[89] Vgl. Mahaffie, 13 Antitrust Bull., 935 (1968).

gemeinsam berücksichtigt und anhand der Merger Guidelines geprüft.[90] Die Frage, ab welcher Marktanteilsgrenze ein Zusammenschluß den Verbotstatbestand des Sec. 7 Clayton Act erfüllt, hängt vom übrigen Konzentrationsgrad ab.[91] Nach der allgemeinen Antitrustrechtsprechung kann ein Verstoß schon bei einem erreichten Marktanteil von 7,5 %,[92] aber auch erst bei 30 %[93] vorliegen.[94]

In der Diskussion wird darauf hingewiesen, daß im lokalen Medienbereich die Marktzutrittsschranken durch Zusammenschlüsse selten zusätzlich erhöht werden, weshalb sich mit dieser Begründung Wettbewerbsbeschränkungen kaum konkret nachweisen lassen.[95] Wegen der spezifischen Marktstruktur in den lokalen Medienmärkten sind Marktneuzutritte ohnehin sehr unwahrscheinlich und im Rundfunkbereich zudem durch Frequenzkapazitäten begrenzt.

Aus all diesen Gründen knüpft das von der FCC ausgesprochene generelle Verbot der lokalen cross-ownership und des lokalen Doppeleigentums an Rundfunkstationen konsequenterweise auch nicht an Marktanteile an, sondern lediglich an Eigentum oder Kontrolle an einer Tageszeitung oder einer Rundfunkstation.[96]

b) Vertikale Zusammenschlüsse

Bei vertikalen Zusammenschlüssen im Medienbereich (z. B. ein Zeitungsverleger erwirbt eine Druckerei oder ein Fernseh-Network eine Rundfunkstation) wird die Anwendbarkeit des Sec. 7 Clayton Act in der amerikanischen Diskussion nicht problematisiert. Insofern behalten die allgemeinen Grundsätze ihre Gültigkeit.[97]

---

[90] Hierzu auch Sec. Rep. & Ord., FCC 1975, bei Ginsburg, S. 209 No. 39.

[91] Nach neuerer Auffassung der FCC soll dieser auch nach dem Herfindahl-Hirschman-Index (HHI) gemessen werden, vgl. kritisch hierzu King, 14 Golden Gate U.L. Rev., 415 (1984).

[92] United States v. Von's Grocery Co., 384 U.S. 270 (1966).

[93] United States v. Philadelphia National Bank, 374 U.S. 321 (1963).

[94] Vgl. hierzu Robinson in Ginsburg, S. 226 f.

[95] Vgl. ebenda.

[96] s. hierzu im einzelnen unten im Text S. 138 ff.

[97] Vgl. Sullivan, Antitrust, S. 657 ff.; nach den neuen Merger Guidelines 1982 und 1984 wird nur noch zwischen horizontalen und nicht-horizontalen Zusammenschlüssen unterschieden, vgl. Möschel, RabelsZ 48 (1984), 561 f.; Sec. 7 Clayton Act gilt jedoch weiterhin auch für vertikale Konzentration, vgl. Sandrock, S. 97 ff.

c) Konglomerate Zusammenschlüsse

Unter der Voraussetzung, daß man bei der Marktabgrenzung zu verschiedenen Teilmärkten kommt,[98] kann man im Medienbereich beispielsweise Zusammenschlüsse zwischen einem Presseunternehmen und einem Rundfunkunternehmen im selben geographischen Markt (product extension) und zwischen Presse- und/oder Rundfunkunternehmen in jeweils unterschiedlichen geographischen Märkten (market extension oder product und market extension) als konglomerat bezeichnen. Die Anwendung des Sec. 7 Clayton Act fällt in diesem Bereich am schwersten, zumal rein konglomerate Zusammenschlüsse wettbewerbspolitisch kaum noch als Problem angesehen werden. Am ehesten erfüllt ein konglomerater Zusammenschluß noch den Tatbestand des Sec. 7 dann, wenn durch die Fusion entweder horizontale oder vertikale Überlappungen entstehen.[99]

Auch mit Hilfe der potential entrant- oder potential (actuel/perceived) competition-Theorien lassen sich konglomerate Zusammenschlüsse im Medienbereich nach Sec. 7 kaum kontrollieren. Der Grundgedanke dieser Theorien ist, daß ein im marktnahen Bereich tätiger großer Wettbewerber entweder durch internes Unternehmenswachstum statt durch Aufkauf in den Zielmarkt einzudringen droht, oder daß allein die Anwesenheit dieses Wettbewerbers für eine disziplinierende Wettbewerbssituation sorgt.[100] Im Medienbereich fällt es jedoch neben der allgemein schwierigen Prognose wegen der sehr hohen Marktzutrittsschranken und begrenzter Frequenzen außerordentlich schwer, den notwendigen Nachweis zu erbringen, daß ein Marktzutritt wahrscheinlich war.

Die Anwendbarkeit der entrenchment-Theorie stößt aus ähnlichen Gründen auf Schwierigkeiten. Erwirbt ein größeres Unternehmen in einem hoch konzentrierten Markt ein marktbeherrschendes Unternehmen, wird davon ausgegangen, daß dadurch die Marktposition des erworbenen Unternehmens „verschanzt" oder „eingegraben" wird.[101] Dies ergibt sich daraus, daß sich das wirtschaftliche Machtpotential des erwerbenden Unternehmens auf den anderen Markt ausdehnt, dort neue Marktzutrittsschranken errichtet und die Möglichkeit einer zukünftigen Dekonzentration weiter verringert.[102] Vorstellbar ist diese Theorie beispielsweise in einem lokalen Markt, in dem noch Wettbewerb zwischen zwei Tageszeitungen oder zwischen Rundfunkstationen besteht. Wird hier der führende Medienträger von einem wirt-

[98] s. hierzu oben im Text S. 126 f.

[99] Vgl. Roach, 9 Mem. St. U.L. Rev., 272 (1979); hierzu im dt. Schrifttum auch Möschel, RabelsZ 44 (1980), 216; ders., RabelsZ 48 (1984), 562.

[100] Procter & Gamble Co., 386 U.S. 568, 580 (1967); vgl. Roach, a.a.O., 273; Möschel, a.a.O., 217 ff.; ders., a.a.O., 563.

[101] Vgl. Roach, a.a.O., 273; Möschel, a.a.O., 234 ff.; ders., a.a.O., 573.

[102] Procter & Gamble Co., a.a.O. (Anm. 100), 579.

schaftlich starken Unternehmen übernommen, kann dies dazu führen, daß die Position des Medienunternehmens abgesichert oder „eingegraben" wird und die Wettbewerber von vornherein auf Wettbewerbshandlungen verzichten.[103]

Eine weitere Möglichkeit, konglomerate Zusammenschlüsse zu untersagen, kann über die „Reziprozitätsprüfung" erfolgen.[104] Im Medienbereich können wettbewerbsbeschränkende Wirkungen beispielsweise dann auftreten, wenn marktmächtige Nachfrager gegenüber einem Lieferanten mit der Drohung, in Zukunft nicht mehr bei ihm zu kaufen, Druck dahingehend ausüben, daß dieser seine Anzeigenwerbung in denjenigen Medien plaziert, die mit jenem Nachfrager verbunden sind. Hier werden wettbewerbliche Anstrengungen konkurrierender Medienunternehmen im Anzeigenwettbewerb tendenziell sinnlos. In der Praxis hat dies bisher jedoch keine Rolle gespielt.

Die Anwendung der aggregate concentration-Theorie ist auch im Medienbereich wenig erfolgversprechend. Eine lediglich allgemeine und vage Mißbilligung der Zunahme von Konzentration reicht für einen Verstoß gegen Sec. 7 nicht aus. Diese Theorie spielt inzwischen auch keine Rolle mehr.[105]

Zusammenschlüsse zwischen Medienunternehmen unter Beteiligung von Rundfunkunternehmen fallen jedoch nicht nur in den Anwendungsbereich des — in diesen Fällen — verhältnismäßig ineffektiven Antitrustrechts. Sie müssen daneben zahlreichen rundfunkrechtlichen Normen entsprechen. Zur Kontrolle intermediärer Verflechtung ist der rundfunkrechtliche Ansatzpunkt insbesondere in den Fällen effektiver, in denen wegen originärer Erteilung einer Sendelizenz ein Zusammenschlußtatbestand nicht vorliegt.

Im folgenden soll das Ineinandergreifen antitrustrechtlicher und rundfunkrechtlicher Regelungen dargestellt werden. Von solch zweispurigem Zugriff erhofft man sich auch in den neuen Medienmärkten in der Bundesrepublik die Sicherung wettbewerblicher Strukturen.[106] Aufschlußreich können insofern die amerikanischen Erfahrungen sein. Zunächst ein Überblick über die rundfunkrechtlichen Implikationen:

---

[103] Vgl. Roach, a.a.O., 273.

[104] Vgl. Roach, 9 Mem. St. U.L. Rev. 274 (1979); Möschel, RabelsZ 44 (1980), 241 ff.; ders., RabelsZ 48 (1984), 574.

[105] Allgemein hierzu Roach, a.a.O., 274; Möschel, a.a.O., 249; ders., a.a.O., 563.

[106] Vgl. nur Beschluß des Bundeskabinetts vom 25. Juni 1986, „Programm zur Verbesserung der Rahmenbedingungen des privaten Rundfunkmarktes", Bulletin Nr. 77, S. 649, 651, III Nr. 3.

VI. Fusionskontrolle durch staatliche Rundfunkregulierung

Das amerikanische Rundfunksystem ist durch seine privatwirtschaftliche Grundstruktur gekennzeichnet.[107] Legitimationsgrundlage hierfür ist der Gedanke, daß eine möglichst große Vielzahl unabhängiger Programmanbieter am ehesten die verfassungsrechtlich garantierte Kommunikationsfreiheit gewährleisten kann: „It is the purpose of the First Amendment to preserve an uninhibited marketplace of ideas in which truth will ultimately prevail, rather than to countenance monopolization of that market, whether it be by Government itself or a private licensee."[108] Notwendige Bedingung ist funktionierender wirtschaftlicher Wettbewerb. Dieser ist im Rundfunkbereich im Gegensatz zum Pressebereich zwangsläufig technischen Beschränkungen dadurch unterworfen, daß die zur Verfügung stehenden Sendefrequenzen knapp sind.[109] Hiermit wird die staatliche Regulierungspolitik im Rundfunkbereich gerechtfertigt.[110]

1. Zur geschichtlichen Entwicklung der staatlichen Rundfunkregulierung

Schon Mitte der 20er Jahre war in den USA die Zahl der privaten Mittelwellensender (AM-Stationen) so stark gestiegen, daß sie sich gegenseitig störten und ein geordneter Empfang oft nicht mehr möglich war.[111] Mit den bis dahin zur Verfügung stehenden Rechtsgrundlagen ließ sich die deshalb notwendig gewordene Koordination durch eine staatliche Regelungsinstanz nicht begründen.[112] Deshalb wurde im Jahre 1927 durch den Radio Act die Federal Radio Commission ins Leben gerufen, aus der 1934 durch den Communications Act[113] die bis heute wirkende Federal Communications Commission (FCC) hervorging. Der FCC wurde umfassende Zuständigkeit im gesamten Kommunikationsbereich einschließlich dem Rundfunkwesen eingeräumt. Sie ist eine unabhängige Bundesbehörde, an deren Spitze eine fünfköpfige[114] Kommission steht, deren Mitglieder vom Präsidenten mit Zustimmung des Senats auf 7 Jahre ernannt werden.[115]

[107] Zur verhältnismäßig geringen Bedeutung des nichtkommerziellen und teilweise aus öffentlichen Mitteln finanzierten Public Broadcasting Systems vgl. Hoffmann-Riem, Kommerzielles Fernsehen, S. 116-125.

[108] Red Lion Broadcasting Co. v. FCC, 395 U.S. 367, 389 (1969) unter Hinweis auf Associated Press v. U.S., 326 U.S. 1, 20 (1945).

[109] Dies gilt im übrigen auch heute noch trotz Satelliten- und Kabeltechniken, s. unten im Text S. 132/133.

[110] Eingehend hierzu National Broadcasting Co. v. U.S., 319 U.S. 190 (1943); im dt. Schrifttum hierzu Hoffmann-Riem, Kommerzielles Fernsehen, S. 63 ff.; Kübler, S. 27 ff.

[111] Vgl. Ginsburg, S. 10.

[112] Vgl. Hoffmann-Riem, Kommerzielles Fernsehen, S. 63 mwN.

[113] 47 U.S.C.A. §§ 151, 303 et seq. (1983).

2. *Aufgabenbereich der FCC*

Eine der Hauptaufgaben besteht in der Regulierung des Rundfunkwesens. Die Knappheit der zur Verfügung stehenden Sendefrequenzen rechtfertigte bisher die staatliche Regulierungspolitik und wird dies wegen der begehrten terrestrischen Frequenzen auch in Zukunft tun.[116] Die Koordinationsaufgabe erfüllt die FCC durch Zuteilung und Verlängerung der zeitlich befristeten Sendelizenzen.[117] Bewerben sich mehrere Antragsteller um eine freie Lizenz, veranstaltet die FCC ein „comparative hearing", in dem sie den Bewerber aussucht, der den gesetzlichen, technischen, finanziellen und charakterlichen Anforderungen am ehesten genügt.[118]

Eine weitere Aufgabe der FCC besteht in der Überwachung der Rundfunkveranstalter.[119] Diese sind zwar hinsichtlich der Programminhalte grundsätzlich frei, müssen jedoch im öffentlichen Interesse senden[120] und sich an die FCC-Regelungen halten.[121]

Neben dem wichtigsten Regelungsinstrumentarium der Lizenzvergabe steht der FCC als weitere Handhabungsmöglichkeit die Ausarbeitung von formellen Regelungen mit Gesetzescharakter (rules) zur Verfügung. Diese werden vor Inkrafttreten in offiziellen Verlautbarungen (Reports, Notices, Primers) angekündigt und in Anhörungsverfahren diskutiert.[122]

3. *Regelungsziele der FCC*

Oberstes Kriterium der Regelungspolitik der FCC ist das Gemeinwohl („public interest"), das gemäß Sec. 303 (f), 307 (a), 309 (a) Communications Act insbesondere bei der Lizenzvergabe zu berücksichtigen ist. Maßgeblich sind hauptsächlich zwei Regelungsziele: Zum einen soll die Öffentlichkeit die bestmögliche Leistung von den Lizenzinhabern angeboten bekommen. Zum anderen soll das Eigentum an den verschiedenen Medienträgern mög-

---

[114] Bis Juni 1983 bestand die Kommission noch aus 7 Mitgliedern.

[115] Vgl. Ginsburg, S. 11; FCC in brief, S. 1; im dt. Schrifttum hierzu Hoffmann-Riem, Kommerzielles Fernsehen, S. 64 mwN.

[116] Vgl. Crown, Ann. Surv. Am. L., 349 mwN (1979).

[117] 47 U.S.C.A. § 307 (c) (1983). — Seit 1. Okt. 1981 werden TV-Sender auf 5 Jahre und Radiosender auf 7 Jahre lizenziert, vgl. FCC in brief, S. 3.

[118] Vgl. Fireston in FTC, S. 379.

[119] Vgl. Ginsburg, S. 11.

[120] „... as public convenience, interest, or necessity requires ...", 47 U.S.C.A. §§ 303 und 326.

[121] Vgl. Ginsburg, S. 11.

[122] Vgl. Hoffmann-Riem, Kommerzielles Fernsehen, S. 66.

lichst breit gestreut sein.[123] Diese beiden Hauptziele gelten für die Erstvergabe und die Lizenzerneuerung gleichermaßen.[124]

Da die beiden Regelungsziele oft in Konflikt miteinander gerieten[125] und das Kriterium des „public interest" nie genau definiert worden war, wurde es von der FCC immer wieder anders interpretiert und den Erfordernissen der jeweiligen Zeit angepaßt. Durchgängig orientierte sich die Regelungs- und Entscheidungspraxis der FCC zumindest verbal an dem Ziel, ein Höchstmaß an Wettbewerb im Rundfunkbereich sicherzustellen. Ebenso wie die Monopolisierung ökonomischer Macht abgelehnt wurde, hielt man eine zu weitgehende Konzentration von Kontrolle über die Massenkommunikationsmittel per se für unerwünscht.[126] Staatliche Regulierungspolitik sollte Eigentümervielfalt sichern, um die Voraussetzung für den notwendigen ökonomischen und publizistischen Wettbewerb zu schaffen.[127] Dahinter steckte die Sorge, daß „in the absence of governmental control the public interest might be subordinated to monopolistic domination in the broadcasting field".[128] Die FCC legte hierbei mehr Gewicht auf die publizistischen Wirkungen von Medienkonzentration für die Meinungs- und Informationsvielfalt. Die Folgen für den wirtschaftlichen Wettbewerb, insbesondere für die Anzeigenkunden, interessierte die FCC kaum.[129]

An dieser grundsätzlichen Zielsetzung hat sich bis heute nichts geändert. Geändert hat sich in jüngster Zeit lediglich die Auffassung über die Mittel, mit deren Hilfe diese Ziele zu erreichen sind.[130]

4. Unzulängliche Berücksichtigung antitrustrechtlicher Prinzipien

Trotz dieser grundsätzlichen Zielsetzungen nahm die Berücksichtigung antitrustrechtlicher Aspekte in den einzelnen Entscheidungsfällen der FCC

[123] Zu den in diesem Zusammenhang oft zitierten Worten des Supreme Court vgl. oben im Text S. 101.

[124] Vgl. Policy Statement on Comparative Broadcasting Hearings, 1 F.C.C. 2d 393, 1597, 1598 (1965); Crown, Ann. Surv. Am. L., 343 (1979); Bennett, 66 NW. U.L. Rev., 190 f. (1971).

[125] Insbesondere dies hat zu der These geführt, die FCC sei aufgrund ihrer widersprüchlichen Aufgabenstellung handlungsunfähig, vgl. Schmitz, Media Perspektiven 1984, 510.

[126] Vgl. First Rep. Ord., No. 17, zit. bei Ginsburg, S. 196.

[127] Vgl. hierzu Clarksburg Publishing Co. v. FCC, 225 F. 2d 511 (D.C. Cir. 1955).

[128] Justice Frankfurter in FCC v. Pottsville Broadcasting Co., 309 U.S. 134, 137 (1940).

[129] Vgl. Bennett, 66 NW. U.L. Rev., 161 (1971).

[130] Vgl. Fowler, 6 Comm. & L., 23 ff. (1984), hierzu auch unten im Text S. 146 f.

einen verhältnismäßig geringen Stellenwert ein. Als Ursache hierfür können verschiedene Grüne genannt werden:

(1) Kompetenzüberschneidungen FCC, DoJ und FTC

Zum einen wird eine konsequente Durchsetzung antitrustrechtlicher Prinzipien im Medienbereich durch die sich überschneidenden und unklar abgegrenzten Zuständigkeitsbereiche der verschiedenen amerikanischen Behörden verhindert.

Die FCC selbst hat nicht die Kompetenz, allgemeine Antitrustgesetze durchzusetzen.[131] Zwar beinhaltet der Communications Act von 1934 auch antitrustrechtliche Regelungsziele,[132] weshalb für die FCC die Pflicht besteht, übermäßige Konzentration im Mediengewerbe zu verhindern.[133]

Andererseits obliegt die eigentliche Durchsetzung antitrustrechtlicher Vorschriften der A.D. des DoJ und der FTC.[134] Die FCC mußte immer wieder ihre eigene Unzuständigkeit eingestehen, nämlich „either the expertise nor the statutory authority to enforce the antitrust laws" zu haben.[135] Trotzdem überließ es das DoJ meist der FCC, dafür zu sorgen, daß die antitrustrechtliche Komponente im Wege der Lizenzierungspraxis berücksichtigt wurde.[136] Rein rechtlich hat allerdings das DoJ auch in den Fällen, in denen die FCC Entscheidungszuständigkeit besitzt, die Möglichkeit, durch eine Antritrustklage die Lizenzerteilung von einem Gericht überprüfen zu lassen.[137] Tatsächlich macht das DoJ jedoch kaum Gebrauch von dieser Möglichkeit, was nicht zuletzt daran liegt, daß die A.D. zuwenig Informationen über die komplexen Medienmärkte besitzt. Der FCC dagegen muß jede Aktivität im Bereich des Rundfunks mitgeteilt werden. Hinzu kommt, daß das DoJ nicht über das erforderliche Personal verfügt, um die zahlreichen und diffizielen antitrustrechtlichen Implikationen bei Zusammenschlußaktivitäten in den Rundfunkmärkten berücksichtigen zu können.[138]

---

[131] Vgl. Rosen, 32 Fed. Comm. L.J., 130 (1980).

[132] Sec. 313 und 314: „... no one may own or operate a broadcasting station if the purpose or effect is substantially to lessen competition ...".

[133] Joseph v. FCC, 404 F. 2d 207, 211 (D.C. Cir. 1968).

[134] s. oben im Text, S. 100.

[135] WGAL-Television, Inc., 62 F.C.C. 2d 257, 531 (1976), zit. bei Firestone in FTC, S. 392.

[136] Vgl. Mahaffie, 13 Antitrust Bull., 930 (1968).

[137] United States v. Radio Corporation of America, 358 U.S. 334, 346, 352 (1959); Rosen, 32 Fed. Comm. L.J., 136 (1980); Firestone in FTC, S. 392. Die Lizenzerteilung durch die FCC hat bezüglich antitrustrechtlicher Gesichtspunkte keine Bindungswirkung gegenüber anderen Behörden, da der FCC die Zuständigkeit zur Durchsetzung dieser Vorschriften fehlt.

[138] Vgl. Leuchter, 54 Tex. L. Rev., 345 (1976); Bennett, NW. U.L. Rev., 169 (1971).

Der Aufgabenbereich der FTC, die ebenfalls für die Durchsetzung antitrustrechtlicher Regelungen zuständig ist, überschneidet sich auch mit dem der FCC, insbesondere insofern, als beide Behörden legitimiert sind, durch allgemeine Verfügungen ordnend in die Marktstruktur einzugreifen.[139] Die Aktivitäten der FTC beschränkten sich bisher jedoch eher auf die Ahndung wettbewerbswidriger Einzelverhaltensweisen im Medienbereich (z. B. wettbewerbswidrige Anzeigenpreise, Zwangskombinationen und dgl.), und richteten sich weniger auf die an der Wettbewerbsstruktur orientierte Zusammenschlußkontrolle.[140]

(2) Publizistische Kriterien stehen im Vordergrund

Von ihrem Selbstverständnis her legt die FCC bei der Lizenzerteilung den Schwerpunkt mehr auf die im öffentlichen Interesse geforderte Vielfalt des Programmangebots und damit auf publizistisch orientierte Kriterien.[141] Bei der Prüfung von Zusammenschlüssen unter Rundfunkbeteiligung sind die Folgen für den wirtschaftlichen Wettbewerb sekundär. Die FCC will mit ihren Entscheidungen die wirtschaftliche Stabilität der Unternehmen nicht gefährden, um eine Minderung der Programmqualität zu vermeiden.[142] Deshalb hat die FCC von sich aus Sec. 7 Clayton Act kaum beachtet. Erst wenn sie im gerichtlichen Überprüfungsverfahren vom DoJ oder von privaten Klägern darauf hingewiesen wurde, hat sie sich damit auseinandergesetzt.

Diese Haltung spiegelt auch das Bewußtsein in der Öffentlichkeit wider. Auch hier richtet sich die Aufmerksamkeit eher auf den Schutz der Rezipientenmärkte und weniger auf die ökonomischen Märkte.[143]

Die häufig unzureichende Berücksichtigung antitrustrechtlicher Aspekte in den Lizenzverfahren beruht letztlich auf dem Zielkonflikt zwischen „bestmöglicher Qualität der Programmleistung" einerseits und „Eigentümervielfalt" andererseits, zumal die FCC diesen Konflikt oft auf Kosten der Eigentümervielfalt lösen zu müssen glaubte. Insbesondere dann, wenn sich Zeitungsverleger um eine Sendelizenz bewarben, konnten diese aufgrund ihrer Erfahrung und ihrer technischen und finanziellen Möglichkeiten als besonders qualifiziert eingestuft und anderen Bewerbern, die über keine Medienerfahrung verfügten, vorgezogen werden.[144]

---

[139] s. bereits oben im Text S.100; vgl.auch Schwartz in FTC, S. 671; Rosen, 32 Fed. Comm. L.J., 116 (1980).

[140] Vgl. hierzu auch Firestone in FTC, S. 393 f.; kritisch zur Zuständigkeit der FTC im Medienbereich Loevinger, 24 Antitrust Bull., 495 f. (1979); die Zuständigkeit befürwortend Broadley in FTC, S. 673 ff. und S. 687 ff.

[141] So ausdrücklich in Sec. Rep. & Ord., FCC 1975, No. 111 und 112, zit. bei Ginsburg, S. 217; vgl. auch Mahaffie, 13 Antitrust Bull., 930 (1968).

[142] Vgl. Bennett, 66 NW U.L. Rev., 161 (1971).

[143] Ders., a.a.O., 162.

Um einerseits die Durchsetzbarkeit des Ziels der Eigentümervielfalt zu erleichtern, andererseits die allgemeine Rechtssicherheit in den case-by-case Lizenzerteilungs- und -erneuerungsverfahren zu erhöhen und den Ausgang der Verfahren für die Antragsteller voraussehbar zu machen, hat die FCC unter dem Druck des DoJ im Laufe der letzten Jahrzehnte verschiedene multiple ownership rules erlassen, diese immer wieder entsprechend den Erfordernissen der jeweiligen Zeit geändert, aufgehoben oder bekräftigt, und dadurch wesentlichen Einfluß auf die Marktstruktur in den amerikanischen Rundfunkmärkten genommen. Hierzu im folgenden ein kurzer Überblick:

5. *Überblick über die FCC-Regelungspraxis*[145]

Zu unterscheiden sind Regelungen, die das Mehrfacheigentum an Rundfunkstationen auf nationaler Ebene betreffen, von Regelungen, die sich lediglich auf den lokalen Rundfunkbereich beziehen. Innerhalb der lokalen Regelungen kann weiterhin differenziert werden zwischen Regelungen, die nur die Zahl der Rundfunkstationen in diesem Markt betreffen (Mittelwellen-, UKW- und Fernsehsender) — multiple ownership rules — und Regelungen, die außerdem die örtliche Tagespresse mit einbeziehen — cross-ownership rules.

(1) Nationale (das gesamte Gebiet der USA betreffende) Regelungen („concentration of controle" rules)

Um der Gefahr der Entstehung von Meinungsmonopolen im Rundfunkbereich zu begegnen, hat die FCC schon früh durch eine ganze Reihe von Verordnungen die Obergrenze für Eigentum und Kontrolle an Rundfunkstationen auf nationaler Ebene begrenzt.[146] Die erste formelle Regelung der FCC, die die Zahl der kommerziellen Sender begrenzte, die von einer Person oder von einer finanziellen Einheit gehalten werden konnten,[147] erging bereits 1940 und beschränkte die Zahl der UKW-Radiosender auf maximal 6.[148] Zu diesem Zeitpunkt gab es insgesamt weniger als 50 UKW-Sender im ganzen Land.

---

[144] Vgl. Rosen, 32 Fed. Comm. L.J., 120 (1980).

[145] Zur geschichtlichen Entwicklung vgl. Howard, 27 Fed. Com. B. J., 1 (1974).

[146] Vgl. Wirth, 60 Den. L.J., 79 f. (1;982); im dt. Schrifttum hierzu Hoffmann-Riem, Kommerzielles Fernsehen, S. 82 ff., 86 ff.; ders., AöR 110 (1985), 548 ff.; Kübler, S. 32 f.

[147] Einbezogen ist „common ownership, operation, or control". Zu den neuen Richtlinien bzgl. der Beteiligungsverhältnisse im einzelnen vgl. Memorandum Opinion and Order, FCC 85-252 35803 vom 9.5./24.6.1985.

[148] 5 Fed. Reg. 2384 (1940).

Im Jahre 1941 folgte eine Verordnung, die das Eigentum an Fernsehstationen auf höchstens drei Sendestationen im gesamten Gebiet der USA begrenzte.[149] 1944 wurde diese Grenze auf 5 heraufgesetzt.[150]

Für Mittelwellensender hatte es bis 1953 keine formelle Verordnung gegeben. Bis dahin hatte die FCC in ihren Einzelentscheidungen die Auffassung vertreten, daß mehr als 7 Mittelwellensender nicht mehr im öffentlichen Interesse seien.[151] Durch den im November 1953 verabschiedeten Report & Order[152] wurden Eigentum bzw. Kontrolle einer finanziellen Einheit auf 7 Mittelwellen-, 7 UKW- und 5 Fernsehsender begrenzt.

1954 wurde die Obergrenze für Fernsehsender auf insgesamt 7 heraufgesetzt, wovon 5 VHF-Sender sein konnten.[153].

Die Plausibilität dieser Regelungen war von Anfang an umstritten.[154] Hauptkritikpunkt war, daß sie für alle Märkte, unabhängig von ihrer jeweiligen Größe, galten, obwohl hier große Unterschiede bestanden. Sinnvoll sei eine Begrenzung auf der Grundlage tatsächlich erreichbarer Haushalte.[155]

Trotz dieser Kritik war die 7-7-7-Regel bis 1984 gültig. Erst im Zuge der allgemeinen Deregulierungspolitik hat auch die FCC ihre Haltung geändert. Unter ihrem heutigen Vorsitzenden Marc Fowler wurde die Obergrenze für Rundfunkstationen auf jeweils 12 (Mittelwellen-, UKW-, Fernsehsender) heraufgesetzt, hauptsächlich mit der Begründung, die Rundfunkindustrie habe sich seit 1953 so verändert, daß die jeweiligen Obergrenzen nicht mehr zeitgemäß gewesen seien.[156] Neu eingeführt wurde zusätzlich allerdings eine Marktanteilsobergrenze im Fernsehbereich. Mehr als 25 % aller Fernsehhaushalte in den USA dürfen von keiner Unternehmenseinheit erreicht werden.[157]

Ein etwas anderer Versuch, die Konzentration auf nationaler Ebene zu begrenzen, war die „Top 50 Market Policy" aus dem Jahre 1965, aus der allerdings nie eine formelle Regelung wurde. Nach diesem äußerst umstrittenen Vorschlag[158] durfte ein Unternehmen nicht mehr als 3 Fernsehstatio-

---

149 6 Fed. Reg. 2284 (1941).

150 9 Fed. Reg. 5442 (1944).

151 Sherwod B. Brunton, 11 F.C.C. 407, 412-413 (1946).

152 Docket No. 8967 18 F.C.C. 288 (1953), aff'd United States v. Storer Broadcasting Co., 351 U.S. 192 (1956).

153 Docket No. 10822, 43 F.C.C. 2797 (1954).

154 Vgl. Howard, 27 Fed. Com. B.J., 8 (1974); Wirth, 60 Den. L.J., 77 mwN (1974).

155 Vgl. Broadcasting, Nov. 5, 1984, S. 42.

156 Vgl. King, 14 Golden Gate U.L. Rev., 401. Ab 1990 sollen alle Obergrenzen ganz wegfallen, vgl. Broadcasting, July 30, 1984, S. 27.

157 Amendment of § 73.3 555 of the Commission's Rules Relating to Multiple Ownership, 56 R.R. 2d 859 (1984).

158 Vgl. hierzu Coffey, 31 Fed. Com. L.J., 303 (1979).

nen in den 50 größten Zuschauermärkten der USA kontrollieren.[159] Der Vorschlag wurde jedoch 1979 wieder zurückgezogen.[160]

(2) Lokale Regelungen

Von der 12-12-12-Regelung, die die Eigentumsstrukturen des nationalen Rundfunkmarktes betreffen, sind die Verordnungen der FCC zu unterscheiden, die sich auf das Mehrfacheigentum von Rundfunkstationen innerhalb eines lokalen bzw. regionalen Marktes beziehen.[161] Diese Regelungen wurden im Zuge der allgemeinen Deregulierungspolitik nicht in Frage gestellt.

Die erste diesbezügliche Verordnung erging 1940 und untersagte das Mehrfacheigentum an UKW-Sendestationen in einem Markt, d. h. wenn die Sender weitgehend dasselbe Sendegebiet abdeckten.[162] 1941 wurde der Besitz von mehr als einem kommerziellen Fernsehsender in einem lokalen Markt untersagt,[163] und 1943 folgte eine entsprechende Verordnung für mehr als einen Mittelwellensender.[164]

Der Konzentrationsprozeß in den lokalen Märkten ging jedoch weiter, weshalb die FCC schließlich auf Druck des DoJ den First Report & Order 1970 erließt.[165] Darin wurde festgeschrieben, daß für die Zukunft Mehrfachbesitz an unterschiedlichen Sendeeinrichtungen untersagt ist („one-to-a-market" rule). Dies bedeutete, daß keine neue Lizenz erteilt werden würde für Hörfunk- oder Fernsehstationen in Gebieten, in denen der Antragsteller bereits einen oder mehrere Sender kontrollierte. Bereits bestehende Kombinationen zwischen Mittelwellen-, UKW- und Fernsehsendern wurden durch diese Regelung allerdings nicht betroffen. Eine Entflechtungsanordnung gab es nicht, jedoch durften solche Kombinationen zukünftig nicht mehr gemeinsam verkauft werden.[166]

Da auch diese Regelung nicht an unterschiedliche Größen der Märkte anknüpfte, wurden später für kleinere Märkte Ausnahmegenehmigungen bewilligt.

---

[159] Amendment of § 73.636 (a) of the Commission's Rules Relating to Multiple Ownership of Television Broadcast Stations, Notice of Proposed Rulemaking and Memorandum Opinion & Order, 5 R.R. 2d 1609 (1965). Die 50 größten Märkte umfaßten 67 % des gesamten Fernsehpublikums.

[160] 75 F.C.C. 2d 585 (1979).

[161] Im dt. Schrifttum hierzu Kübler, S. 33 ff.

[162] Duopoly Rule, 5 Fed. Reg. 2382, 2384 (1940).

[163] Duopoly Rule, 6 Fed. Reg. 2284, 2285 (1941).

[164] Duopoly Rule, 8 Fed. Reg. 16065 (1943).

[165] In the Matter of Amendment of Section 73.35, 73.240, and 73.636 of the Commission Rules Related to Multiple Ownership of Standard, FM, and Television Stations (Docket No. 18110), 22 F.C.C. 2d, 306 (1970).

[166] Vgl. Phillips, 24 Emory L.J., 1133 (1975).

a) Die cross-ownership-Frage (lokale Verflechtung von Presse und Rundfunk) — Entstehungsgeschichte, Entscheidungspraxis

Schon seit langem beschäftigte sich die FCC ebenfalls mit der Frage, ob Zeitungsverlage Rundfunksender am selben Ort betreiben können sollten.[167] Es kam jedoch zunächst nicht zu einem formellen Erlaß allgemeiner Regeln hierzu. Vielmehr wollte sich die FCC das Recht vorbehalten, in jedem einzelnen Fall einer beabsichtigten Beteiligung von Tageszeitungen an lokalen Rundfunkeinrichtungen „concentration of control in the hands of the few to the exclusion of the many who may be equally well qualified to render such public service as required of a licensee" verhindern zu können.[168]

Im allgemeinen erteilte die FCC jedoch lokalen Zeitungsverlagen eine Rundfunklizenz dann, wenn die folgenden Voraussetzungen erfüllt waren:[169]

— Die einzelnen multiple ownership rules mußten erfüllt sein.
— Es durfte nicht nachweisbar sein, daß mißbräuchliche Verhaltensweisen als Folge der Kombination wahrscheinlich waren.
— Aus der Kombination durfte sich keine Monopolstellung ergeben.
— Andere qualifizierte Bewerber, die bisher nicht im Mediengeschäft engagiert waren, durften für dieselbe Frequenz und dieselbe Sendezeit nicht ebenfalls eine Lizenz beantragt haben.

Auf diese Weise konnten lokale oder regionale Tageszeitungen problemlos dann eine Sendelizenz erhalten, wenn für eine zu vergebende Frequenz keine anderen qualifizierten Bewerber zur Verfügung standen. Meist wurde in diesen Fällen noch nicht einmal ein Anhörungsverfahren durchgeführt. Anders dagegen in den Fällen, in denen mehrere Bewerber für eine Sendelizenz in Betracht kamen. Hier kam es zu comparative hearings und oft wurden Bewerber, die nicht schon in anderen Medien engagiert waren, bevorzugt.[170]

---

[167] Vgl. Firestone in FTC, S. 380 ff.; Newspaper Ownership of Radio Stations, Notice of Proposed Rulemaking, 6 Fed. Reg. 1580, 3302 (1940) — hierzu auch Note, 75 Mich. L. Rev., 1708, 1723 (1977) mwN; Franklin, S. 727; im dt. Schrifttum vgl. auch Schmitz, Media Perspektiven 1984, 509, 512 ff.; Die überregionale Verflechtung von Presse und Rundfunk hat die FCC nicht als Regelungsproblem definiert, vgl. Kübler, S. 31 ff., 38 f.; eine im Jahre 1969 begonnene Untersuchung endete mit der Entscheidung, keine formelle Regelung zu erlassen, vgl. Hoffmann-Riem, AöR 110 (1985), 550.

[168] Newspaper Ownership of Radio Stations, 9 Fed. Reg. 702-03 (1944), bei Firestone in FTC, S. 381; Crown, Ann. Surv. Am. L., 345 (1979).

[169] Vgl. hierzu und zum folgenden Firestone in FTC, S. 381.

[170] Firestone zählt die Entscheidungen vor 1945 auf. So wurden in ca. 75% aller Fälle in diesem Zeitraum die Lizenz an die Bewerber gegeben, die nicht bereits im lokalen Zeitungsgewerbe engagiert waren.

Die verschiedenen Beurteilungskriterien der FCC führten in den Lizenzvergabeverfahren immer wieder zu Zielkonflikten, die eine Gewichtung der Kriterien notwendig machte und die von den Antragstellern häufig als willkürlich empfunden wurde. Auf der einen Seite besaßen die örtlichen Zeitungsverlage meist den von der FCC immer wieder geforderten Bezug zur örtlichen Gemeinschaft, verfügten über journalistische Erfahrungen und erfüllten meist auch die finanziellen Anforderungen. Auf der anderen Seite widersprachen die Medienkonzentrationen dem aus dem First Amendment und dem Communications Act von 1934 abgeleiteten Regelungsziel einer möglichst breit gestreuten Meinungs- und Informationsvielfalt gerade auf lokaler Ebene. Da die Gewichtung nach den Umständen des jeweiligen Einzelfalles immer wieder anders ausfallen konnte, waren die am Ende der Anhörungsverfahren stehenden Entscheidungen der FCC meist schwer vorhersehbar. Auch die allgemeinen Richtlinien, die 1965 in dem „Policy Statement on Comparative Broadcast Hearings"[171] veröffentlicht wurden, brachten keine große Klarheit. Die FCC hob darin lediglich noch einmal ihre beiden grundsätzlichen Lizenzierungskriterien hervor, nämlich den „best practicable service to the public" einerseits und „diversification" der Massenkommunikationsmittel andererseits.[172] Besonders problematisch waren auch die Lizenzerneuerungsverfahren. So gab es Fälle, in denen dem bisherigen Lizenzinhaber, der gleichzeitig an einer örtlichen Tageszeitung beteiligt war, die Erneuerung der Lizenz mit der Begründung verweigert wurde, daß es dem öffentlichen Interesse eher entspreche, wenn zwischen den lokalen Medien mehr Eigentümervielfalt bestehen würde.[173]

b) Die cross-ownership rule

Trotz solcher Entscheidungen nahmen die Verflechtungen zwischen lokalen Tageszeitungen und Rundfunkstationen weiter zu. Die FCC sah sich schließlich gezwungen, dieser Entwicklung durch allgemeinverbindliche Vorschriften zu begegnen. Gleichzeitig mit der Verabschiedung des First Report & Order im Jahre 1970[174] veröffentlichte die FCC schließlich die „Further Notice of Proposed Rulemaking",[175] ein Regelungsvorschlag, der das Thema der Tageszeitung-Rundfunk cross-ownership aufgriff, die Entflechtung aller bestehenden lokalen Kombinationen vorsah und für die

[171] 1 F.C.C. 2d 393 (1965).

[172] Vgl. Firestone in FTC, S. 381.

[173] WHDH, Inc, 16 F.C.C. 2d 1 (1969), aff'd sub. nom. Greater Boston Television Corp. v. FCC, 444 F. 2d 841 (D.C. Cir. 1970), cert. denied 403 U.S. 923 (1971); Firestone in FTC, S. 381 mwN.

[174] s. oben im Text S. 138 und Anm. 165.

[175] 22 F.C.C. 2d 339 (1970).

Zukunft die Gründung solcher Tageszeitung-Hörfunk- bzw. Tageszeitung-Fernseh-Kombinationen untersagte. Die FCC stellte hierzu fest: „It has now become clear that the most significant aspect of the (concentration) problem is the common control of television stations and newspapers of general circulation ... The public looks primarily to these two sources for its news and information on public affairs."[176]

Es vergingen jedoch weitere fünf Jahre, bis sich die FCC schließlich nach kontrovers geführter Diskussion zur Verabschiedung ihrer endgültigen cross-ownership rule durchringen konnte. In dem „Second Report & Order"[177] blieben allerdings entgegen der ursprünglich vorgesehenen Entflechtung aller bestehenden Tageszeitung-Rundfunk-Kombinationen die meisten dieser Verflechtungen unangetastet (grandfathering). Lediglich in den Fällen, in denen ein Eigentümer die einzige Tageszeitung und den einzigen Fernseh- oder Radiosender am Ort kontrollierte, wurde eine Entflechtung innerhalb von fünf Jahren angeordnet. Dies betraf nur 7 Tageszeitung-Fernseh- und nur 9 Tageszeitung-Radio-Kombinationen von insgesamt 79 bestehenden Verflechtungen. Für die Zukunft sollten jedoch solche Kombinationen nicht mehr erlaubt sein. Dies hatte zur Folge, daß die Bestandteile einer solchen Kombination nicht mehr zusammen an eine Person übertragen werden durften. Eine Rundfunklizenz wurde nicht mehr an den Besitzer einer lokalen Tageszeitung erteilt. Wenn der Inhaber eines Rundfunksenders sich an einer Tageszeitung an dem Ort beteiligte, für den er eine Sendelizenz besaß, mußte er seine Beteiligung an dem Rundfunksender innerhalb eines Jahres aufgeben.[178]

Die FCC erhoffte sich von dieser Verordnung in erster Linie mehr lokale Medien- und Meinungsvielfalt. Kritisiert wurde die Regelung jedoch insbesondere deshalb, weil sie 90 % der schon bestehenden Kombinationen unangetastet ließ und diesen daher einen erheblichen Wettbewerbsvorteil vor aktuellen und potentiellen Konkurrenten verschaffte. „A rule that began as a sword to force divestiture ended up as a shield to existing cross-owners", mit der Folge, daß lokale Medienvielfalt auch heute nur in beschränktem Umfang in den USA Wirklichkeit ist.[179]

Es bleibt darauf hinzuweisen — und dies dürfte insbesondere für die deutsche Diskussion interessant sein —, daß die lokale cross-ownership rule

---

[176] 22 F.C.C. 2d 344 (1970), zit. bei Firestone in FTC, S. 382.

[177] Docket No. 18110, 50 F.C.C. 2d 1046 (1974), reconsidered 53 F.C.C. 2d 589 (1975) = C.F.R. 47 §§ 73.35, 73.240, 73.636 (1979); rev'd sub nom. National Citizens Committee for Broadcasting v. FCC, 555 F. 2d 938 (D.C. Cir. 1977), rev'd FCC v. NCCB, 436 U.S. 775 (1978).

[178] Vgl. Crown, Ann. Surv. Am. L., 345 (1979) mwN in Anm. 14; s. noch Ginsburg, S. 231 f. (Zusammenfassung); im dt. Schrifttum hierzu auch Kübler, S. 35.

[179] Vgl. Firestone in FTC, S. 384; Halefeldt, Media Perspektiven 1985, 644 ff.

trotz ihrer im einzelnen umstrittenen Plausibilität von der Deregulierungspolitik nicht betroffen ist und nach wie vor Gültigkeit besitzt.[180]

VII. Zur Rolle der Gerichte

Neben den administrative agencies haben die amerikanischen Gerichte wesentlichen Einfluß auf die Entwicklung der Marktstrukturen in den Medienmärkten genommen. Im Anwendungsbereich des allgemeinen Antitrustrechts gilt dies aufgrund des Umstandes, daß das amerikanische Kartellrecht überwiegend generalklauselartig formuliert ist und von den Gerichten in zahlreichen Entscheidungen im einzelnen konkretisiert wurde. Im Medien- und speziell im Rundfunkbereich gilt dies aufgrund der Zuständigkeit, die den Gerichten bei der Überprüfung der Entscheidungen der FCC zukommt. Im folgenden soll die Haltung des Gerichts insbesondere zu den Fragen der cross-ownership kurz dargestellt werden.

Da die FCC ihren Sitz in Washington D.C. hat, ist für die gerichtliche Überprüfung ihrer Entscheidungen in den meisten Fällen der Court of Appeals for the District of Columbia zuständig. Neben den Entscheidungen dieses Gerichts sind vor allem die Entscheidungen des U.S. Supreme Court für die Entwicklung der Medienstruktur in den USA verantwortlich. Vorweg kann generell gesagt werden, daß die Gerichte in den meisten Fällen die Bemühungen der FCC unterstützten, eine zu starke Konzentration im Medienbereich zu verhindern.

1. Die Haltung des Court of Appeals for the District of Columbia

Die Mehrzahl der gerichtlich zu überprüfenden FCC-Entscheidungen gelangt vor dieses Gericht.[181] Von ihm wurde immer wieder betont, daß die FCC einen relativ weitreichenden Entscheidungsspielraum habe. So begrenzte es selbst seine Rolle hinsichtlich seiner Überprüfungsbefugnis von FCC-Entscheidungen, die die Lizenzierung von Rundfunkstationen betrafen, auf die formelle Rechtmäßigkeit des Verfahrens.[182]

---

[180] C.F.R. 47 §§ 73.35, 73.240, 73.636 (1982). — Auch in Kanada wird bis heute grundsätzlich darauf geachtet, daß lokale Tageszeitungen und Rundfunkeinrichtungen nicht unter gemeinsames Eigentum oder Kontrolle kommen; Ausnahmegenehmigungen sind möglich, vgl. Townsend, 33 U.N.B.L.J., 261, 265 (1984); Litvak/Maule, 28 Antitrust Bull., 461 (1983).

[181] Zur Zuständigkeit auch anderer United States Circuit Courts of Appeals s. die Zuständigkeitsregelung in Sec. 402 (a) und (b) des Communications Act 1934, 47 U.S.C.A. § 402 (a) (1982), § 402 (b) (1970), 28 U.S.C.A. § 2341 et seq.

[182] Vgl. hierzu Phillips, 24 Emory L.J., 1126 f. (1975).

Bei der Überprüfung von Lizenzvergabeentscheidungen spielte das Kriterium „Vielfalt" (diversification) im Zusammenhang mit dem „public interest" eine besondere Rolle. Das Gericht unterstützte dabei das Anliegen der FCC, die Kontrolle von Massenkommunikationsmitteln in möglichst viele verschiedene Hände zu legen.[183] Es gab sogar Fälle, in denen der Court in seinen Anforderungen an die Eigentümervielfalt noch über die Entscheidung der FCC hinausging. So hob er beispielsweise in der Lizenzverlängerungsentscheidung Central Florida Enterprises v. FCC[184] das Votum der FCC, in dem dem bisherigen Lizenzinhaber der Vorzug vor einem neuen Bewerber gegeben worden war, u. a. mit der Begründung auf, der Newcomer könne die Vielfalt fördern.[185]

Aus denselben Gründen bestätigte der Court auch immer wieder die Regelungsbefugnis der FCC hinsichtlich der zahlenmäßigen Beschränkung von Mehrfacheigentum in den Medienmärkten.[186]

Auch in der umstrittenen Frage, ob Zeitungsverleger von einer Beteiligung an einer Rundfunkstation am selben Ort dann ausgeschlossen sein sollten, wenn andere qualifizierte Bewerber zur Verfügung standen, unterstützte der Court die Haltung der FCC.[187] Wie bereits in der Entscheidung Scripps-Howard Radio v. FCC[188] sprach er sich für mehr Vielfalt aus und betonte: „In considering the public interest the Commission is well within the law when, in choosing between two applicants, it attaches significance to the fact that one, in contrast to the other, is dissociated from existing media of mass communication in the area affected."[189]

Die stark an wettbewerblichen Zielen orientierte Grundhaltung des Court wird besonders in dem Fall FCC v. NCCB deutlich, in dem es um die Überprüfung der cross-ownership rule der FCC ging. Die amerikanischen Zeitungsverleger und mehrere Rundfunkveranstalter hatten vorgetragen, daß das Verbot zukünftiger Tageszeitung-Rundfunk-Kombinationen einer rationalen Grundlage entbehre. Das DoJ und das NCCB dagegen argumentierten, die FCC hätte sämtliche bestehenden Kombinationen dieser Art entflechten müssen. Der Court of Appeals bestätigte nicht nur das zukünftige Verbot solcher Kombinationen,[190] sondern ordnete über die Entflech-

---

[183] Vgl. ders., a.a.O., 1127 mwN.

[184] 598 F. 2d 37 (D.C. Cir. 1978).

[185] a.a.O., S. 54; zu ähnlichen Fällen s. die Nw. bei Phillips, 24 Emory L.J., 1128 (1975).

[186] So z. B. in NCCB v. FCC, 555 F. 2d 951, 952 (D.C. Cir. 1977).

[187] Vgl. McClatchy Broadcasting Co. v. FCC, 239 F. 2d 15 (D.C. Cir. 1956), cert. denied, 353 U.S. 918 (1957).

[188] 189 F 2d 677, 683 (D.C. Cir. 1951).

[189] a.a.O. (Anm. 187), S. 18, zit. bei Phillips, 24 Emory L.J., 1135 (1975).

[190] NCCB v. FCC, 555 F. 2d 938, 947, 948 (D.C. Cir. 1977).

tungsanordnung der FCC hinaus eine generelle Entflechtung sämtlicher Tageszeitung-Rundfunk-Kombinationen am gleichen Ort an mit Ausnahme der Fälle, „where the evidence clearly discloses that cross-ownership is in the public interest".[191] Denn er war der Ansicht, daß die bestehenden Tageszeitung-Rundfunk-Kombinationen grundsätzlich gegen das öffentliche Interesse verstießen.

2. *Haltung des United States Supreme Court*

Bereits 1945 hatte der Supreme Court in dem berühmten Verfahren Associated Press v. United States[192] die Anwendbarkeit der Antitrustgesetze im Pressebereich in Übereinstimmung mit dem First Amendment für geboten erklärt.[193] Auch im Rundfunkbereich sollte dies gelten.[194] In diesem Sinne unterstützte der Supreme Court die FCC bei deren Bemühen, im Rahmen der Sendelizenzvergabe antitrustrechtliche Prinzipien zu berücksichtigen.[195]

Der Supreme Court bestätigte auch die Regelungsbefugnis der FCC hinsichtlich einer Limitierung von Mehrfacheigentum an Sendestationen. Auch wenn eine diesbezügliche Regelungsbefugnis nicht ausdrücklich im Communications Act von 1934 vorgesehen sei, wurde die von der FCC vorgenommene Interpretation als mit dem öffentlichen Interesse vereinbar erachtet.[196] Konsequenterweise billigte der Supreme Court bei der Überprüfung der multiple ownership rules aus dem Jahre 1954[197] der FCC eine diesbezügliche Regelungsbefugnis zu, um die Öffentlichkeit vor übermäßiger Konzentration von Kontrolle über die Medien zu schützen.[198]

Im Vordergrund all dieser Entscheidungen stand jedoch in erster Linie die Sorge vor den publizistischen Wirkungen einer weiteren Zunahme der Konzentration im Medienbereich: „The result of these vast changes has been to place in a few hands the power to inform the American people and shape public opinion."[199]

---

[191] a.a.O., 966.

[192] 326 U.S. 1 (1945).

[193] s. oben im Text S. 101.

[194] Red Lion Broadcasting Co. v. FCC, 395 U.S. 367, 390 (1969).

[195] United States v. RCA, 358 U.S. 334, 350 (1959).

[196] National Broadcasting Co. v. United States, 319 U.S. 190, 219, 220 (1943).

[197] Zu diesen s. oben im Text S. 136.

[198] United States v. Storer Broadcasting Co., 351 U.S. 192, 201 (1956); zur Befugnis, formelle Verordnungen zu verabschieden, vgl. auch NCCB v. FCC, 436 U.S. 775, 793-96, 800 (1978).

[199] Miami Herald Publishing Co. v. Tornillo, 418 U.S. 241, 249-50 (1974); vgl. Phillips, 24 Emory L.J., 1155 mwN; Roach, 9 Mem. St. U.L. Rev., 262 (1979).

Bei der Beurteilung lokaler Medienverflechtung zwischen Tageszeitungen und Rundfunksendern stimmte der Supreme Court zwar grundsätzlich mit der FCC und dem Court of Appeals for the District of Columbia überein, setzte allerdings die Schwerpunkte hinsichtlich der negativen Wirkungen etwas anders als das Distriktgericht. Anläßlich der Überprüfung der cross-ownership rules bestätigte der Supreme Court zwar das zukünftige Verbot von lokalen Tageszeitung-Rundfunksender-Kombinationen, lehnte aber eine über die FCC-Regelung hinausgehende Entflechtung aller bestehenden Kombinationen, wie sie der Court of Appeals angeordnet hatte, ab. Die Gründe dafür, bestehende Kombinationen weitgehend unangetastet zu lassen, waren folgende:[200]

— Die Stabilität für die bestehenden Medienleistungsangebote sollte im öffentlichen Interesse erhalten bleiben.
— Lokale Eigentumsverhältnisse an den Rundfunksendern sollten aufrechterhalten bleiben (Ziel der lokalen Verankerung).
— Auf den Rundfunkmärkten, auf denen Rundfunkunternehmen frei übertragen werden können, sollte keine Rechtsunsicherheit auftreten, was insbesondere wegen des hohen Kapitalbedarfs in diesem Bereich als notwendig erachtet wurde.
— Zugunsten von Kontinuität und Stabilität, die für die Aufrechterhaltung der Qualität der Rundfunkversorgung im öffentlichen Interesse notwendig sei, wurde das Argument der Eigentümervielfalt hintan gestellt. Experimente mit „Entflechtungsabenteuern" sollten aus Sorge um die Folgen für die Rundfunkleistungen vermieden werden.

VIII. Zur Haltung des amerikanischen Kongresses[201]

Seit Entstehung der Kommunikationsindustrie warnte der Kongreß vor der Herausbildung von Monopolen im Medienbereich. Von Anfang an drängte er daher die FCC, allgemeine Regeln zur Konzentrationsbegrenzung zu verabschieden, da die Antitrustgesetze hierfür nicht ausreichten. Insbesondere im Rundfunkbereich sollten solch monopolistische Marktstrukturen, wie sie im Tageszeitungsbereich bestanden, verhindert werden. Diese Haltung hat der Kongreß bis heute beibehalten. So setzte er bei der Verabschiedung der 12-12-12-Regelung durch die FCC durch, daß ein Fernsehunternehmen nicht mehr als 25 % aller Fernsehhaushalte der USA erreichen dürfe.[202]

[200] NCCB v. FCC, 436 U.S. 775, 804 ff. (1978); vgl. auch Crown, Ann. Surv. Am. L., 350 f. (1979); Firestone in FTC, S. 387.

[201] Vgl. hierzu Wirth, 60 Den. L.J., 90 (1982).

[202] s. oben im Text S. 137. Dies war im übrigen eine alte Forderung, s. Sen. Bricker's Bill aus dem Jahre 1956, Nw. bei Wirth, a.a.O. (Anm. 201), S. 90 Anm. 88.

IX. Neuere Entwicklung — Deregulierung im Medienbereich

Obwohl die Anweisung des amerikanischen Präsidenten an alle Verwaltungsbehörden, sämtliche überflüssigen Verwaltungsvorschriften aufzuheben, die FCC als unabhängige Behörde nicht betraf, machte sie sich diese Grundsätze zu eigen.[203] In allen Rundfunkbereichen setzt man inzwischen weitgehend auf Marktkräfte. Die Obergrenze für Rundfunkeigentum und -kontrolle wurde von jeweils 7 Mittelwellen-, UKW- und Fernsehstationen auf jeweils 12 solche Stationen heraufgesetzt und soll ab 1990 ganz abgeschafft werden. Außerdem wurden die Höchstgrenzen für Werbesendezeiten aufgehoben mit dem Argument, die Kräfte des Marktes würden in Form von Zuhörerpräferenzen den Umfang der Werbung im Sinne des „public interest" regulieren.[204] Die FCC begründete die Änderung ihrer Politik damit, daß sich die technischen Voraussetzungen für die Veranstaltung von Rundfunk erheblich geändert hätten. Durch eine größere Anzahl von Rundfunkstationen und durch andere Medien wie Video, Kabel-TV, Abonnement-TV und dergleichen sei mehr Wettbewerb möglich, der die Verhaltensspielräume der Unternehmen begrenze und staatliche Regulierungen überflüssig mache. Lediglich für bestimmte Programme (Kinder-, Nachrichten- und dgl.) seien Regelungen notwendig.[205]

Darüber hinaus wurden die Veräußerungsmöglichkeiten für Rundfunkeigentumsanteile liberalisiert und die Lizenzierungsverfahren vereinfacht.

Mit dieser Deregulierungspolitik kommt zur Sicherung wettbewerblicher Strukturen in den Medienmärkten denjenigen Institutionen zunehmend Bedeutung zu, die den wirtschaftlichen Wettbewerb sichern helfen sollen, also der FTC und dem DoJ.[206] Diese können sich hierbei jedoch nur auf das Instrumentarium der traditionellen Antitrustgesetze stützen, das sich im Medienbereich als weitgehend ineffektiv erwiesen hat. Da darüber hinaus mittlerweile bei der Anwendung der Fusionskontrollvorschriften auch Aspekte ökonomischer Effizienzsteigerung berücksichtigungsfähig sind,[207] ist eine effektive Zusammenschlußkontrolle im Medienbereich für die nächste Zeit in den USA nicht zu erwarten. Vielmehr zeichnet sich eine neuerliche nachhaltige Konzentrationswelle ab, die bestätigt, daß Medienunternehmen als außerordentlich gewinnträchtige Anlageobjekte anerkannt sind.[208]

---

[203] Deregulation of Radio, Notice of Inquiry and Proposed Rule-Making, 73 F.C.C. 2d 459, para 3 und 4; vgl. auch Sangster, Comm/Ent L.J. Bd. 6 1983/84, S. 907.

[204] Vgl. Sangster, a.a.O., S. 909 mwN.

[205] Vgl. Fowler, 6 Comm. & L., 23 f. (1984).

[206] Vgl. King, 14 Golden Gate U.L. Rev., 402 (1984) mwN.

[207] Vgl. Merger Guidelines 1984; hierzu Mueller, WuW 1986, 534 f., 538.

[208] Zu den vielfältigen Zusammenschlußaktivitäten in der amerikanischen Me-

Wesentlich und — insbesondere für die deutsche Diskussion — daran zu erinnern ist jedoch, daß die lokalen multiple und cross-ownership Regelungen nicht Gegenstand von Deregulierungsbestrebungen waren.[209] Die Plausibilität dieser Regelungen ist insofern gesichert, als die wettbewerblich eigentlich relevante Ebene die lokale ist und es genügt, wenn in diesen Märkten wettbewerbliche Strukturen gesichert werden.[210]

X. Ergebnis

Ähnlich wie bei Pressezusammenschlüssen gilt auch bei intermediären Zusammenschlüssen zwischen Rundfunkunternehmen und Tageszeitungen, daß die Antitrustgesetze, insbesondere auch Section 7 Clayton Act, kaum effektiv greifen können. Da die wettbewerblich relevante Ebene auch im Rundfunkbereich vorwiegend die lokale ist, sind substantielle Wettbewerbsminderungen durch Zusammenschlüsse zwischen Medienunternehmen, die in verschiedenen geographischen Verbreitungsgebieten tätig sind, kaum nachweisbar. Hinzu kommt, daß die originäre Erteilung einer Rundfunksendelizenz keinen Zusammenschlußtatbestand erfüllt.

Aus diesen Gründen erweisen sich rundfunkrechtliche Verflechtungs- und Konzentrationsbeschränkungen als erheblich effektiver. Insbesondere insofern, als sie Mehrfacheigentum an verschiedenen Medieneinrichtungen in ein und demselben geographisch relevanten Markt begrenzen, erscheinen sie auch weitgehend plausibel. Denn von lokaler cross-ownership gehen strukturbedingt zumindest Gefährdungen des ökonomischen und publizistischen Wettbewerbs aus, auch wenn diese quantitativ nur schwer meßbar sind. Den rundfunkrechtlichen Regelungen wird daher in Anbetracht ihrer größeren Effizienz auch in Zukunft die entscheidendere Bedeutung bei der Sicherung wettbewerblicher Strukturen in den lokalen Medienmärkten zukommen. Dagegen wird im Hinblick auf die landesweite Konzentration und Verflechtung wegen des zukünftigen weitgehenden Wegfalls diesbezüglicher rundfunkrechtlicher Kontrollregelungen den allgemeinen Antitrustgesetzen eine größere Funktion beizumessen sein. Eine effektivere Zusammenschlußkontrolle ist allerdings angesichts der Ungeeignetheit des gesetzlichen Instrumentariums für den Medienbereich nicht zu erwarten.

Was sich aus all dem für die deutsche Diskussion zur Fusionskontrolle im Medienbereich ableiten läßt, soll im folgenden untersucht werden.

---

dienindustrie vgl. Ridder-Aab, Media Perspektiven 1985, 369 ff.; auch Steckmeister, WuW 1986, 357.

[209] Vgl. Hoffmann-Riem, AöR 110 (1985), 550; Broadcasting, Jul. 30, 1984, S. 28; s. auch oben im Text S. 138, 140 f.

[210] Vgl. King, 14 Golden Gate U.L. Rev., 407 f. (1984) mwN.

Dritter Teil

Die Fusionskontrolle im intermediären Bereich

A. Zunehmende Verflechtungen mit Konzentrationstendenzen im Medienbereich

Die bundesdeutschen Medienmärkte sind in Bewegung geraten. In keinem anderen Sektor des Dienstleistungsgewerbes sind die Aktivitäten auf dem Markt für Unternehmensbeteiligungen augenblicklich so groß wie im Bereich der Verlags- und Medienunternehmen.[1] Es zeichnet sich hier offensichtlich der Beginn einer Entwicklung ab, die in den USA bereits sehr viel weiter fortgeschritten ist.[2] Die multimediale Verflechtung nimmt zu. Im folgenden soll deshalb der Frage nachgegangen werden, welche Funktion dem fusionskontrollrechtlichen Instrumentarium des GWB in Anbetracht dieser Entwicklung zukommt.

„Medienverflechtung bezeichnet die zumindest teilweise wirtschaftliche Integrierung technischer und organisatorisch unterschiedlich fungierender Ausdrucks- und Übertragungsmittel der Massenkommunikation: an die Stelle der ökonomischen und/oder publizistischen Konkurrenz tritt die von den vertrags- oder gesellschaftsrechtlich zusammengefaßten Eigentümerbefugnissen ausgehende Koordination der unternehmerischen Entscheidungen."[3] Medienverflechtung in diesem Sinne ist zumindest dann Erscheinungsform von Medienkonzentration, wenn sie durch externes Unternehmenswachstum vollzogen wird. Internes Unternehmenswachstum bzw. Unternehmensdiversifizierung in unterschiedlichen Mediengattungen — z. B. Ausdehnen der Presse in den Rundfunkbereich hinein — erhöht zunächst nicht den Konzentrationsgrad der Unternehmen. Diese Trennung der Begriffe ist für die Fusionskontrolle wichtig.[4]

---

[1] So der „Wuppert-Report 1985", vgl. ZV+ZV Nr. 27 vom 30.6.86, S. 17; hierzu auch Groß, Medienlandschaft.

[2] s. hierzu oben im Text S. 112.

[3] Kübler, Medienverflechtung, S. 17.

[4] Zu den Begriffen vgl. auch Lerche, Presse, S. 46.

Die Erscheinungsformen von Medienkonzentration sind vielfältig. Bis vor wenigen Jahren bildeten vor allem die Pressefusionen den alleinigen Schwerpunkt von Unternehmenszusammenschlüssen in diesem Bereich. Bedeutung kam daneben den Bestrebungen der Verlagsunternehmen zu, technisch und wirtschaftlich in Verbindung stehende unternehmerische Tätigkeiten zu integrieren.[5] Verbindungen zwischen Zeitschriften-, Zeitungs-, Buchverlags- und Druckunternehmen sind häufig.[6]

Aktuelle und besondere Bedeutung kommt jedoch den Bestrebungen der Verlagsunternehmen zu, sich an den sog. neuen Medien zu beteiligen. Es zeichnet sich hier die „Tendenz zur Bildung von Verbundunternehmen ab, welche die verschiedenen Märkte der Kommunikationsmittel zusammenfassen".[7] Isolierte Pressezusammenschlüsse werden in Zukunft seltener werden. Impliziert sein werden zunehmend die Wettbewerbsbeziehungen zu den Rundfunkmärkten.[8] Den fusionskontrollrechtlichen Fragen, die sich im Zusammenhang hiermit stellen, wird in diesem Teil nachgegangen. Der Schwerpunkt wird dabei auf die Verflechtung von Presseverlagen und privatrechtlichen Rundfunkunternehmen gelegt. Besondere Aufmerksamkeit wird dem intermediären Wettbewerb im lokalen Bereich zu widmen sein, da hier der Konzentrationsprozeß am weitesten fortgeschritten ist.

Schon an dieser Stelle sei darauf hingewiesen, daß die Wirkungen von Medienverflechtung auf den wirtschaftlichen Wettbewerb bei der vorliegenden Untersuchung ganz im Vordergrund stehen. Zu trennen davon sind die Wirkungen auf den publizistischen Wettbewerb. Obwohl zwischen beiden ein enger Zusammenhang besteht, kann Gegenstand fusionskontrollrechtlicher Gesetzesanwendung zunächst nur der wirtschaftliche Wettbewerb sein. Publizistischer Wettbewerb ist eine Kategorie außerwettbewerblicher Ziele im Sinne des GWB[9] und kann vom BKartA bei der Kontrolle von Zusammenschlüssen nicht berücksichtigt werden.[10]

Um den Hintergrund etwas aufzuhellen, der das Anwendungsfeld fusionskontrollrechtlicher Einzelfragen bestimmt, seien hier zunächst kurz die Erscheinungsformen bisheriger Medienverflechtungen im intermediären Bereich skizziert.

[5] Vgl. Mestmäcker, Medienkonzentration, S. 36.

[6] Beispiele: Axel Springer Verlag/Ullstein, Bertelsmann/Gruner & Jahr, von Holtzbrinck/Saarbrücker Zeitung.

[7] Vgl. Mestmäcker, Medienkonzentration, S. 36; gesprochen wird auch von „multimedialer Konzentration", vgl. Wettbewerbsentwicklung, S. 93.

[8] Vgl. z. B. nur jüngst den Zusammenschluß Hamburger Morgenpost — Gruner & Jahr im Hinblick auf die Beteiligungen an „Radio Hamburg", ZV+ZV Nr. 36 vom 1.9.86, S. 2, und Nr. 38 vom 15.9.86, S. 22; BKartA TB 1985/86, S. 91.

[9] Allg. zu diesen vgl. Möschel, Wettbewerbsbeschränkungen, Rn 714.

[10] Zur Ministererlaubnis in diesem Zusammenhang s. unten im Text S. 208.

I. Bisherige Erscheinungsformen intermediärer Verflechtungen[11]

Diese sind mittlerweile in ihrer Vielschichtigkeit nahezu unübersehbar, weshalb exemplarisch nur die wichtigsten Tendenzen genannt werden sollen.

Ganz im Vordergrund steht die Beteiligung von Presseverlagen an den Rundfunkmedien (private Hörfunk- und Fernsehunternehmen). Nahezu sämtliche Verlage und Verlagsgruppen der bundesdeutschen Tagespresse sind ebenso umfangreich und vielfältig an den neuen Medien beteiligt[12] wie die großen Verlage der Publikumszeitschriften.[13] Auch Anzeigenblattverlage versuchen, sich an den Rundfunkmedien zu beteiligen. So stellte beispielsweise der Frankfurter Anzeigenblatt-Verlag „Blitz-Tip" (Aufl. 1,12 Mio. Exemplare) einen Lizenzantrag für privaten Hörfunk in Rheinland-Pfalz.[14]

Zur Veranstaltung kommerziellen Rundfunks haben sich Zeitungs- und Zeitschriftenverlage in unterschiedlichen Formen organisatorisch zusammengeschlossen. Von Bedeutung sind insbesondere:

— Aktuelle Presse — Fernsehen GmbH & Co. KG (APF), ein Zusammenschluß von 165 Zeitungsverlagen (35 % Axel Springer Verlag).

— Arbeitsgemeinschaft ECS I: Beteiligt ist die APF, die Programmgesellschaft für Kabel- und Satellitenrundfunk (PKS), weitere Verlage und einige Banken. Die AG ECS produziert das SAT 1-Programm, das seit 1. Juni 1985 über den Satellit ECS 1 ausgestrahlt wird. Die Zeitungsverleger produzieren die Nachrichtensendungen und die regionalen Fenster.[15]

— Zusammenschluß Bertelsmann (40 %) — RTL Plus (Radio Luxemburg CLT 60 %).[16] Die lokalen Programmfenster werden von der Rhein-Zeitung und der Saarbrücker Zeitung gemacht. An RTL Plus Deutschland ist die WAZ-Gruppe mit 10 %, die FAZ mit 1 % beteiligt.[17]

— Funk und Fernsehen Nordwestdeutschland GmbH & Co. KG (ffn). Gesellschafter sind ca. 50 Zeitungs- und Zeitschriftenverlage. Ihr wurde im Juli 1985 die erste landesweite UKW-Privatsenderlizenz zugeteilt.

— Seit 1. Mai 1986 wird das erste private Hörfunkprogramm für Rheinland-Pfalz gesendet. Die Sendezeiten werden von der „Rheinland-Pfälzischen

[11] Vgl. zu folgendem eingehend Röper, Anbieter, 1986; ders., Media Perspektiven 1986, 281; ders., Media Perspektiven 1985, 120; ders., Media Perspektiven 1985, 24.

[12] Zu den Beteiligungsverhältnissen vgl. Diederichs, Media Perspektiven 1985, 617 ff.; Röper, Media Perspektiven 1986, 289 ff.

[13] Röper, Media Perspektiven 1986, 286 ff.

[14] Vgl. Ridder-Aab, Media Perspektiven 1985, 643 mwN.

[15] Vgl. hierzu auch MK HG V Tz 565.

[16] Vgl. hierzu auch MK HG V Tz 591; BKartA TB 1983/84, S. 105.

[17] ZV+ZV Nr. 39 vom 22.9.86, S. 1.

Rundfunkbetriebsgesellschaft" (RPR, rheinland-pfälzische Zeitungsverlage) und anderen Großverlagen (v. Holtzbrinck, Burda, Bauer) bestritten.[18]

— Seit 1. Juli 1986 sendet in Schleswig-Holstein der erste landesweite kommerzielle Radiosender. Beteiligt sind hieran 16 Zeitungsverlage (darunter der Springer Verlag).
— Inzwischen sind auch an zahlreichen lokalen privaten Rundfunkunternehmen die örtlichen Zeitungsverlage beteiligt. Zusammenschlüsse im Pressebereich wirken sich damit auf den Rundfunkbereich aus.[19]
— Die Bildung von Senderketten, d. h. Zusammenschlüsse zwischen lokalen Rundfunkunternehmen, die in verschiedenen geographischen Märkten senden.[20]
— Neben Verflechtungen zwischen Presseverlagen und privaten Rundfunkunternehmen zeichnen sich Zusammenschlüsse von Medienunternehmen zur gemeinsamen Veranstaltung von Pay-TV ab.[21]
— Die internationalen Verflechtungen nehmen ständig zu.[22]
— An den Kabelpilotprojekten (Dortmund, München, Berlin, Ludwigshafen) sind ebenfalls Zeitungs- und Zeitschriftenverlage beteiligt.[23]

Erwähnt sei hier auch die Beteiligung der Presseunternehmen an den neuen Techniken der elektronischen Textkommunikation.[24] Die medienrechtliche Einordnung dieser Teleschriftformen („Teletexte": Bildschirmtext, Videotext, Kabeltext) ist umstritten.[25] Wenn es im folgenden um „Rundfunk"-Unternehmen geht, ist damit die Veranstaltung von Hörfunk und Fernsehen im Sinne einer planvollen und zeitlich geordneten Abfolge von Ton-

[18] s. AfP 1986, 30.

[19] Beispiel: Zusammenschluß Gruner & Jahr — Hamburger Morgenpost, die beide an „Radio Hamburg" beteiligt sind, s. ZV+ZV Nr. 36 vom 1.9.86, S. 2 und Nr. 38 vom 15.9.86, S. 22.

[20] Vgl. Röper, Media Perspektiven 1985, 526 f., zu Beispielen in Bayern.

[21] Beispiel: Gründung eines Tochterunternehmens zur Veranstaltung von Pay-TV durch die Kirch-Gruppe, Bertelsmann und Springer, vgl. hierzu auch MK HG VI Tz 580 f.; BKartA TB 1985/86, S. 91 f.; TB 1983/84, S. 106; hierzu eingehend auch Salje in Großfeld/Salje, S. 140 ff.

[22] Vgl. Huber/Werner, Media Perspektiven 1985, 32 ff.; Lange, Media Perspektiven 1986, 91 ff.

[23] Hierzu auch MK HG VI Tz 550-554; BKartA TB 1981/82, S .79.

[24] Vgl. hierzu MK HG V Tz 589.

[25] Vgl. Backherms in Großfeld/Salje, S. 88; Bullinger, AfP 1983, 319 r. Sp.; zu den technischen Möglichkeiten und Definitionen der neuen Informations- und Kommunikationsdienste s. Enquête-Kommission 1983, S. 14 ff.; aus verfassungsrechtlicher Sicht fallen alle rundfunkähnlichen Kommunikationsdienste unter die in Art. 5 Abs. 1 Satz 2 GG geschützte Rundfunkfreiheit, vgl. BVerfG vom 24.3.1987, EuGRZ 261, 274 f.

und Bewegtbildprogrammen zu verstehen.[26] Die Teleschriftdienste dagegen sind eine Art „elektronische Presse". Der Rezipient beherrscht den Informationsvorgang insofern, als er den zeitlichen Zugriff auf ausgewählte Einzelinformationen selbst bestimmt.[27] Aus wettbewerblicher Sicht ist zu berücksichtigen, daß bei diesen rundfunkähnlichen Kommunikationsdiensten die Möglichkeit besteht, den Zugang für eine Vielzahl von Direktanbietern bis hin zum einzelnen Bürger offenzuhalten.[28]

In der Praxis des BKartA sind mittlerweile intermediäre Unternehmenszusammenschlüsse immer häufiger Gegenstand fusionskontrollrechtlicher Prüfungsentscheidungen.[29] Obwohl man sich der generellen strukturellen Gefahren für den wirtschaftlichen und publizistischen Wettbewerb bewußt ist, wurde bisher noch kein solcher Zusammenschluß untersagt.

II. Wirkungen intermediärer Verflechtung

Da es solche Sachverhalte in der Bundesrepublik bis vor kurzem nicht gab, können mangels eigener empirischer Erkenntnisse Aussagen hierüber nur auf Spekulationen oder vergleichbaren Erfahrungen aus dem Ausland gründen. Entsprechend umstritten sind die Wirkungen diagonaler Verflechtungen von Presse- und Rundfunkunternehmen auch im deutschen Schrifttum. In zahlreichen Untersuchungen wurde den Vor- und Nachteilen solcher Verflechtungen sowohl für den publizistischen als auch für den wirtschaftlichen Wettbewerb nachgegangen.[30] Für die Einzelheiten ist auf diese Literatur und auf die amerikanische Diskussion[31] zu verweisen. Kurz zusammengefaßt können sich für den publizistischen Wettbewerb Gefährdungen der Meinungs- und Informationsvielfalt durch Vereinheitlichung redaktioneller Inhalte, durch ausschließlich positive Berichterstattung der Medienträger zugunsten konzernverbundener Medienträger (Promotion) bei negativer Berichterstattung über Wettbewerber und durch Unterdrückung von Informa-

[26] Zur Begriffsbestimmung des Rundfunks und rundfunkähnlicher Kommunikationsdienste s. z. B. §§ 1 und 2 LMedienG Bad.-Württ.

[27] Vgl. Begr. LMedienG Bad.-Württ., abgedruckt bei Bullinger/Gödel, S. 79.

[28] Nach den amerikanischen Erfahrungen werden die Teleschriftdienste wohl auch in der Bundesrepublik eine vergleichsweise geringe wettbewerbliche Rolle spielen, vgl. Media Perspektiven 1986, 206, und ZV+ZV Nr. 36 vom 1.9.86, S. 24.

[29] Vgl. BKartA TB 1983/84, S. 104 ff.; TB 1985/86, S. 90 ff.; hierzu auch MK HG V Tz 586 ff., MK HG VI Tz 574 ff.

[30] Vgl. bereits Michel-Bericht, S. 240; Mestmäcker, Medienkonzentration, S. 214; Kübler, S. 92 ff.; Lerche, Presse, S. 36 ff.; Selmer, AfP 1985, 14 ff.; Scholz, AfP 1983, 261; Hoffmann-Riem, AöR 109 (1984), 304 ff.; Börner, S. 13; Witte; MK HG V Tz 575; MK SG 11 Tz 11 ff.

[31] s. hierzu oben im Text S. 117 ff.

tionen ergeben. Insbesondere in lokalen und regionalen Märkten, in denen die Pressekonzentration besonders weit fortgeschritten ist, können durch Verdoppelung von Alleinstellungen in den Rundfunk hinein solche Gefährdungen entstehen. Dies würde die Auflösung des für das bundesdeutsche Medienwesen charakteristischen dualen Systems bzw. der sog. publizistischen Gewaltenteilung, wonach elektronische und gedruckte Medien unabhängig voneinander sind und sich gegenseitig kontrollieren, einleiten.[32]

Ob sich andererseits aus der Verflechtung von Rundfunk und Presse positive Folgen für die publizistische Qualität der redaktionellen Beiträge ergeben, ist nach bisheriger Erfahrung im In- und Ausland eher zweifelhaft.[33]

Mit Blick auf den wirtschaftlichen Wettbewerb wird vor Beschränkungen des Substitutionswettbewerbs durch Steuerung des Anzeigen- und Werbepreiswettbewerbs, vor Verdrängungswettbewerb gegenüber nicht verbundenen Medienunternehmen aufgrund Verbundwerbe- und Kombinationstarifmöglichkeiten, vor einer zusätzlichen Erhöhung von Marktzutrittsschranken und dadurch insgesamt vor einem weiteren Ausbau marktbeherrschender Stellungen im Presse- und Rundfunkbereich gewarnt. Bei Zulassung von lokaler intermediärer Verflechtung werde die Chance nicht genutzt, in die versteinerten lokalen Pressemärkte Wettbewerb zu bringen.[34]

Andererseits können aus ökonomischer Sicht positive Wirkungen wie Effizienzsteigerung durch economies of scale bei Mehrfachnutzung journalistischer Leistungen eintreten. Auch sind wegen des „public good"-Charakters von Medienleistungen bei Vergrößerung der Rezipientenmärkte u. a. Leistungsverbesserungen in Form von niedrigeren Anzeigenpreisen denkbar.

Durch unkontrolliertes Wachstum multimedialer konglomerater Unternehmen drohen irreversible Marktstrukturen zu entstehen, von deren Wirkungen man bisher wenig weiß. Auch wenn die Vor- und Nachteile von Medienverflechtung mangels quantifizierbarer Kriterien kaum übereinstimmend abgewogen werden können, besteht weitgehend Einigkeit in dem Ziel, wettbewerbliche Strukturen zu gewährleisten, um der Entstehung von Meinungsmacht vorzubeugen.[35]

---

[32] Hierzu Ratzke, S. 333; zum „dualen System" im Rundfunk, wonach öffentlich-rechtliche und private Veranstalter gleichzeitig zulässig sind, vgl. BVerfGE 73, 118, 157; BVerfG vom 24.3.1987, EuGRZ 1987, 261, 268 l. Sp.

[33] s. hierzu beispielsweise die neuen Erfahrungen mit dem privaten kommerziellen Radio Schleswig-Holstein (RSH), vgl. Schnibben, Die Zeit, Nr. 33 vom 8.8.1986, S. 52.

[34] Vgl. Möschel, JZ 1984, 501 l. Sp.

[35] Für den Rundfunkbereich vgl. BVerfGE 73, 118, 159 f.; BVerfG vom 24.3.1987, EuGRZ 1987, 261, 270 l. Sp.

Bevor im folgenden geprüft wird, welche Funktion dem fusionskontrollrechtlichen Instrumentarium des GWB bei der Sicherung wettbewerblicher Strukturen im Medienbereich zukommt, soll zuvor auf die diesbezüglichen rundfunkrechtlichen Normen eingegangen werden. Denn diese stecken den Rahmen ab, innerhalb dessen das Wettbewerbsrecht im Rundfunkbereich überhaupt erst zur Anwendung gelangen kann. Das Verhältnis dieser beiden Regelungsansätze zueinander ist deshalb zunächst zu beleuchten.

B. Zu den Rechtsgrundlagen der Rundfunkveranstaltung

I. Von der Alleinstellung der öffentlich-rechtlichen Rundfunkanstalten zur „dualen Ordnung"

Zur Veranstaltung von Rundfunksendungen (Hörfunk und Fernsehen) waren bis vor kurzem ausschließlich die öffentlich-rechtlichen Rundfunkanstalten der einzelnen Bundesländer berechtigt. Rechtsgrundlage hierfür sind die Errichtungsgesetze[1] oder, soweit die Anstalten von mehreren Ländern gemeinsam betrieben werden, die von den beteiligten Ländern abgeschlossenen Staatsverträge. Darüber hinaus werden die verfassungsrechtlichen Rahmenbedingungen des Rundfunksystems durch die Urteile des BVerfG abgesteckt.[2] Alleinstellungen der öffentlich-rechtlichen Rundfunkanstalten wurde mit der Knappheit der zur Verfügung stehenden Sendefrequenzen und dem hohen finanziellen Aufwand begründet, welche die Veranstaltung von Rundfunk erfordere. Das BVerfG hatte jedoch schon in seinem ersten Fernsehurteil festgestellt, daß die Veranstaltung von Rundfunk durch rechtsfähige Gesellschaften des privaten Rechts nicht grundsätzlich ausgeschlossen sei.[3] Ausdrücklich bestätigt hat das Gericht in seiner sog. FRAG-Entscheidung die verfassungsrechtliche Zulässigkeit privater Rundfunkprogramme und einer wettbewerblichen Rundfunkordnung. Die fortgeschrittene technische Entwicklung hat neue Übertragungskapazitäten ermöglicht (Satellitentechnik, Breitbandkabel)[4] und dem Argument der Frequenzknappheit, mit dem bisher privaten Programmanbietern der Zugang

---

[1] Ausnahmen: Bundesgesetzliche Regelungen gibt es für die Deutsche Welle, den Deutschlandfunk (vgl. Gesetz über die Errichtung von Rundfunkanstalten des Bundesrechts vom 29.11.1960, BGBl. I, 862) und die Sender der Stationierungsstreitkräfte.

[2] BVerfGE 12, 205 vom 28.2.1961 Deutschland Fernsehen; BVerfGE 31, 314 vom 27.7.1971 Umsatzsteuer; BVerfGE 57, 295 vom 16.6.1981 FRAG; BVerfGE 73, 118; BVerfG vom 24.3.1987, EuGRZ 1987, 261.

[3] BVerfGE 12, 205, 262.

[4] Zu den technischen Möglichkeiten der Telekommunikation vgl. Telekommunikationsbericht 1976; Expertenkommission, 1981; Enquête-Kommission, 1983.

zum Rundfunk verwehrt worden war, einen anderen Stellenwert beigemessen. Aus diesen Gründen haben inzwischen die Länder aufgrund ihrer Zuständigkeit nach Art. 30 GG[5] von der Möglichkeit Gebrauch gemacht, Veranstaltern des Privatrechts den Zugang zum Rundfunk zu ermöglichen.[6]

Ein zentraler Punkt der Auseinandersetzung über die Zulassung Privater war immer auch die Frage, wie die in Art. 5 Abs. 1 Satz 2 GG garantierte Rundfunkfreiheit zu gewährleisten sei. Legitimationsgrundlage für die bisherige Monopolstellung der öffentlich-rechtlichen Anstalten war das binnenpluralistische Vielfaltsmodell. Nach der Rechtsprechung des BVerfG mußten im Rundfunk die in der Gesellschaft wirksamen Meinungen ausgewogen repräsentiert sein, was dadurch erreicht werden sollte, daß die Vertreter der gesellschaftlich relevanten Gruppen über die Aufsichtsorgane der Rundfunkanstalten mitentscheidenden Einfluß auf die Programmgestaltung hatten.[7] Das BVerfG hat sich nunmehr im Rahmen einer Prüfung der Vereinbarkeit des Niedersächsischen Landesrundfunkgesetzes vom 23.5.84 mit dem Grundgesetz in seinem vierten Fernsehurteil eingehend zum Verhältnis öffentlich-rechtlicher und privatrechtlicher Anbieter geäußert und die dort aufgestellten Grundsätze in seinem fünften Fernsehurteil anläßlich der Prüfung der Vereinbarkeit des Baden-Württembergischen Landesmediengesetzes vom 16.12.1985 mit dem Grundgesetz bekräftigt.[8] Das Gericht geht davon aus, daß sich die technischen Voraussetzungen für die Veranstaltung und Verbreitung von Rundfunksendungen durch die Breitbandkabel- und Satellitentechnik zwar grundsätzlich verbessert haben, daß sich jedoch an der Knappheit der besonders begehrten terrestrischen Frequenzen im wesentlichen nichts geändert hat. Wegen der technischen und wirtschaftlichen Bedingungen[9] bleibt die Zahl der für alle Teilnehmer im Bereich eines Bundeslandes oder im lokalen Bereich empfangbaren Programme noch für längere Zeit auf terrestrisch verbreitete Programme beschränkt.[10]

Diesen Umständen müssen die Landesgesetzgeber bei ihrer Aufgabe, die Rundfunkfreiheit zu gewährleisten, Rechnung tragen. Erforderlich ist neben der Freiheit des Rundfunks von staatlicher Beherrschung und Einflußnahme eine positive Ordnung, welche sicherstellt, daß die Vielfalt der bestehenden Meinungen im Rundfunk in möglichster Breite und Vollständigkeit Aus-

[5] BVerfGE 12, 205, 263; 57, 295, 321.

[6] Vgl. die bisher in Kraft getretenen Landesmedien- und Landesrundfunkgesetze sowie die entsprechenden Verordnungen zur Einspeisung von Satellitenprogrammen, umfangreiche Nachweise abgedruckt bei Großfeld/Salje, S. 125/127 Anm. 41, Stand 1986; vgl. auch Mook, AfP 1986, 10 ff.

[7] BVerfGE 12, 205, 262.

[8] BVerGE 73, 118 und BVerfG vom 24.3.1987, EuGRZ 1987, 261.

[9] (geringe Kabelanschlußdichte, hoher finanzieller Aufwand, lange Vorfinanzierungszeiträume).

[10] BVerfGE 73, 118, 154; BVerfG vom 24.3.1987, EuGRZ 1987, 261, 268.

druck findet.[11] Es ist sicherzustellen, daß der Rundfunk nicht einer oder einzelnen gesellschaftlichen Gruppen ausgeliefert wird. Zur Verhinderung vorherrschender Meinungsmacht ist Konzentrationstendenzen frühzeitig und wirksam entgegenzutreten, da Fehlentwicklungen schwer rückgängig zu machen sind. Auf die Kräfte des Marktes kann schon deshalb nicht vertraut werden, da mit einem echten „Markt" auf absehbare Zeit nicht zu rechnen ist. Insofern können private Anbieter zugelassen werden, solange im Sinne einer „dualen Ordnung" die unerläßliche „Grundversorgung" der Bevölkerung mit Rundfunkleistungen durch die öffentlich-rechtlichen Anstalten gesichert ist.[12]

Das Gericht weist darauf hin, daß der Entstehung vorherrschender Meinungsmacht durch rundfunkrechtliche Konzentrationsbeschränkungen entgegen gewirkt werden kann.[13] Um einer Konzentration durch Zusammenschlüsse von Rundfunkveranstaltern zu begegnen, können grundsätzlich die Zusammenschlußkontrollvorschriften des GWB zur Anwendung kommen. Darüber hinaus jedoch ist der Landesgesetzgeber aufgrund seiner ausschließlichen Kompetenz für den Rundfunk verpflichtet, Vorkehrungen dagegen zu treffen, daß Fusionen von Rundfunkveranstaltern nicht zu vorherrschender Meinungsmacht im Rundfunk führen.

Ausdrücklich wird auch Presseunternehmen das Recht eingeräumt, privaten Rundfunk zu veranstalten, da die „publizistische Gewaltenteilung" kein Verfassungssatz ist.[14] Allerdings können von einer Kombination von Meinungsmacht im Rundfunk und in der Presse größere Gefahren für die Beherrschung der öffentlichen Meinung ausgehen. Deshalb sind insbesondere auch im lokalen und regionalen Bereich wegen der dortigen häufigen Monopolstellungen der Zeitungsunternehmen strenge Anforderungen an die Vorkehrungen zur Verhinderung solch multimedialer Meinungsmacht („Doppelmonopol") zu stellen.[15]

---

[11] BVerfG in EuGRZ, a.a.O., 268 l. Sp.; BVerfGE 73, 118, 152 f.; BVerfGE 57, 295, 320 f.

[12] BVerfGE 73, 118, 159 f.; BVerfG vom 24.3.1987, EuGRZ 1987, 261, 267 f.

[13] Hinweis z. B. auf § 19 Abs. 1 LMedienG Bad.-Württ., EuGRZ 1986, 591 r. Sp.

[14] BVerfGE 73, 118, 175.

[15] a.a.O., 177; in diesem Zusammenhang ist darauf hinzuweisen, daß für den lokalen und regionalen Rundfunkbereich neben den privaten Anbietern keine öffentlich-rechtliche Grundversorgung hinzukommen muß, wenn im privaten Rundfunk „organisatorische Binnenpluralität" durch die gesetzliche Ordnung gesichert ist, vgl. BVerfG vom 24.3.1987, EuGRZ 1987, 261, 268 f.

II. Konzentrationsbeschränkungen durch rundfunkrechtliche Regelungen

Dem Kartellrecht und insbesondere auch der Fusionskontrolle kommt damit eine Hilfsfunktion zur Sicherung außenpluraler Vielfalt zu. Hierbei ist jedoch nicht aus den Augen zu verlieren, daß das GWB unmittelbar nur die Funktionsfähigkeit des wirtschaftlichen Wettbewerbs sichern soll. Meinungsvielfaltskriterien sind nicht berücksichtigungsfähig.[16] So hat denn auch das BVerfG darauf hingewiesen, daß das kartellrechtliche Instrumentarium nicht ausreicht, Rundfunkfreiheit hinreichend zu sichern. „Der Landesgesetzgeber bleibt jedoch aufgrund seiner ausschließlichen Kompetenz zu Vorkehrungen dagegen verpflichtet, daß Meinungsmacht im Rundfunk, die sich aus einer Fusion von Rundfunkveranstaltern ergibt, nicht zu einer vorherrschenden wird.[17] Der Vorbildcharakter des § 19 Abs. 1 LMedienG Bad.-Württ. wird ausdrücklich angesprochen.[18] Die Regelung sieht vor, daß ein privater Rundfunkveranstalter in einem Verbreitungsgebiet nur maximal je ein Vollprogramm und Spartenprogramm im Hörfunk und Fernsehen veranstalten darf. Als Rundfunkveranstalter wird nach Abs. 2 auch angesehen, wer zwar nicht Inhaber der Zulassung ist, zum Inhaber der Zulassung aber im Verhältnis eines verbundenen Unternehmens entsprechend § 15 AktG steht, auf seine Programmgestaltung in anderer Weise wesentlichen Einfluß ausüben kann oder unter einem entsprechenden Einfluß des Inhabers der Zulassung steht (mittelbarer Rundfunkveranstalter); der Einfluß gilt nicht als wesentlich, wenn er sich auf ein Zehntel des Stimmengewichts oder des Programms beschränkt.[19]

Für Presseunternehmen gelten keine besonderen Vorschriften. Jedoch ist es unzulässig, daß ein Verleger, der in einem betroffenen Verbreitungsgebiet die einzige Zeitung herausgibt, im Rundfunk einen vorherrschenden Einfluß erhält.[20]

---

[16] s. hierzu oben im Text S. 25 f.

[17] BVerfGE 73, 118, 174.

[18] a.a.O., 173.

[19] Vgl. hierzu auch Begründung LMedienG Bad.-Württ., abgedruckt bei Bullinger / Gödel, S. 194.

[20] Vgl. ebenda, Begründung S. 82/83 und § 22 Rn 15 d), S. 211. Andere Landesmediengesetze dagegen sehen teilweise pressespezifische Zugangsregelungen vor: § 19 Abs. 2 HambMedienG bestimmt, daß ein Antragsteller für ein regionales Programm, der bei Tageszeitungen eine marktbeherrschende Stellung hat, nicht als Einzelanbieter zugelassen werden kann; seine Stimmrechte dürfen 25 %, seine Kapitalanteile 35 % nicht übersteigen. § 23 nds LRG sieht vor, daß für lokale und regionale Fensterprogramme Unternehmen, die auf dem lokalen oder regionalen Pressemarkt einen Auflagenanteil von mehr als 20 % haben, höchstens die Hälfte der Sendezeit veranstalten dürfen; hierzu auch Mook, AfP 1986, 14; Kull, AfP 1985, 265 ff.; Stammler, Media Perspektiven 1985, 612; MK HG VI Tz 570.

Solche rundfunkrechtlichen Konzentrationssperren machen andererseits wirtschaftsrechtliche (wettbewerbsrechtliche) Konzentrationsbeschränkungen nicht entbehrlich.[21] Damit ist die Frage nach der Anwendbarkeit des GWB im Rundfunkbereich aufgeworfen.

C. Die Anwendbarkeit des GWB im Rundfunkbereich[1]

Die Herstellung und Verbreitung von Rundfunkprogrammen macht die Veranstalter zu Unternehmen. Ebenso wie die wirtschaftliche Betätigung öffentlich-rechtlicher Rundfunkanstalten in den Anwendungsbereich des GWB fallen kann (Kartellverbot, kartellbehördliche Verhaltenskontrolle),[2] unterliegen auch privatwirtschaftlich organisierte Anbieter von Rundfunkprogrammen den GWB-Normen. Die Fusionskontrollvorschriften können auf Unternehmen angewendet werden, die sich zur Veranstaltung von Rundfunkprogrammen zusammenschließen oder die sich an bereits bestehenden Rundfunkunternehmen beteiligen.[3] Denkbar ist damit, daß das BKartA einen solchen Zusammenschluß gemäß §§ 23 ff. untersagt.

Andererseits fällt nach Art. 30 GG die Erteilung, Verlängerung oder Entziehung einer Sendelizenz in die Kompetenz der Länder.[4] Hieraus können sich Konflikte ergeben, die die Frage nach dem Verhältnis zwischen Rundfunkrecht und Wettbewerbsrecht aufwerfen.

I. Zum Verhältnis zwischen Rundfunkrecht und Wettbewerbsrecht

Zu unterscheiden sind hier zunächst verschiedene wettbewerbliche Beziehungen.[5] Der intramediäre Wettbewerb im Rundfunkbereich kennzeichnet die Wettbewerbsbeziehungen der Rundfunkveranstalter untereinander.

---

[21] Vgl. Bullinger/Gödel, § 19 Rn 1, S. 195.

[1] Wenn hier und im folgenden von „Rundfunk" gesprochen wird, ist immer der Programmrundfunk im Sinne einer planvollen und zeitlich geordneten Abfolge von Programmen gemeint; nicht einbezogen sind damit die rundfunkähnlichen Kommunikationsabrufdienste (Bildschirmtext und dgl.); s. hierzu bereits oben im Text S. 151.

[2] Vgl. hierzu Emmerich in IM, § 98 Rn 11, 21; Ulmer, ZHR 146 (1982), 466 ff.; Mestmäcker, GRUR Int. 1983, 553 l. Sp., 555; Roth, AfP 1986, 287 ff.; WuW/E BKartA 2273 Sportübertragungen; BKartA TB 1985/86, S. 90; a.A. Wittig-Terhardt, AfP 1986, 298 ff.

[3] BVerfGE 73, 118, 173 f.

[4] BVerfGE 57, 295, 320 f.; BVerfGE 73, 118, 153.

[5] Vgl. hierzu insbesondere Mestmäcker, GRUR Int. 1983, 553.

Der intermediäre Wettbewerb bezeichnet die Wettbewerbsbeziehungen zu anderen Mediengattungen, beispielsweise zur Presse. Der medienneutrale Wettbewerb umfaßt die Wettbewerbsbeziehungen zu medienfremden Märkten.

Aufgabe des Rundfunkrechts ist es in erster Linie, den publizistischen intramediären Wettbewerb im Rundfunkwesen zu regeln. Das Wettbewerbsrecht dagegen regelt den wirtschaftlichen intramediären, intermediären und medienneutralen Wettbewerb.

Trotz dieser Unterscheidungen lassen sich die beiden Regelungsansätze nicht anhand unterschiedlicher Anwendungsbereiche trennen. Rundfunkrecht und Wettbewerbsrecht können auf denselben Sachverhalt anwendbar sein. Harmonieren die beiden Normbereiche in der Anordnung der Rechtsfolgen nicht, kann ein genereller Vorrang des einen Regelungssystems vor dem anderen nicht festgestellt werden. Zwar bricht das GWB als Bundesrecht gemäß Art. 31 GG grundsätzlich Landesrecht, doch kann das Landesrecht im Rahmen der ausschließlichen Gesetzgebungszuständigkeit der Länder zwingende grundrechtliche Erfordernisse des Art. 5 Abs. 1 Satz 2 konkretisieren.[6]

Daraus folgt, daß bei der Beurteilung des publizistischen Wettbewerbs der Schwerpunkt auf die landesrechtlichen Regelungen des Rundfunkrechts zu legen ist, bei der Beurteilung des wirtschaftlichen Wettbewerbs dagegen auf die Regelungen des GWB. Diese angedeutete Trennung findet ihre Entsprechung darin, daß dem Bund die Kompetenz zugesprochen wird, aufgrund seiner konkurrierenden Bundesgesetzgebungszuständigkeit nach Art. 74 Nr. 16 GG (Verhütung des Mißbrauchs wirtschaftlicher Machtstellung) spezielle, den wirtschaftlichen Wettbewerb sichernde Regelungen im Pressebereich zu erlassen,[7] während zur Sicherung publizistischer Vielfalt im Rundfunkbereich die Verantwortung dem Landesgesetzgeber übertragen wurde.[8]

Die notwendige Trennung zwischen publizistischem und wirtschaftlichem Wettbewerb darf andererseits den Zusammenhang, der zwischen beidem besteht, nicht ignorieren.[9] Dieser spiegelt sich auch in den Gemeinsamkeiten hinsichtlich Zweck- und Zielsetzung der rundfunkrechtlichen und wettbewerbsrechtlichen Regelungsansätze wider. Rundfunkrechtliche Normen sollen die Rundfunkfreiheit gewährleisten und die Entstehung von vorherrschender Meinungsmacht verhindern. Wettbewerbsrechtliche Vorschriften sollen die Entstehung wirtschaftlicher Macht in Form marktbeherrschender

[6] Vgl. ebenda; weitergehend zu Unrecht Wittig-Terhardt, AfP 1986, 302 f., die dem Rundfunkrecht als speziellerer Norm generell Vorrang vor dem Kartellamt einräumen will.

[7] Vgl. den Beschluß des BVerfG WuW/E VG 307 Münchner Anzeigenblätter.

[8] BVerfGE 57, 295, 327; 73, 118, 153; BVerfG vom 24.3.1987, EuGRZ 1987, 261, 267 f.

[9] s. hierzu bereits oben im Text S. 25 f.

Stellungen verhindern. Auf den Zusammenhang zwischen diesen beiden Zielen hat das BVerfG bereits in seinem Spiegel-Urteil hingewiesen. Danach ist es Aufgabe des Gesetzgebers, wirtschaftliche Konzentration zu bekämpfen, die zur Entstehung von Meinungsmonopolen führen kann.[10] In der Springer-Elbe Wochenblatt-Entscheidung stellte der BGH einen ähnlichen Zusammenhang fest: „Ziel des Rechts zur Verhütung des Mißbrauchs wirtschaftlicher Macht ist die Erhaltung eines funktionsfähigen wirtschaftlichen Wettbewerbs als Grundlage einer durch den Markt geordneten Wirtschaft. Das Ziel wird nicht um seiner selbst willen, sondern letztlich zur Erhaltung einer auf der Privatautonomie bestehenden freiheitlichen Ordnung angestrebt, was aber auch andere Zwecke und damit verbundene Hoffnungen nicht ausschließt, etwa auf diese Weise neben wirtschaftsbezogener und anderweitiger Handlungsfreiheit eine Vielzahl von Entscheidungsträgern in einem dezentralen Ordnungssystem zu erhalten."[11] Ebensowenig ausgeschlossen sind damit Hoffnungen und Zwecke, die sich auf die Erhaltung publizistischer Vielfalt richten. Die Schutzzwecke medienrechtlicher und wettbewerbsrechtlicher Regelungsansätze laufen damit parallel; sie schließen sich nicht aus, sondern ergänzen sich.

Andererseits ist mit diesen Feststellungen noch keine Aussage darüber getroffen, inwieweit landesrundfunkrechtlich zugelassenen Wettbewerbsbeschränkungen im Konfliktfall mit Hilfe des kartellrechtlichen Instrumentariums des GWB begegnet werden muß. Mit anderen Worten: Kann beispielsweise die medienpolitisch motivierte Entscheidung eines Landesgesetzgebers, die Beteiligung marktbeherrschender Presseunternehmen aus publizistischen Gründen an Rundfunkunternehmen zu akzeptieren, vom BKartA auf der Grundlage des Bundeswettbwerbsrechts konterkariert werden?[12]

Eine generelle Antwort ist nicht zu geben. Vielmehr ist nach den Umständen des jeweiligen Konfliktfalles zu entscheiden. Führt die Beteiligung des marktbeherrschenden Presseverlages auch im Rundfunkbereich zu Marktbeherrschung — z. B. im lokalen Markt zum Doppelmonopol —, liegt bereits ein Verfassungsverstoß vor.[13] Führt sie lediglich zur Absicherung der marktbeherrschenden Stellung im Pressemarkt, geht das Kartellrecht vor. Dies entspricht dem Grundsatz, daß jedes marktbeherrschende Unternehmen sich nur unter dem Vorbehalt kartellrechtlicher Legalität wirtschaftlich betätigen kann.[14]

---

[10] BVerfGE 20, 162, 176.

[11] BGH WuW/E BGH 1685, 1687 Springer — Elbe Wochenblatt, im Anschluß an Möschel, Pressekonzentration, S. 176; s. oben im Text S. 24 ff., 26 ff.

[12] Zu dieser Frage auch Gotthold, ZHR 148 (1984), 469 f.; Bullinger, AöR 1983, 207; MK SG 11 Tz 23.

[13] Vgl. BVerfGE 73, 118, 177.

[14] So auch Mook, AfP 1986, 14 r. Sp.

Im Rahmen dieser Untersuchung soll zunächst geprüft werden, inwieweit die Vorschriften über die Fusionskontrolle des GWB im Rundfunkbereich Anwendung finden können. Es sei darauf hingewiesen, daß es nicht um die Frage geht, inwieweit das Wettbewerbsrecht in den Dienst medienpolitisch-publizistischer Zielsetzungen gestellt werden kann.[15] Im Vordergrund steht vielmehr die Frage, inwieweit die Fusionskontrolle des GWB wirtschaftlich-wettbewerbliche Strukturen in den Medienmärkten gewährleisten kann.

II. Die Anwendbarkeit der Fusionskontrollvorschriften des GWB auf die Zulassung von Rundfunkunternehmen

1. Voraussetzung: Zusammenschlußtatbestand

Aufgrund ihrer Unternehmenseigenschaft fallen auch Rundfunkveranstalter in den Anwendungsbereich der Fusionskontrolle. Eine Ausnahme gibt es nicht.[16]

Die Vorschriften über die Fusionskontrolle nach den §§ 23 ff. lassen sich nur dann anwenden, wenn ein Unternehmenszusammenschluß vorliegt. Die Zusammenschlußtatbestände sind in § 23 Abs. 2 definiert. Voraussetzung ist, daß sich mehrere Unternehmen zusammenschließen, um Rundfunksendungen auszustrahlen, oder daß sonstige Unternehmensbeteiligungen im Rundfunkbereich vorliegen. Vom geltenden Recht nicht erfaßt werden kann dagegen, wenn ein Einzelunternehmen (z. B. ein Presseverlag) im Rundfunkbereich tätig werden will.[17] Hierbei handelt es sich um eine unternehmensinterne Diversifikation der publizistischen Tätigkeit in den Rundfunk hinein. Solch internes Unternehmenswachstum soll nach der wettbewerbspolitischen Konzeption des GWB im Gegensatz zum externen Unternehmenswachstum durch Zusammenschluß keiner wettbewerbsrechtlichen Kontrolle unterliegen,[18] da von internem Wachstum durch Schaffung neuer Kapazitäten wettbewerbliche Impulse ausgehen, während bei Unternehmenszusammenschlüssen nur die Verfügungsmacht über vorhandene Kapazitäten zusammengefaßt wird.[19]

---

[15] Zu Untersuchungen mit dieser Fragestellung vgl. etwa Kübler, Medienverflechtung; Koch, ZRP 1981, 237 ff.; ders., DB 1982, 1759; Lerche, Presse, S. 55 ff.; Brinkmann, Media Perspektiven 1983, 677 ff.; Stammler, Media Perspektiven 1985, 601 ff.

[16] s. oben im Text S. 158.

[17] Hierzu schon MK SG 11 Tz 22; Mestmäcker, GRUR Int. 1983, 559; Möschel, JZ 1984, 501; Harms in GK, § 24 Rn 867 mwN; ebenso im amerikanischen Zusammenschlußkontrollrecht (Sec. 7 Clayton Act), oben im Text S. 122.

[18] Vgl. Harms in GK, Einl. Zus.-Kontrolle, Rn 23; ders., a.a.O., § 24 Rn 11.

[19] Vgl. Möschel, Wettbewerbsbeschränkungen, Rn 710; MK HG VI Tz 100 und 471.

Fehlt es an einem Zusammenschlußtatbestand, lassen sich Verflechtungen zwischen Presse- und Rundfunkunternehmen mit Hilfe des fusionskontrollrechtlichen Instrumentariums nicht verhindern. Auch die landesrechtlich zu erteilende Rundfunklizenz durch Verwaltungsakt[20] verwirklicht an sich keinen Zusammenschlußtatbestand. Nach § 24a Abs. 1 Satz 2 Nr. 3 muß ein Zusammenschlußvorhaben beim BKartA angemeldet werden, wenn der Zusammenschluß nach Landesrecht durch Gesetz oder sonstigen Hoheitsakt „bewirkt" werden soll. Die Lizenzerteilung „bewirkt" jedoch keine Unternehmensverbindung, sondern schafft lediglich die rechtliche Voraussetzung für die Betätigung als Rundfunkunternehmen. Dies gilt auch dann, wenn sich mehrere Unternehmen eine Lizenz teilen.[21] Voraussetzung bleibt damit nach wie vor ein Zusammenschlußtatbestand im Sinne von § 23 Abs. 2.

Es werden hier die Grenzen der Leistungsfähigkeit der Fusionskontrolle sichtbar. Sie kann nur gewährleisten, daß eine bestehende Wettbewerbsstruktur erhalten und der Verschlechterung der Wettbewerbsbedingungen vorgebeugt wird. Sie versagt jedoch dort, wo sie bei Eröffnung eines Marktes konstruktiv die Strukturvoraussetzungen für funktionierende Marktprozesse sichern soll.[22/23]

2. *Lizenzerteilung — Zusammenschlußtatbestand durch Fiktion?*

Im Bewußtsein um die medienpolitische Problematik intermediärer Verflechtungen hat bereits die Michel-Kommission 1967 vor allem aus Sorge um die publizistische Vielfalt den Zugang von Zeitungsverlagen zum Rundfunk negativ bewertet.[24] In konsequenter Fortführung dieser Einschätzung schlug Mestmäcker 1978 vor, zum Schutz des intermediären Wettbewerbs Presseunternehmen von der Veranstaltung von Rundfunkprogrammen insofern auszuschließen, als dadurch marktbeherrschende Stellungen der Presseunternehmen entstehen oder verstärkt werden würden.[25]

---

[20] Vgl. MK SG 11 Tz 23.

[21] Vgl. Mestmäcker, GRUR Int. 1983, 556; Möschel, JZ 1984, 501; Harms in GK, § 24 Rn 862.

[22] Hierzu auch Brinkmann, Media Perspektiven 1983, 680; Harms in GK, § 24 Rn 891.

[23] De lege lata denkmöglich ist die Untersagung einer Lizenzerteilung bei internem Wachstum gem. §§ 22 und 1 UWG. Dann müßte die Veranstaltung von Rundfunk an sich eine mißbräuchliche Ausnutzung einer marktbeherrschenden Stellung sein oder gegen die guten Sitten verstoßen. Aus der amerikanischen Diskussion ist bekannt, daß ein Zugriff aus einer solchen Richtung wenig erfolgversprechend ist, vgl. hierzu oben im Text S. 121; im dt. Schrifttum rechtstheoretisch erwogen von Kübler, S. 63 ff.; hierzu Börner, S. 43 ff., 48 ff.

[24] Vgl. Michel-Bericht, S. 237 ff., 240 l. Sp.; s. hierzu auch oben im Text S. 152; zu ähnlichen Ergebnissen in der amerikanischen Diskussion vgl. oben im Text S. 116 ff.

[25] Vgl. Mestmäcker, Medienkonzentration, S. 217/218.

In dieselbe Richtung weist der umstrittene Gesetzgebungsvorschlag, den die Monopolkommission in ihrem 11. Sondergutachten vom November 1981 gemacht hatte.[26] Die Kommission beurteilte die nach dem FRAG-Urteil[27] des BVerfG zu erwartende Öffnung der Rundfunkmärkte für private Veranstalter grundsätzlich positiv. Die Entwicklung biete die Chance für mehr publizistischen Wettbewerb und größere Meinungsvielfalt auch innerhalb des Rundfunkbereichs.[28] Doch bestehe andererseits die Gefahr, daß vorhandene Machtpositionen in den Medienmärkten verfestigt werden und dadurch die Möglichkeit für eine einseitige Beeinflussung der öffentlichen Meinung zunehme. Mehr Meinungsvielfalt durch Private sei nur dann zu erwarten, wenn die Anbieter von denjenigen Unternehmen und Institutionen unabhängig seien, die schon heute die öffentliche Meinung maßgeblich beeinflußten. Dies gelte insbesondere für Zeitungs- und Zeitschriftenverlage, die auf sachlichen und räumlichen Teilmärkten über beherrschende Stellungen verfügten.

Um die Grundsätze des GWB zur Verhinderung der Entstehung oder Verstärkung marktbeherrschender Stellungen auf das Wettbewerbsverhältnis zwischen Presse und Rundfunk auch bei Eröffnung der neuen Rundfunkmärkte anwenden zu können, hatte die Monopolkommission vorgeschlagen, die Vergabe von Rundfunklizenzen wie Unternehmenszusammenschlüsse zu behandeln. Durch gesetzliche Fiktion sollte bestimmt werden, daß auch diese Fälle unter die Zusammenschlußkontrolle des GWB fallen. Ein Unternehmen könnte dann keine Lizenz erhalten, wenn diese zur Entstehung oder Verstärkung einer marktbeherrschenden Stellung führen würde. Die Kontrolle hierüber sollte dem BKartA übertragen werden.[29]

Motiv dieses Vorschlags war die Absicht, den publizistischen intermediären Wettbewerb mit Hilfe des wirtschaftlichen Wettbewerbs zu gewährleisten. Mit diesem wirtschaftlichen Ansatz sollte insbesondere der Substitutionswettbewerb geschützt werden. Entsprechend dem für die Zusammenschlußkontrolle geltenden Grundsatz, die Entstehung oder Verstärkung marktbeherrschender Stellungen zu verhindern, sollten marktbeherrschende Unternehmen keinen Zugang zum Markt für Rundfunksendungen jedenfalls dann erhalten, wenn das Verbreitungsgebiet der Zeitung und der Sendebereich der Rundfunkstation sich überschneiden. Bei Nichtüberschneidung der räumlichen Märkte wäre eine Untersagung nur aufgrund zusätzlicher Verstärkungskriterien (erhebliche Finanzkraft und dgl.) möglich.[30]

---

26 Vgl. MK SG 11 Tz 4 und 22; HG V Tz 596 ff.; HG VI Tz 583.

27 BVerfGE 57, 295.

28 Vgl. MK SG 11 Tz 2 und 13.

29 MK SG 11 Tz 4 und 22; HG V Tz 604; HG VI Tz 583.

30 Vgl. MK SG 11 Tz 21.

Der Vorschlag der Monopolkommission wurde bisher weder von den Landesgesetzgebern in Form einer rundfunkrechtlichen Bestimmung noch vom Bundesgesetzgeber in Form einer Ergänzung des Kartellrechts aufgegriffen und hat auch wohl in Zukunft keine Realisierungschance.[31] Auch im Schrifttum ist der Vorschlag überwiegend skeptisch aufgenommen worden. Die kontroverse Diskussion macht die Problematik deutlich, die einen an sich wünschenswerten, da inhaltlich neutralen kartellrechtlichen Zugriff zur Gewährleistung von wettbewerblichen Strukturen im intermediären Bereich kennzeichnet. Sie soll daher im folgenden kurz wiedergegeben werden.

(1) Der Monopolkommission wurde vorgeworfen, sie hätte in Verkennung wettbewerblicher Grundsätze fälschlicherweise den Schwerpunkt ihrer Überlegungen auf den Schutz des intermediären Wettbewerbs statt auf den des intramediären im Rundfunkbereich gelegt. Der intermediäre Wettbewerb als die schwächere Form des Substitutionswettbewerbs kennzeichne jedoch nicht die tatsächlich relevanten Wettbewerbsbeziehungen, die den Verhaltensspielraum der Unternehmen angemessen kontrollieren könnten. Dies sei vielmehr anhand der intensiven, marktinternen Austauschbeziehungen zu beurteilen. Ausdruck hierfür sei, daß man zur Feststellung der marktbeherrschenden Stellung die relevanten Märkte nach der Intensität der Substitutionsbeziehungen abgrenze. Werde den intramediären Wettbewerbsbeziehungen innerhalb der Rundfunkmärkte nur nachrangige Bedeutung beigemessen, würde die wettbewerbsrechtlich entscheidende Tatsache zu wenig berücksichtigt, daß jeder neue Wettbewerber im Rundfunk, der nicht von den bisherigen Rundfunkveranstaltern abhängig ist, die Wettbewerbsverhältnisse in den Märkten des Rundfunks verbessert.[32]

Diese Kritik ist m. E. aus wettbewerbsrechtlicher Sicht schlüssig. Verhaltensspielräume marktbeherrschender Unternehmen werden primär durch die Wahl- und Ausweichmöglichkeiten der Nachfrager innerhalb ein und desselben Marktes kontrolliert. Substitutionswettbewerb kann diese Funktion in der Regel nicht erfüllen. Anliegen der Monopolkommission war es insofern auch nicht, Verhaltensspielräume, die den öffentlich-rechtlichen Anstalten aufgrund ihrer Alleinstellungen zur Verfügung stehen, zu begrenzen. Diesbezüglich berücksichtigte die Kommission wohl den ohnehin speziellen Charakter der Rundfunkmärkte, die auch nach Zulassung privater Anbieter Kennzeichen eines tendenziell regulierten „Industriebereichs" aufweisen.[33] Vielmehr war der Vorschlag primär publizistisch-wettbewerb-

[31] Vgl. Stellungnahme der BReg. zum V. HG der MK, in Aktuelle Beiträge zur Wirtschafts- und Finanzpolitik, Nr. 49/1985 vom 29.7.1985, S. 9 ff.; das BVerfG ließ es dahingestellt, ob der Gesetzgeber hierzu „verfassungsrechtlich verpflichtet" sei, vgl. BVerfGE 73, 118, 175 f.

[32] Vgl. Koch, DB 1982, 1759/1760.

[33] Dies zeigt auch das amerikanische Beispiel, vgl. oben im Text S. 131 ff.; vgf. auch BVerfGE 57, 295, 322; BVerfGE 73, 118, 158 f.

lich motiviert. Es sollte die „publizistische Gewaltenteilung" zwischen Presse und Rundfunk aufrechterhalten und marktbeherrschende Stellungen auf Pressemärkten nicht in den Rundfunk hinein fortgeschrieben werden können. Nun besteht zwar zwischen wirtschaftlich-wettbewerblichen und publizistisch-wettbewerblichen Zielen ein enger Zusammenhang, doch können publizistische Vielfaltserwägungen als weitergreifende Ziele nur dann zu Determinanten einer kartellrechtlichen Gesetzesänderung gemacht werden, wenn als Eingriffskriterien allein am wirtschaftlichen Wettbewerb orientierte Kategorien bestimmend bleiben. Insofern muß die Priorität aus wettbewerblicher Sicht auf marktinterner Konkurrenz liegen.

(2) Daran knüpft ein weiterer Kritikpunkt an: Aus rechtssystematischen Gründen wird gegen den Vorschlag, soweit er auf eine Ergänzung des Kartellrechts zielt, vorgebracht, er stelle den Versuch einer einseitigen medienpolitischen Instrumentalisierung des Kartellrechts dar.[34] Zwar ist der Vorwurf, es handele sich hierbei bereits um Strukturpolitik, wenig aussagefähig, da mit Hilfe der Fusionskontrolle immer die Entstehung von meist irreversiblen Marktstrukturen verhindert werden soll, welche die Wettbewerbsbedingungen für geringer konzentrierte Unternehmen wesentlich verschlechtern.[35] Aus einem anderen Grund kann der Kritik die Zustimmung jedoch nicht versagt werden. Kartellrechtliche Kriterien können sich nur auf den wirtschaftlichen Wettbewerb beziehen. Eine Vorwegdefinition publizistisch unerwünschter Marktstrukturen im Bereich intermediären Wettbewerbs kann den notwendigen Zusammenhang zu ökonomischen Verhaltensspielräumen marktbeherrschender Unternehmen nicht pauschal plausibel machen. Die vorgeschlagene Fiktion gehört daher eher in den Regelungsbereich der Rundfunkordnung, wie dies konsequenterweise auch das amerikanische Regelungssystem vorsieht.[36]

(3) Des weiteren wird aus wettbewerbsrechtlich-dogmatischer Sicht kritisiert, daß es sich bei den Empfehlungen der Monopolkommission um eine internes Unternehmenswachstum beschränkende „Marktzulassungskontrolle" handele, die dem System des GWB fremd sei.[37] Sie unterscheide sich von einer schlichten Beschränkung des Produktionsumfangs nur dadurch, daß Produktion und Absatz nicht innerhalb eines relevanten Marktes beschränkt werde, sondern dem Medienunternehmen die Diversifikation seines Angebots in einen sachlich neuen Markt hinein verwehre.

[34] Zu diesem Terminus schon Knöpfle, ZHR 143 (1979), 479; s. auch Koch, ZRP 1981, 238; Kohl/Weilbächer, ZRP 1981, 248; Lerche, Presse, S. 51; Kull, AfP 1981, 382 f.; Koch, DB 1982, 1759; Börner, S. 60.

[35] Vgl. Bericht Pressefusionskontrolle, 1978, S. 6 l. Sp.

[36] Zur cross-ownership rule vgl. oben im Text S. 140.

[37] Vgl. RegE 1971 Begr., S. 18; Koch, DB 1982, 1761; Bechtold, WuW 1985, 26; Schwarz-Schilling, WuW 1982, 276; Harms in GK, § 24 Rn 890; Mook, WuW 1986, 778.

Dem ist zuzustimmen. Obwohl auch internes Wachstum zu wettbewerbsschädlichen Wirkungen führen kann, sollten Diversifikationsbestrebungen auch im Medienbereich nicht mit Hilfe des Kartellrechts kontrolliert werden. Ein solcher Ausnahmetatbestand könnte nur systemwidrig mit Meinungsvielfaltserwägungen plausibel begründet werden. In diesem Fall müßte einem marktbeherrschenden Presseunternehmen konsequenterweise die Herausgabe einer zusätzlichen Zeitung oder Zeitschrift, die in direktem oder in Substitutionswettbewerb zu dessen bisherigen Objekten stünde, untersagt werden können. Marktergebnisse würden vorweggenommen und die Systematik des GWB durchbrochen. Da Meinungsvielfalt kein Kriterium bei der Prüfung von Unternehmenszusammenschlüssen und die Fusionskontrolle kein Mittel gegen jede Art von Konzentration sein kann, weist die systematisch korrekte Lösung zur Gewährleistung des publizistischen intermediären Wettbewerbs auf einen rundfunkrechtlichen Ansatz. Das Bedürfnis, die unbefriedigenden Ergebnisse rundfunkrechtlicher Kleinstaaterei mit Hilfe des Kartellrechts zu umgehen, kann das systematische Defizit nicht rechtfertigen.

(4) Auch verfassungsrechtliche Bedenken werden gegen den Vorschlag der Monopolkommission vorgebracht. Es wird bezweifelt, ob die Fiktion noch als allgemeines Gesetz im Sinne des Art. 5 Abs. 2 GG angesehen werden könne und daß der Bund die Gesetzgebungskompetenz hierzu besitze.[38]

Im Rahmen dieser Untersuchung kann auf die verfassungsrechtlich diffizilen Fragen nur kurz eingegangen werden.[39]

Die Monopolkommission stützt ihren Vorschlag auf die Gesetzgebungskompetenz des Bundes gem. Art. 74 Nr. 16 GG (Verhütung des Mißbrauchs wirtschaftlicher Machtstellung). Eine Anpassung des Kartellrechts an die Besonderheiten der Medienmärkte sei ebenso zulässig wie die Herabsetzung der Aufgreifkriterien für Pressefusionen durch die 3. GWB-Novelle.[40] Unmittelbarer Regelungsgegenstand sei auch hier nicht die publizistische Vielfalt, sondern es werde nur die Anwendbarkeit der allgemeinen Vorschriften des § 24 Abs. 1 auf die speziellen Medienmärkte ermöglicht.

M. E. kann die Fiktion nicht gleichgesetzt werden mit der Herabsetzung der Umsatzkriterien der 3. Novelle. Während diese nur eine Anpassung an bestimmte Größenverhältnisse der Pressemärkte darstellte und damit Ausdruck einer rein quantitativen Frage war, bedeutet die Fiktion eines Zu-

[38] Vgl. z. B. Stellungnahme der BReg., a.a.O. (Anm. 31), S. 15; und die Nachweise im Anschluß.

[39] Eingehend hierzu u. a. Lerche, Presse, S. 31 f.; Kull, AfP 1985, 265 ff.; Stock, AöR 110 (1985), 219 ff.; Bullinger, AfP 1983, 322 ff.; Selmer, AfP 1985, 17; Groß, DVBl. 1982, 561; MK GH V Tz 596 ff.; BVerfGE 73, 118, 175 f.

[40] s. hierzu oben im Text S. 24.

sammenschlußtatbestandes eine andere Qualität insofern, als erstmalig internes Unternehmenswachstum für einen bestimmten Wirtschaftsbereich kontrolliert werden kann. Zwar kann darin kein Kompetenzproblem gesehen werden;[41] denn Eingriffskriterien sind nach wie vor bezogen auf die Entstehung oder Verstärkung wirtschaftlicher Machtstellungen, weshalb der Bund gemäß Art. 74 Nr. 16 GG zur Regelung befugt ist.[42] Auch sind Sonderregelungen für einzelne Wirtschaftsbereiche grundsätzlich möglich, wie die speziellen Vorschriften für Banken und Versicherungen zeigen. Überdies ist es keiner Wettbewerbs- oder Antitrustpolitik vorgegeben, nur externes Wachstum zu kontrollieren.[43] Ein Eingriff in den rundfunkrechtlichen Kompetenzbereich der Länder liegt damit nicht vor. Auch ist der Vorwurf, es handele sich nicht mehr um ein allgemeines Gesetz im Sinne des Art. 5 Abs. 2 GG, nicht haltbar.[44] Die Fiktion verbietet nicht eine Meinung als solche, sondern sie soll dem Schutz eines schlechthin, ohne Rücksicht auf eine bestimmte Meinung, zu schützenden Rechtsgutes dienen.[45] Der Vorschlag enthält damit keine „Sonderkriterien spezifisch publizistischen Wettbewerbs",[46] auch wenn er ein zusätzliches Eingriffskriterium zu denen der allgemeinen Fusionskontrolle schafft, da dieser am wirtschaftlichen Wettbewerb orientiert ist. Fingiert wird lediglich ein Zusammenschlußtatbestand, was noch nicht bedeutet, daß die Betätigung von Presseunternehmen im Rundfunk grundsätzlich ausgeschlossen ist.

Eine Untersagung kann damit nur erfolgen, wenn eine marktbeherrschende Stellung entsteht oder verstärkt wird. Nur in diesem Fall könnte ein Verleger im Verbreitungsgebiet seiner Zeitung oder Zeitschrift von der Beteiligung an Rundfunkunternehmen ausgeschlossen werden.[47] Eine Bedrohung der verfassungsrechtlich garantierten Rundfunkfreiheit ist darin ebensowenig zu erkennen wie eine Bedrohung der allgemeinen Pressefreiheit durch die 3. GWB-Novelle.

(5) Ergebnis: Der Vorschlag der Monopolkommission, die Erteilung einer Rundfunklizenz im Kartellrecht als Zusammenschlußtatbestand zu fingieren, ist zwar weniger aus allgemeinen verfassungsrechtlichen Bedenken zu beanstanden. Er ist vielmehr aus wettbewerbsrechtlich-systematischen und wettbewerbsrechts-dogmatischen Gründen abzulehnen, da er ohne zwin-

---

[41] Vgl. zu dieser Frage im einzelnen Scholz, AfP 1983, 265; Bullinger, AfP 1983, 326 l. Sp.

[42] Anders wohl Bechtold, WuW 1985, 28.

[43] Vgl. Kübler, S. 62; Scholz, AfP 1983, 263 r. Sp.; ders., Entflechtung, S. 17 ff., S. 37 ff., S. 66 ff., S. 70 ff., S. 115 ff.

[44] Vgl. v. Bismarck, AfP 1982, 135.

[45] BVerfGE 7, 198, 209 f.; 28, 282, 292; s. auch oben im Text S. 26 f.

[46] BVerfG WuW/E VG 307 Münchner Anzeigenblätter.

[47] Wenig plausibel deswegen Lerche, Presse, S. 37 f.; kritisch auch Hendriks, Media Perspektiven 1984, 929.

genden Grund im Kartellrecht einen Sondertatbestand für einen bestimmten Wirtschaftsbereich formuliert. Eine systematisch konsequentere Lösung stellt deshalb eine im Rundfunkrecht verankerte Verflechtungsbeschränkung mit der entsprechenden normativen Zielrichtung dar, wie dies beispielsweise auch im amerikanischen Recht festgeschrieben ist.

Im übrigen sprechen nicht nur rechtstheoretische Erwägungen gegen eine Realisierungschance des Vorschlags der Monopolkommission. Hinzu kommt, daß die praktische Notwendigkeit einer solchen Verflechtungsbeschränkung angezweifelt wird.[48] Zum einen erfordere die kostenintensive und risikobehaftete Veranstaltung von Fernsehvollprogrammen die Gründung von Gemeinschaftsunternehmen. Diese könnten kartellrechtlich erfaßt werden. Zwar bestehe im lokalen/regionalen Bereich für Hörfunk die Gefahr von Doppelmonopolstellungen marktbeherrschender Presseunternehmen, doch seien hier die Marktzutrittschancen verhältnismäßig niedrig, so daß auch andere Wettbewerber konkurrieren könnten. Zum anderen sei der generelle Nutzen einer Verflechtungsbeschränkung zweifelhaft. Es wird mit Effizienzerwägungen argumentiert, da sich bei Veranstaltung von Rundfunk durch Presseunternehmen gesamtwirtschaftlich kostengünstige Verbundvorteile realisieren ließen, die für die Entwicklung neuer Medienmärkte förderlich seien.[49]

Da eine Änderung des GWB entsprechend dem Vorschlag der Monopolkommission also nicht zu erwarten ist, ist der Frage nachzugehen, inwiefern insbesondere intermediäre Unternehmenszusammenschlüsse anhand des bisher zur Verfügung stehenden fusionskontrollrechtlichen Instrumentariums kontrolliert werden können.

D. Die Anwendbarkeit der Fusionskontrollvorschriften auf intermediäre Unternehmenszusammenschlüsse und intramediäre Rundfunkzusammenschlüsse

I. Formelle Fusionskontrolle

1. Änderungsvorschlag zu § 23 Abs. 1 Satz 7 und § 24 Abs. 9

Voraussetzung für die materielle Fusionskontrolle durch das BKartA ist neben dem Vorliegen eines Zusammenschlußtatbestandes, daß die vom Gesetz geforderten Größenkriterien überschritten werden und nicht eine der

[48] Vgl. Stellungnahme der BReg., a.a.O. (Anm. 31), S. 11 ff.

[49] Vgl. ebenda, S. 7.

Toleranzklauseln (Bagatellumsatz-, Anschluß- Bagatellmarktklausel) erfüllt ist.[1] Bei einer Beteiligung von Presseunternehmen an einem Zusammenschluß ist in der Regel nicht zu erwarten, daß die materielle Fusionskontrolle wegen dieser Bestimmungen nicht durchgeführt werden kann. Zum einen gilt für die Berechnung der Presseumsätze der Multiplikator 20 bzw. 15, zum anderen findet bei sog. gemischten Zusammenschlüssen nach § 24 Abs. 9 die Anschlußklausel keine Anwendung, wenn eine Verschlechterung der Marktstruktur auf einem Zeitungs- oder Zeitschriftenmarkt zu erwarten ist. Damit können Zusammenschlüsse grundsätzlich auch im intermediären Bereich zwischen Presse- und Rundfunkunternehmen formell in allen erheblichen Fällen erfaßt und einer materiellen Prüfung unterzogen werden.[2] Anders dagegen bei intramediären Zusammenschlüssen zwischen reinen Rundfunkunternehmen. Zusammenschlüsse dieser Art, beispielsweise zwischen lokalen benachbarten Hörfunk- oder Fernsehunternehmen, sind für die Zukunft auch in der Bundesrepublik zu erwarten.[3] Hier kann der intramediäre Wettbewerb im Rundfunkbereich beschränkt werden.

De lege lata sind die Umsätze der Rundfunkunternehmen nach den allgemeinen Berechnungsmaßstäben in Ansatz zu bringen. Die pressespezifischen Aufgreifkriterien können auf Rundfunkunternehmen nicht angewendet werden.[4] Die Anwendbarkeit der Bagatellmarktklausel (§ 24 Abs. 8 Satz 1 Nr. 3) ist ausgeschlossen. Ist ein Markt betroffen, auf dem die öffentlichrechtlichen Anbieter konkurrieren, wird die 10 Mio.-Grenze überschritten; anderenfalls werden auf den neuen (privaten) Rundfunkmärkten noch keine 5 Jahre lang Leistungen angeboten.[5]

Die Umsätze insbesondere lokaler Hörfunkunternehmen werden jedoch verhältnismäßig niedrig sein. Es werden Jahresumsätze von ca. 1 Mio. DM veranschlagt für Unternehmen, die sich selber tragen. Die Jahreskosten lokaler Fernsehprogramme werden auf ca. 5 bis 10 Mio. DM geschätzt, die Jahreskosten für bundesweite Fernsehvollprogramme bei nur 5 Programmstunden werden auf über 100 Mio. DM, bei Vollprogrammen auf über 200 Mio. DM veranschlagt.[6]

Damit sind insbesondere lokale und regionale Rundfunkmärkte von der Anwendung der Fusionskontrollvorschriften praktisch ausgeschlossen. Es drängt sich deshalb die Erwartung auf, daß die Entwicklung der Rundfunk-

---

[1] Für den Pressebereich s. oben im Text, S. 21 ff.

[2] Vgl. hierzu z. B. den Zusammenschluß Bertelsmann — RTL Plus gem. § 23 Abs. 2 Nr. 2a und Nr. 2 Satz 3, BKartA TB 1983/84, S. 105; Gotthold, ZHR 148 (1984), 482.

[3] s. hierzu oben im Text S. 151; Röper, Media Perspektiven 1985, 526 f.

[4] Vgl. RegE 1974 Begr., S. 5; Harms in GK, § 24 Rn 777 und 861.

[5] z. B. auch Pay TV-Markt, Harms in GK, § 24 Rn 863.

[6] Vgl. Stammler, Media Perspektiven 1985, 607; zur Umsatzhöhe durch Werbeeinnahmen vgl. Steinbach, Media Perspektiven 1986, 129 ff.

marktstrukturen Parallelen zur Entwicklung der Pressemarktstrukturen aufweisen wird. Erst als der virulente Konzentrationsprozeß in den Tageszeitungsmärkten weitgehend abgeschlossen war, war es zu einer pressespezifischen Verschärfung der allgemeinen Fusionskontrolle gekommen.[7] Die 3. GWB-Novelle, die insbesondere lokale und regionale Pressemärkte schützen sollte, war zur Aufrechterhaltung wettbewerblicher Strukturen weitgehend zu spät gekommen.

Ansatzpunkte für eine vergleichbare Entwicklung in den Rundfunkmärkten sind bereits sichtbar. Insbesondere Zusammenschlüsse zu lokalen/regionalen Hörfunksenderketten zeichnen sich ab.[8] Konzentrationsbeschränkende rundfunkrechtliche Normen können diese Entwicklung nur unzureichend verhindern und sind zudem von Bundesland zu Bundesland unterschiedlich gestaltet. Damit ist zu erwarten, daß im lokalen und regionalen Rundfunkbereich eine wettbewerblich ungünstige Marktstruktur entsteht, deren Bestand unwiderruflich sein könnte. Vor dem Hintergrund der pressespezifischen Erfahrungen und unter Berücksichtigung der vergleichbaren medienspezifischen Besonderheiten von Presse- und privaten Rundfunkmärkten wird hier deshalb de lege ferenda vorgeschlagen, private Hörfunk- und Fernsehunternehmen fusionskontrollrechtlich den Presseunternehmen gleichzustellen. Die Herabsetzung des Aufgreifkriteriums Umsatz und die Nichtanwendbarkeit der Anschlußklausel muß ebenso für Unternehmen gelten, deren Geschäftsbetrieb ganz oder teilweise in der Veranstaltung von Rundfunksendungen (Voll- und Spartenprogramme) liegt. Eine entsprechende Klausel wäre einzufügen bei § 23 Abs. 1 Satz 7 und bei § 24 Abs. 9. Eine solche wettbewerbsbezogene Regelung ist aus denselben Gründen verfassungsgemäß, wie dies die pressespezifischen Vorschriften sind.[9] Eine nachträgliche Gesetzesänderung rechtfertigt sich durch den neu hinzutretenden Regelungsbedarf, da bei Verabschiedung der 3. Novelle private Rundfunkunternehmen noch nicht zugelassen waren. Die vorgeschlagene Regelung greift ebensowenig in die Rundfunkgesetzgebungskompetenz der Länder ein, wie die speziellen Pressefusionsregelungen gegen die Rahmengesetzgebungskompetenz der Länder im Pressewesen verstoßen. Die Herabsetzung der Umsatzkriterien dient ausschließlich wettbewerblichen Zwecken. Es sollen den besonderen Bedingungen der privaten Rundfunkmärkte im lokalen und regionalen Bereich Rechnung getragen werden. Dahinter stehende medienpolitische Motive sprechen nicht dagegen. Für eine solche Regelung spräche auch, daß mit derartigen von Programminhalten losgelösten und lediglich auf den wirtschaftlichen Wettbewerb bezogenen Kriterien ein Beitrag zur Entlastung rundfunkrechtlicher

---

[7] s. oben im Text S. 20 f. und 39 f.

[8] Vgl. Röper, a.a.O. (Anm. 3).

[9] s. oben im Text S. 26 f.

Aufsichtsgremien geleistet werden könnte, die über zweifelhafte Inhaltskontrollen das Entstehen vorherrschender Meinungsmacht verhindern müssen.[10]

2. *Zusammenschlußtatbestände*

Scheitert eine formelle Fusionskontrolle nicht bereits an den Umsatzaufgreifkriterien, ist zu prüfen, ob ein Zusammenschlußtatbestand vorliegt. Zu unterscheiden ist zwischen verschiedenen möglichen Sachverhaltstypen.

(1) Die Gründung von Gemeinschaftsunternehmen (GU)

Insbesondere im Anfangsstadium der Erschließung von Rundfunkmärkten durch private Unternehmen steht die Gründung von GU mit dem Zweck, private Rundfunkprogramme anzubieten, in der Praxis ganz im Vordergrund. Der Grund hierfür ist darin zu sehen, daß in der Aufbauphase die Zahl der erreichbaren Rezipienten und damit die erzielbaren Werbeeinnahmen niedrig bleiben. Den geringen Einnahmen stehen von Beginn an hohe Kosten vor allem bei der Produktion eines Fernsehprogramms gegenüber. Durch den Zusammenschluß mehrerer Unternehmen sollen die Risiken vergemeinschaftet werden. Dies gilt selbst im Hörfunkbereich, in dem die Programmkosten verhältnismäßig niedrig sind und mehr terrestrische Frequenzen zur Verfügung stehen, mit denen von Anfang an große Hörerzahlen erreicht werden können.[11]

Die formelle fusionskontrollrechtliche Erfassung der Errichtung von GU mit Hilfe der geltenden GWB-Vorschriften setzt zunächst einen Zusammenschlußtatbestand voraus. Nach der Legaldefinition des § 23 Abs. 2 Nr. 2 Satz 3 muß die Beteiligung der Unternehmen die 25 %-Schwelle überschreiten.[12/13] Beteiligen sich mindestens zwei Muttergesellschaften in diesem Umfang, wird für den Markt des GU auch ein Zusammenschluß dieser Mütter untereinander fingiert („fiktive Teilfusion").[14]

---

[10] Vgl. BVerfGE 73, 118, 177; Möschel, AG 1986, 188 l. Sp.

[11] Vgl. BKartA TB 1983/84, S. 104 r. Sp. oben; TB 1985/86, S. 90; MK SG 11 Tz 16; BVerfGE 73, 118, 122; zu den allgemeinen Zwecken der Gründung von GU vgl. Emmerich, Kartellrecht, S. 254; Wiedemann, Gemeinschaftsunternehmen, S. 75 ff.

[12] Anteilserwerb im „vorbezeichneten Umfang", vgl. Mestmäcker in IM, § 23 Rn 169; Harms in GK, § 24 Rn 140, 561.

[13] Anwendung findet allerdings auch der Umgehungstatbestand des § 23 Abs. 2 Nr. 2 Satz 4 und 5, vgl. Wiedemann, BB 1984, 293; zur Anwendung gekommen z. B. im Fall „Funk + Fernsehen Nordwestdeutschland", s. TB BKartA 1983/84, S. 106; s. auch BKartA TB 1983/84, S. 100 „WAZ — Iserlohner Kreisanzeiger"; BKartA TB 1985/86, S. 91.

Doch auch in den Fällen, in denen sich fünf oder mehr Unternehmen an dem GU beteiligen und die 25 %-Schwelle bzw. die entsprechende Rechtsstellung nicht erreicht wird, kann eine fusionskontrollrechtlich relevante Errichtung vorliegen.[15] Nach dem sog. Auffangtatbestand des § 23 Abs. 2 Nr. 5[16] gilt als Zusammenschluß auch „jede sonstige Verbindung von Unternehmen, aufgrund deren ein oder mehrere Unternehmen unmittelbar oder mittelbar einen beherrschenden Einfluß auf ein anderes Unternehmen ausüben können".[17]

Sind mehrere Unternehmen beteiligt, bereitet die Feststellung einer gemeinsamen Beherrschung[18] allerdings Schwierigkeiten, da die Unternehmen über den als Gesellschaftszweck ausgewiesenen gemeinsamen Zweck hinausgehende gleichgerichtete Interessen verfolgen müssen, die eine gesicherte einheitliche Einflußnahme dauerhaft erwarten lassen.[19]

Die Frage, inwiefern die Errichtung eines GU zur Herstellung und Verbreitung von Rundfunkprogrammen bei Beteiligung von Presseunternehmen diese Voraussetzungen erfüllen kann, kann abstrakt nicht beantwortet werden. Vielmehr soll hier lediglich anhand einiger Beispiele aus der Praxis des BKartA auf mögliche, sich abzeichnende Fallvarianten hingewiesen werden. Der vertraglich ausgewiesene Gesellschaftszweck ist hier die gemeinsame Veranstaltung von Rundfunk. Über diese gemeinsame Interessenlage hinausgehende weitere Umstände, die eine gesicherte einheitliche Einflußnahme einer auf Dauer angelegten Interessenlage erwarten lassen, könnte beispielsweise die indirekte Verhinderung von Rundfunkunternehmensgründungen durch branchenfremde und nicht an dem Zusammenschluß beteiligte Unternehmen sein. Versuche zur Realisierung solcher Zwecke manifestierten sich in den Gründungsverträgen der APF[20] und der Funk + Fernsehen Nordwestdeutschland GmbH & Co. KG.[21] Vorgesehen war, daß

---

[14] Vgl. Kleinmann/Bechtold, § 23 Rn 88; Langen, § 23 Rn 49; Mestmäcker in IM, § 23 Rn 168 f.; Möschel, Wettbewerbsbeschränkungen, Rn 759; vgl. auch Bertelsmann — RTL Plus, BKartA TB 1983/84, S. 105; hierzu auch Gotthold, ZHR 148 (1984), 481 f.

[15] Vgl. Mestmäcker in IM, § 23 Rn 170; Kleinmann/Bechtold, § 23 Rn 88; Westrick / Loewenheim, § 23 Rn 59.

[16] Vgl. hierzu Möschel, Wettbewerbsbeschränkungen, Rn 753.

[17] Die horizontale Zusammenschlußfiktion des § 23 Abs. 2 Nr. 2 Satz 3 zwischen den Müttern gilt hier allerdings nicht, vgl. KG WuW/E OLG 2145, 2146 Sonntag Aktuell II; Wiedemann, BB 1984, 293.

[18] Grundsätzlich wird der beherrschende Einfluß entsprechend § 17 AktG ermittelt.

[19] Vgl. WuW/E BGH 1810, 1811 Transportbeton Sauerland; hierzu auch Wiedemann, BB 1984, 293 r.Sp.; WuW/E BKartA 2143, 2144 Glasfaserkabel; Harms in GK, § 24 Rn 148; MK HG V Tz 538, 540 ff.; Möschel, Wettbewerbsbeschränkungen, Rn 756.

[20] Vgl. hierzu Gotthold, ZHR 148 (1984), 474.

[21] Vgl. hierzu BKartA TB 1983/84, S. 105 f.

ein lokales Rundfunkprogramm im Verbreitungsgebiet der Zeitung eines Gesellschafters nur mit Zustimmung dieses Gesellschafters veranstaltet bzw. an Nicht-Gesellschafter vergeben werden durfte. Auch wenn die vorgesehene Klausel am BKartA schließlich scheiterte, so dokumentiert diese Vereinbarung doch das zu erwartende Ausmaß an Wettbewerbsbeschränkungen auch zwischen den Gesellschaftern, das solche GU für die betroffenen Rundfunkmärkte haben können. Ob diese Interessenkongruenz allerdings gebündelt werden und die Qualität einer dauerhaft gesicherten einheitlichen Einflußnahme erreichen kann, ist im jeweiligen Einzelfall zu entscheiden. Je größer die Zahl der beteiligten Gesellschafter ist, desto weniger wahrscheinlich werden die Voraussetzungen erfüllt sein.[22]

Wie schwierig es ist, über den Auffangtatbestand des § 23 Abs. 2 Nr. 5 einen Zusammenschlußtatbestand zu begründen, zeigt ein anderes Beispiel aus dem Pressebereich. Im Fall der Gründung der Stuttgarter Aktuellen Presseunion GmbH[23] war keines der einzelnen Gesellschafterunternehmen mit mehr als 20 % beteiligt. Für zwei der Gesellschafter (jeweils größere Zeitungsverlage) sah das BKartA jedoch den Zusammenschlußtatbestand des § 23 Abs. 2 Nr. 5 als erfüllt an und ging davon aus, daß die Presseunion von diesen beiden Gesellschaftern gemeinsam beherrscht würde. Das Kammergericht lehnte diese Auffassung ab mit der Begründung, eine überschießende gemeinsame Interessenlage über die partielle Interessenidentität hinaus — hier die bestmögliche Herstellung einer gemeinsamen Sonntagszeitung — sei nicht feststellbar.[24] Ähnlich könnte im Einzelfall auch bei der Gründung eines GU zur Veranstaltung von Rundfunk argumentiert werden, woraus abzuleiten ist, daß ein Zusammenschlußtatbestand über § 23 Abs. 2 Nr. 5 in der Praxis unwahrscheinlich ist.[25]

Liegt kein Zusammenschlußtatbestand vor, kann die Gründung eines GU durch Presseverlage noch gemäß § 1 dem Kartellverbot unterliegen. Angesprochen ist damit die umstrittene Frage zum Verhältnis von Fusionskontrolle und Kartellverbot.[26] Nach der neueren Entwicklung in Literatur und Rechtsprechung wird überwiegend weder die Trennungstheorie noch die Zweischrankentheorie in ihrer jeweiligen Reinform favorisiert.[27] Das BKartA

---

[22] Skeptisch Kübler, S. 58; Gotthold, S. 473; Kohl/Weilbächer, ZRP 1981, S. 249 f.; Harms bezeichnet dies als „lehrreiches Beispiel für die Verwechslung der gemeinsamen Willensbildung mit wirtschaftlichen Interessen", in GK, § 24 Rn 148 a.E.

[23] GU zur Herausgabe einer gemeinsamen Sonntagszeitung, s. BKartA TB 1979/80, S. 94/95; KG WuW/E OLG 2145.

[24] KG, a.a.O., 2147.

[25] Vgl. noch BKartA TB 1977, S. 73/74, GU zur Herausgabe einer Tageszeitungsbeilage.

[26] Bei Gründung von GU hierzu Mestmäcker, Gemeinschaftsunternehmen, S. 34 f.

[27] Vgl. Emmerich, AG 1985, 317.

trennt zwischen kooperativen und konzentrativen GU und wendet grundsätzlich die Zweischrankentheorie an, wobei es den Schwerpunkt allerdings auf die Fusionskontrolle legt und bei rein konzentrativen GU über die Trennungstheorie dem sog. Konzentrationsprivileg zur Geltung verhilft.[28] Entsprechend gilt nach neuester Rechtsprechung des BGH, daß die Sonderregelungen der §§ 23 ff. über die Fusionskontrolle jedenfalls bei kooperativen GU die Anwendung des § 1 nicht ausschließen, so daß sich der Geltungsbereich des Konzentrationsprivilegs auf die echten konzentrativen GU beschränkt.[29] Darüber hinausgehende zusätzliche wettbewerbsbeschränkende Abreden werden vom Kartellverbot erfaßt.[30]

(2) Die Gründung eines Rundfunkunternehmens durch ein einzelnes Presse-/Medienunternehmen

Wegen der allgemein hohen Programmherstellungskosten, dem langen Vorfinanzierungszeitraum bis zum Abschluß kostendeckender Werbeaufträge und dem sich daraus ergebenden Bedürfnis zur Risikoverteilung auf mehrere Unternehmen wird dieser Sachverhaltstyp in der Praxis verhältnismäßig selten sein.[31] Allerdings könnte er gerade im weniger kostenintensiven lokalen Radiobereich — möglicherweise auch im lokalen Fernsehbereich zur Veranstaltung lokaler Fensterprogramme — für große Medien- und Zeitungsunternehmen realisierbar werden. Fusionskontrollrechtlich kann dieser Fall nicht erfaßt werden, da internes Unternehmenswachstum vorliegt (Diversifizierung) und es an einem Zusammenschlußtatbestand fehlt.[32]

Vor denselben Schwierigkeiten steht hier das amerikanische Antitrustrecht.[33] Um diese Lücke zu füllen, wurden entsprechende rundfunkrechtliche Regelungen geschaffen, die namentlich den lokalen intra- und intermediären publizistischen und wirtschaftlichen Wettbewerb zwischen

---

[28] Ähnlich OLG Stuttgart, AG 1985, 54 Dr. Kühne Familienzeitungen; KG AG 1985, 302 OAM; Wiedemann, BB 1984, 285 f. mwN.

[29] WuW/E BGH 2169 Mischwerke; hierzu auch Immenga, ZHR 150 (1986), 368 ff.; zu den kontroversen Meinungen im Schrifttum statt aller Wiedemann, BB 1984, 288 mwN.

[30] BKartA TB 1983/84, S. 106 „Funk + Fernsehen"; zur Anwendung des Kartellverbots auf Zusammenschlüsse zu Rundfunkunternehumen vgl. noch Gotthold, ZHR 148 (1984), 478 ff., 481; Kübler, S. 59; Kohl/Weilbächer, ZRP 1981, 249/250.

[31] So war die APF ursprünglich eine 100 %ige Tochter des Springer-Konzerns, erst später traten die anderen 164 Verleger bei, wobei die fusionskontrollrechtlich relevante Beteiligungsschwelle nicht erreicht wurde, so daß kein Zusammenschlußtatbestand vorlag, vgl. Mook, WuW 1986, 779; zu dieser Frage auch MK HG V Tz 588.

[32] Vgl. hierzu oben im Text S. 161 ff.

[33] Vgl. hierzu oben im Text S. 121.

Tageszeitungen und Rundfunkunternehmen am selben Ort schützen sollen.[34]

Auch in der Bundesrepublik muß für diese Fälle der Landesgesetzgeber in die Verantwortung genommen werden,[35] da das Kartellrecht zur Sicherung des wirtschaftlichen und dadurch publizistischen Wettbewerbs in diesem Fall keinen Beitrag leisten kann.[36]

II. Materielle Fusionskontrolle

Liegt ein fusionskontrollrechtlich relevanter Zusammenschlußtatbestand im formellen Sinne vor, prüft das BKartA im Rahmen der materiellen Fusionskontrolle, ob die materiellen Eingriffskriterien des § 24 Abs. 1 erfüllt sind.

Ist zu erwarten, daß durch den Zusammenschluß eine marktbeherrschende Stellung entsteht oder verstärkt wird, hat ihn das BKartA zu untersagen, es sei denn, die beteiligten Unternehmen weisen nach, daß durch den Zusammenschluß auch Verbesserungen der Wettbewerbsbedingungen eintreten und daß diese Verbesserungen die Nachteile der Marktbeherrschung überwiegen.[37]

Für die Feststellung der Entstehung oder Verstärkung einer marktbeherrschenden Stellung sind zunächst die sachlich und räumlich relevanten Märkte abzugrenzen.[38] Die Feststellung des Beherrschungsgrades baut darauf auf, wobei daran zu erinnern ist, daß zwischen beiden Prüfungsschritten ein Zusammenhang besteht.[39] Beide Schritte sind Teile eines Erkenntnisverfahrens und als solche juristische Hilfsmittel zur Ermittlung der „area of effective competition". Für die Marktabgrenzung bedeutet dies, den Bereich des tatsächlich stattfindenden Wettbewerbs zu ermitteln, in dem den Abnehmern Ausweichmöglichkeiten auf gleichwertige Produkte und Dienstleistungen und den Unternehmen keine unkontrollierten Handlungsspielräume zur Verfügung stehen. Hierbei sind die Zwecke der strukturorientierten Fusionskontrolle nicht aus den Augen zu verlieren, sodaß Marktdifferenzierungen nur insofern berücksichtigungsfähig sind, als den Unternehmen in diesen Teilmärkten längerfristig verschiedene Marktstrategien möglich sind.

---

[34] Vgl. hierzu oben im Text S. 138, 140.

[35] BVerfGE 73, 118, 153, 176.

[36] Vgl. bereits oben im Text S. 158 ff., 161 ff.

[37] s. hierzu beispielsweise Möschel, Wettbewerbsbeschränkungen, Rn 830.

[38] Vgl. für den Pressebereich oben im Text S. 46 ff.

[39] Zum Zusammenhang s. oben im Text S. 44 f.

1. Marktabgrenzung

(1) Die sachliche Abgrenzung des relevanten Marktes im intermediären Bereich

Gehört schon die Marktabgrenzung allein im Pressebereich zu den problematischsten und umstrittensten Prüfungsschritten pressefusionskontrollrechtlicher Verfahren, so gilt dies in noch stärkerem Maße für den Medienbereich insgesamt.[40] Eine besondere Schwierigkeit bei der Suche nach generalisierungsfähigen und justitiablen Kriterien besteht schon darin, daß die zukünftige Entwicklung der Rundfunkmärkte nicht vorhersehbar ist. Schnell sind die Grenzen zum Spekulativen überschritten bei dem Versuch, herauszufinden, inwiefern „relevante" Wettbewerbsbeziehungen zwischen den Unternehmen bestehen. Des weiteren sind Wettbewerbsbeziehungen im Medienbereich insgesamt außerordentlich komplex, da die Medien technisch, wirtschaftlich und rechtlich unterschiedlich strukturiert sind. Andererseits können wegen der Vielschichtigkeit der Bedürfnisse der Nutzer kaum bestimmte Leistungen systematisiert und den jeweiligen Medien zugeordnet werden.

Sind an einem Zusammenschluß Unternehmen sowohl aus dem Pressesektor als auch aus dem Rundfunkbereich beteiligt, ist im Rahmen der Marktabgrenzung zu prüfen, ob bzw. inwieweit diese Unternehmen Leistungen auf demselben relevanten Markt bzw. Teilmarkt anbieten. Um die Bedeutung bestehender Konkurrenzbeziehungen herauszufinden, ist entsprechend dem Bedarfsmarktkonzept zu fragen, inwieweit die Nachfrager nach Leistungen der Presseunternehmen einerseits und der Rundfunkunternehmen andererseits das Angebot dieser Medien als austauschbar ansehen.

Für die Leistungen von Rundfunkunternehmen, die sich über Werbeeinnahmen finanzieren, sind analoge Besonderheiten zu berücksichtigen, wie sie auf den Märkten für Presseleistungen gelten. Wie Zeitungs- und Zeitschriftenverlage bieten diese Rundfunkunternehmen eine gebündelte Leistung an. Auf den Rezipientenmärkten wird die Leistung in Form eines redaktionellen Programmangebots (Informations- und Unterhaltungssendungen) gegenüber Zuhörern und Zuschauern erbracht. Bestandteil hiervon sind auch die Werbesendungen. Die Kosten für Produktion und Ausstrahlung eines Rundfunkprogramms sind nahezu unabhängig von der Anzahl der Konsumenten („public good").[41]

---

[40] s. oben im Text S. 46 ff.; zur Marktabgrenzung insgesamt vgl. Markert in Schwerpunkte, S. 77; Emmerich, AG 1984, 311, und dazu Markert/Emmerich, AG 1985, 140.

[41] Vgl. hierzu Rosse in FTC, S. 46.

Auf den Werbemärkten wird an nachfragende Werbungtreibende Sendezeit verkaut. Das Programm als „public good" wird auf diesem Markt indirekt zum „private good" transformiert, indem die Rezipientenanzahl an die Werbenden verkauft werden kann.[42]

Beide Märkte sind trotz des zwischen ihnen bestehenden Zusammenhangs getrennt zu prüfen.[43]

a) Rezipientenmärkte

Hinsichtlich der Rezipientenmärkte ist allerdings für die von Rundfunkunternehmen angebotenen Leistungen auf einen grundsätzlichen Unterschied zu den Presseleistungen auf den Lesermärkten hinzuweisen. Die charakteristische Eigenart, in der das Medium Rundfunk seine Leistung dem Zuhörer und Zuschauer anbietet, führt zu besonderen Konsummöglichkeiten, wie sie in sonst keinem anderen Industrie- bzw. Dienstleistungszweig zu finden sind. Dies macht die wettbewerbsrechtliche Beurteilung ambivalent. Während der Leser sich die Presseleistung kaufen muß, indem er für ein Zeitungsexemplar einen bestimmten Preis zahlt, erhält der Zuhörer bzw. Zuschauer die von privaten Rundfunkunternehmen angebotene Programmleistung kostenlos,[44] sofern sich die Veranstalter ausschließlich über Werbeeinnahmen finanzieren.[45] Im Pressebereich trifft dies nur für kostenlos verteilte Anzeigenblätter zu, wobei diese jedoch mit ihrem verhältnismäßig geringen redaktionellen Teil auf dem Lesermarkt gerade nicht mit anderen Zeitungen im Wettbewerb stehen.[46]

[42] Vgl. ebenda, S. 50.

[43] Vgl. hierzu oben S. 31; MK HG V Tz 575, 577.

[44] Zwar finanziert ein Teil der Zuschauer durch Kauf der in den Werbespots angepriesenen Produkte indirekt die Werbung und dadurch die Programmleistung mit, doch kann dieser indirekte Zusammenhang die Konkurrenzbeziehungen auf den Rezipientenmärkten nicht widerspiegeln, zumal auch Nicht-Rezipienten die Produktpreise zahlen.

[45] Der Grund liegt darin, daß „public good"-Produkte nur schwer direkt verkauft werden können, vgl. Rosse in FTC, S. 49; anders dagegen bei den öffentlich-rechtlichen Rundfunkanstalten, die sich zu einem großen Teil zusätzlich über Gebühreneinnahmen finanzieren; anders auch als beim Pay TV, bei dem die Konsumenten selbst für den Empfang bestimmter Programme und Sendungen zahlen. Da dieses System dem marktwirtschaftlichen Austauschprozeß von Leistung und Gegenleistung entspricht, hat sich die MK für Pay TV ausgesprochen; sie geht ebenso wie das BKartA davon aus, daß in der Bundesrepublik zur Zeit ein Markt für Hörfunk- und Fernsehprogramme nicht existiert, weil es an einer wirtschaftlichen Austauschbeziehung zwischen den Programmanbietern und den Rundfunkbenutzern fehlt, vgl. MK HG VI Tz 584; MK SG 11 Tz 6 und Tz 24 ff.; kritisch zum Wettbewerb als Ordnungprinzip im Rundfunk Brinkman, Media Perspektiven 1986, 559; ders., Media Perspektiven 1985, 678; Kiefer, Media Perspektiven 1985, 15 ff.

[46] Vgl. oben im Text S. 58 f.

Es stellt sich die Frage, ob dieser Unterschied für die Marktabgrenzung der Rezipientenmärkte im Rahmen der Fusionskontrolle von Bedeutung ist. Käme man nämlich zu der Auffassung, die Einbeziehung der Rezipientenmärkte in die fusionskontrollrechtliche Prüfung sei irrelevant, erübrigte sich eine Diskussion der Abgrenzung der Rezipientenmärkte überhaupt. Diese Überlegung scheint aus folgendem Grunde nahezuliegen:

Die Marktabgrenzung erfolgt nach dem Bedarfsmarktkonzept, was zum Ausdruck bringt, daß die Marktgegenseite geschützt werden soll (vertikale Schutzrichtung). Wo die Marktgegenseite jedoch eine Leistung kostenlos erhält, ist sie unter Berücksichtigung rein wirtschaftlicher Gesichtspunkte nicht schutzwürdig.[47] Da das Angebot werbungsfinanzierter Rundfunkprogramme den Rezipienten gegenüber nicht als Leistung im Rechtssinne begriffen werden kann, haben die „Nachfrager" auch kein subjektives Recht auf die Leistung.[48] Da die Marktgegenseite für den Empfang der Leistung keinen Preis zahlt, kann eine ökonomische Ausplünderung nicht stattfinden. Wird die Qualität der Leistung subjektiv als schlecht empfunden, kann der Empfang der Leistung durch Abschalten des Rundfunkgerätes abgelehnt werden. Damit fehlt die ökonomische Schutzwürdigkeit gegenüber Marktmacht auf der Gegenseite. Daraus könnte die Schlußfolgerung gezogen werden, daß der Eingriff in die unternehmerische Betätigungsfreiheit in Form einer fusionskontrollrechtlichen Untersagungsverfügung zum Schutz der Rezipientenmärkte wegen fehlender Schutzwürdigkeit der Nachfrager unverhältnismäßig[49] und deshalb nicht zu rechtfertigen ist. In diesem Fall erübrigte sich die Berücksichtigung der Rezipientenmärkte im Rundfunkbereich und das Problem einer Marktabgrenzung stellte sich nicht.

Zu einem anderen Ergebnis gelangt man jedoch, wenn man dem Umstand, daß der Empfang der Leistung kostenlos ist, keine Bedeutung beimißt, indem man darauf abstellt, daß Auswahlmöglichkeiten der Nachfrager geschützt werden sollen, ganz gleich, ob dafür eine finanzielle Gegenleistung verlangt wird oder nicht, zumal als Alternative nur völlige Nachfrageabstinenz durch Abschalten übrig bleibt. Auf der Seite dieser Argumentation stünde die Tatsache, daß auch in Märkten, in denen für Produkte Gegenleistungen

---

[47] Zum Teil wird die Schutzwürdigkeit jedoch damit begründet, daß hohe Anzeigenpreise den Kunden indirekt über höhere Produktkosten treffen, vgl. in der amerikanischen Diskussion Bennett, 66 NW. U.L. Rev., 162 (1971), und oben Anm. 44; zum Fehlen eines marktwirtschaftlichen Austauschprozesses im Zusammenhang mit der Frage, ob die Programmtätigkeit als unternehmerische Tätigkeit im Sinne des GWB gewertet werden kann, vgl. Roth, AfP 1986, 288 r. Sp.

[48] Dieser Gesichtspunkt wird von Börner im Zusammenhang mit der Frage geprüft, inwieweit Parallelen zwischen der Veranstaltung von privatem Rundfunk und der kostenlosen Verteilung von Anzeigenblättern aus UWG-rechtlicher Sicht bestehen, s. Börner, S. 51, 56; kritisch hierzu Bechtold, AfP 1985, 245.

[49] BVerfGE 26, 215, 222.

verlangt werden, die Auswirkungen marktbeherrschender Stellungen durch völlige Kaufabstinenz obsolet werden können und daß dies nicht als Argument gegen die Fusionskontrolle angeführt werden kann.

Obwohl die besseren Gründe m. E. für eine solche Betrachtung sprechen, kann dies dahingestellt bleiben.

Zu einem anderen Ergebnis gelangt man nämlich bei Berücksichtigung der horizontalen Schutzrichtung des GWB, also bezogen auf den Wettbewerb von Rundfunkunternehmen untereinander. In den Schutzbereich der fusionskontrollrechtlichen Bestimmungen fallen nicht nur die Marktgegenseite, sondern auch die Unternehmen selbst, was insbesondere im Zusammenhang mit Marktzutrittsschranken von Bedeutung ist.[50]

Hinsichtlich der Programmleistungen auf dem Rezipientenmarkt stehen die Rundfunkunternehmen im Wettbewerb miteinander, indem sie um das Publikum in Form von Einschaltquoten konkurrieren. Zwar kann als Wettbewerbsparameter nicht ein Preis für die angebotene Leistung gegenüber den Zuhörern und Zuschauern eingesetzt werden. Doch findet Wettbewerb, bezogen auf den Inhalt der Programme (Aktualität, journalistische Exaktheit, Erstaufführungsrechte, allgemeines Programmniveau und dgl.) statt. Dies kann als eine Form speziellen „Qualitätswettbewerbs" betrachtet werden. Hierzu ist beispielsweise auch das Bemühen zu zählen, den Umfang von Werbesendungen, die i.a. vom Rezipienten als störend empfunden werden, möglichst gering zu halten. Erfolgreicher Wettbewerb um höhere Einschaltquoten führt zu höheren Werbeeinnahmen und setzt die bekannte Spirale, wie sie auch für den Pressebereich kennzeichnend ist, in Gang. Unzureichende Wettbewerbskontrolle kann hier zu erheblichen Verhaltensspielräumen führen. Marktbeherrschende Stellungen in den Rezipientenmärkten wirken sich auch auf Beschaffungsmärkte aus[51] und sind von daher fusionskontrollrechtlich von Bedeutung. Damit ist die Abgrenzung der relevanten Rezipientenmärkte unerläßlich.

Bei der Marktabgrenzung im Pressebereich wird von einem spezifischen Lesebedarf eines bereits entschiedenen Nachfragers ausgegangen.[52] Entsprechend dem Bedarfsmarktkonzept wird im Ergebnis produktorientiert abgegrenzt. Tageszeitungen, Wochenzeitungen und unterhaltende Publikumszeitschriften werden jeweils unterschiedlichen Märkten zugerechnet. Dagegen sind die Konkurrenzbeziehungen auf den Rundfunkmärkten komplexer und der „Bedarf" noch schwieriger zu kategorisieren. Daher ist z. B. in der amerikanischen Diskussion zum Teil ein einheitlicher sachlich relevanter Markt für Rundfunkleistungen ohne weitere Differenzierungen ange-

---

[50] Vgl. RegE 1971, S. 17.

[51] Vgl. Großfeld/Salje, S. 129 f.; Roth, AfP 1986, 288 f.

[52] s. oben im Text S. 48 ff.

nommen worden unter Hinweis auf die Wettbewerbsbeziehungen, die zwischen Hörfunk und Fernsehen bestünden.[53]

Ob diese grobe Betrachtung auch in der deutschen Fusionskontrolle übernommen werden kann, ist unter Berücksichtigung der engen Marktabgrenzungen im Pressebereich zweifelhaft.

Auch der spezielle Charakter der Rundfunkleistungen macht die Abgrenzung des sachlich relevanten Marktes zur Ermittlung der „area of effective competition" schwierig, da selbst bei grundsätzlicher Einigkeit über die funktionelle Austauschbarkeit der Leistungen ein Zusammenhang zwischen Marktanteilen der Anbieter und Wahlmöglichkeiten der Konsumenten nur in modifizierter Form besteht. Bei Presseprodukten fragt der Abnehmer zwangsläufig ein ganzes Bündel publizistischer Leistungen nach, das zusammengefaßt und vergegenständlicht in Form eines Zeitungs- oder Zeitschriftenexemplars erworben wird. Im Rundfunkbereich dagegen kann der Nachfrager je nach augenblicklicher Bedürfnislage und Gestimmtheit eine ihn interessierende Einzelsendung nachfragen. Er kann jederzeit und ohne finanziellen Verlust auf einen anderen Sender oder einen anderen Kanal umschalten. Eine einmal getroffene Entscheidung bindet ihn nicht, vorausgesetzt er ist gewillt, die Suche nach einem Programm, das seinen augenblicklichen Bedürfnissen eher entspricht, in Kauf zu nehmen.[54] Eine Modifizierung ist nur dort angezeigt, wo es dem Rundfunkunternehmen gelingt, eine höhere Zahl von Rezipienten dauerhaft an seine Frequenz zu binden.[55] In diesem Fall könnte eine Marktabgrenzung nach inhaltlichen Kriterien unter der Voraussetzung erfolgen, daß sich die festen Einschaltquoten auf Tendenzprogramme mit bestimmten Programmprofilen (Zielgruppensender und dgl.) beziehen. Insofern wäre grundsätzlich zu unterscheiden zwischen Allgemeinprogrammen und Sparten- oder Tendenzprogrammen. Erstere richten sich an nahezu alle Bevölkerungsgruppen, sind in ihrer Gesamtheit entsprechend allgemein ausgestaltet und haben keine inhaltlichen Schwerpunkte oder spezielle Programmprofile; so z. B. die Fernsehvollprogramme, die tendenziell untereinander austauschbar sind. Letztere wenden sich an bestimmte Zielgruppen, weisen einen bestimmten Inhalt auf und sind aus der Sicht der unterschiedlichen Nachfragergruppen tendenziell nicht austauschbar. Hierzu zählen bisher bestimmte Hörfunkprogramme, die schwerpunktmäßig beispielsweise Kultursendungen, klassische Musik und dergleichen senden, oder Unterhaltungsmusiksender, die sich in erster Linie an junge Leute wenden.[56]

[53] Vgl. oben im Text S. 123 ff.

[54] Zu den Grenzen der Nachfragesteuerung s. oben S. 177 Anm. 45.

[55] Hieran sind die Rundfunkunternehmen stark interessiert, um den Werbenden gegenüber stabile Einschaltquoten anbieten zu können; zur Bindung der Zuschauer vgl. Darschin/Frank, Media Perspektiven 1986, 209; zur Flexibilität der Hörer im Hörfunk am Beispiel München vgl. Ronneberger, Media Perspektiven 1986, 223, 235.

Damit wird deutlich, daß verallgemeinerungsfähige Aussagen zur Marktabgrenzung auch im Rundfunkbereich nicht möglich sind. Hinsichtlich der Allgemeinprogramme der traditionellen und der bisherigen privaten Fernsehveranstalter erscheint auch eine Teilmarktabgrenzung wenig hilfreich, die sich an einer Kategorisierung publizistischer Sendeinhalte orientiert, wie dies auf anderer Ebene im Pressebereich praktiziert wird. Zwar ließen sich so z. B. Teilmärkte für Nachrichtensendungen, politische Magazine, unterhaltende Show-Sendungen, Jugend-, Tier-, Spielfilme und dergleichen herausschneiden. Doch wäre eine solche Marktabgrenzung nicht geeignet, den Bereich tatsächlicher Wettbewerbsbeziehungen zu ermitteln. Vor allem die Hauptkanäle der großen Fernsehprogrammanbieter liefern ein komplexes Unterhaltungsangebot, dessen einzelne Bestandteile aus der Sicht der Nachfrager kurzfristig substituierbar sind. Zahlreiche Konsumenten schalten den Fernseher nicht mit dem entschiedenen Willen ein, nun gezielt einen Spielfilm oder eine TV-Show sehen zu wollen. Im Vordergrund steht seltener eine selektive Nutzung, sondern vielmehr ein allgemeines Unterhaltungsbedürfnis, das beim einzelnen Zuschauer abhängig ist von Geschmack, Überzeugung, Bildung, augenblicklicher Gestimmtheit und dergleichen. Darauf haben sich die Fernsehvollprogramme eingestellt, indem sie durch die Bündelung verschiedener Programmelemente eine variierende Mischung unterschiedlicher Sendegenres anbieten.[57]

Im Ergebnis nichts anderes ergibt sich unter dem Blickwinkel der horizontalen Schutzrichtung gegenüber Konkurrenten. Hier kennzeichnet die funktionelle Austauschbarkeit eines Produkts aus der Sicht eines Nachfragers zugleich die Nähe eines Wettbewerbers auf dem Markt und damit mittelbar seinen Betroffenheitsgrad im Hinblick auf unternehmerische Strategien.[58] Zwar ist eine eher wettbewerbsorientierte Marktabgrenzung für die Fusionskontrolle auch im Medienbereich grundsätzlich leistungsfähiger, insbesondere um den Markt für Newcomer offenzuhalten.[59] Teilmarktbildungen für einzelne spezielle Programmleistungen erscheinen jedoch auch unter horizontalem Blickwinkel nicht sinnvoll, da sich damit die Wettbewerbsverhältnisse nicht adäquat beurteilen lassen. Hinsichtlich einzelner Sendegenres bestehen für die Rundfunkunternehmen Ausweichmöglichkeiten, die ihren wettbewerblichen Handlungsspielraum erweitern können,

---

[56] Zu den Bestrebungen, spezialisierte Programme analog zu Fachzeitschriften anzubieten, vgl. Tempest, Media Perspektiven 1986, 151; zum Erfolg bzw. Mißerfolg solcher Programme in den USA vgl. Stipp, Media Perspektiven 1986, 178.

[57] Parallele zum Lebensmittelhandel, wo als „bestimmte Art von Waren" i. S. des § 22 Abs. 1 auch ein umfassendes Sortiment angesehen werden kann, vgl. BGH AG 1986, 288 r. Sp. Metro — Kaufhof.

[58] Vgl. Möschel, Wettbewerbsbeschränkungen, Rn 95; ders., Pressekonzentration, S. 78 ff.

[59] Vgl. Großfeld/Salje, S. 129 f.

zumal die Unternehmen nicht primär in Form einzelner Sendungen konkurrieren, was sich darin manifestiert, daß die Programmgestaltung über lange Zeiträume hinweg und unabhängig von der Programmgestaltung der Wettbewerber erfolgt.[60]

Angesichts der Fülle denkbarer Sachverhalte können für die Abgrenzung der Rezipientenmärkte im Rundfunkbereich nur Leitlinien skizziert werden:

— Die produktorientierte Marktabgrenzung nach dem Bedarfsmarktkonzept erweist sich für die Rezipientenmärkte nur begrenzt als leistungsfähig; sie ist deshalb unter eher wettbewerbsorientierten Aspekten zu modifizieren.
— Verallgemeinerungsfähige Aussagen und detaillierte Kriterienschematisierungen sind nicht möglich.
— Zu unterscheiden sind allgemeine Vollprogramme ohne inhaltliche Schwerpunktbildung von Sparten- und Tendenzprogrammen. Nur bei letzteren sind inhaltlich-publizistische Kriterien berücksichtigungsfähig.
— Im übrigen ist nach äußerlichen technisch-organisatorisch bedingten Sende- und Empfangsarten zu unterscheiden. Für einen nicht mit Kabelanschluß ausgestatteten Nutzer sind Kabelprogramme keine Ausweichmöglichkeit. Dasselbe gilt für Satellitenprogramme. Die umgekehrte Schlußfolgerung gilt jedoch nicht.
— Ein wesentliches Marktabgrenzungskriterium im Rundfunk ist das Sendegebiet. Es kann nicht nur die räumliche Marktabgrenzung betreffen, sondern — entsprechend dem Verbreitungsgebiet von Tageszeitungen — auch die sachliche Marktabgrenzung. Ein ausgeprägt regionaler/lokaler Rundfunksender ist wegen seiner Berichterstattung über regionale / lokale Ereignisse nicht austauschbar mit überregionalen Rundfunksendern. Bei einem Lokalsender ohne ausgeprägte lokale Berichterstattung (Tendenz zu allgemeinem Unterhaltungsprogramm) liegt für Hörer/Zuschauer eher Austauschbarkeit mit überregionalen Sendern vor.
— Zu berücksichtigen ist die Qualität der Verbreitung, d. h. die Art der Präsentation des Programms (Bild-, Farb- und Tonqualität).
— Hörfunk und Fernsehen können nicht demselben Rezipientenmarkt zugerechnet werden. Sie werden aus der Sicht der Nachfrager hinsichtlich ihrer Nutzungsfunktion (akustische Qualität des Hörfunks, Bewegtbilddarstellung im TV) nicht als gleichwertig und gegeneinander austauschbar angesehen. Sie stehen vielmehr in einem komplementären Verhältnis zueinander. Gewisse Wettbewerbsbeziehungen — insbesondere indirekter Art um knappe Zeit-/Geldbudgets — zwischen diesen Mediengattungen betreffen nicht die Marktabgrenzung, sondern sind bei

[60] Insofern kann hier eine Parallele zu den Büchermärkten gezogen werden, vgl. KG WuW/E OLG 2825, 2831 f. Taschenbücher.

der Feststellung des Beherrschungsgrades zu berücksichtigen. Dies gilt auch bei einer eher wettbewerbsorientierten Betrachtungsweise, da sich Hörfunk- und Fernsehunternehmen in ihren redaktionellen Programmleistungen nicht als direkte Wettbewerber begreifen und die Verhaltensspielräume nicht vom jeweils anderen Medienträger eingeschränkt werden. Ähnliches gilt auch für die wettbewerblichen Wirkungen, die von audiovisuellen Medien (Videofilm oder Tonträgerprodukte) ausgehen können.[61]

— Aus denselben Gründen können die Presseerzeugnisse nicht in die Rezipientenmärkte für Rundfunkleistungen einbezogen werden (Breite und Tiefe der gedruckten Berichterstattung, jederzeitige Wiederholbarkeit unabhängig von Ort und Zeit und dgl.).[62]

b) Werbemärkte

Während sich Zeitungen und Zeitschriften zu etwa zwei Drittel aus dem Anzeigengeschäft finanzieren, sollen sich die privaten Rundfunkunternehmen langfristig zu 100 % durch Werbeeinnahmen tragen. Der Erfolg der Unternehmen entscheidet sich damit im wirtschaftlichen Wettbewerb um das Werbeaufkommen.[63] Trotz der Bedeutung der Werbemärkte konzentriert sich die öffentliche Diskussion auf die Erhaltung des publizistischen Wettbewerbs, da von einer nachhaltigen Medienverflechtung gesellschaftspolitische Gefahren durch Beschränkungen der Informations- und Meinungsvielfalt ausgehen können. Als Voraussetzung für publizistischen Wettbewerb kommt jedoch dem Wettbewerb auf den Werbemärkten ebenso große Bedeutung zu.[64]

Die zentrale Frage, der im folgenden nachzugehen sein wird, ist, ob im Rahmen von Fusionskontrollverfahren bei Zusammenschlüssen im intermediären Bereich für die Prüfung marktbeherrschender Stellungen von einheitlichen sachlich relevanten Print- und Rundfunkwerbemärkten ausgegangen werden kann.

---

[61] Vgl. Enquête-Kommission 1983, S. 218 ff.; MK HG VI Tz 557.

[62] Vgl. schon Michel-Bericht, S. 178 r. Sp.; zur verhältnismäßig schwachen Substitutionskonkurrenz im publizistischen Bereich vgl. Enquête-Kommission 1983, S. 47 f.; MK HG V Tz 575; zur amerikanischen Diskussion vgl. oben im Text S.123 ff.; abwegig deshalb auch Scholz, AfP 1983, 261/262, der für einen einheitlichen Medienmarkt plädiert auch im wirtschaftlichen und wettbewerblichen Sinne; diese Auffassung kann sich zwar auf ein medientechnologisches Zusammenwachsen der Unternehmensmärkte stützen, nicht aber auf das Bedarfsmarktkonzept, das auf Ausweichmöglichkeiten der Marktgegenseite basiert.

[63] Zur Verteilung der Werbeausgaben auf die einzelnen Medien vgl. Steinbach, Media Perspektiven 1986, 129 ff.

[64] Vgl. MK HG V Tz 577 ff.

Auszugehen ist vom Bedarfsmarktkonzept. Die Modifizierungen, die sich für die Abgrenzung der Rezipientenmärkte ergaben, bleiben hier außer acht. Die Werbetreibenden als Nachfrager nach Anzeigenraum und Sendezeiten bezahlen einen Preis und sind als Marktgegenseite schutzwürdig.[65]

Von einem einheitlichen Werbemarkt für Print- und Rundfunkmedien wäre dann auszugehen, wenn für die Werbetreibenden als Nachfrager Pressewerbung und Rundfunkwerbung kurzfristig substituierbar wären.[66] Die ganz überwiegende Meinung trennt zwischen Werbemärkten im Pressebereich und denen im Rundfunkbereich.[67] Es wird davon ausgegangen, daß die unterschiedlichen Medienträger eher komplementär als substitutiv genutzt werden, wobei für die Zukunft allerdings noch manches unklar ist. Aus wettbewerbsrechtlicher Sicht sind die Wettbewerbsbeziehungen zwischen den Mediengattungen eher als Substitutions- oder Randwettbewerb zu klassifizieren, weniger als marktinterner direkter Wettbewerb. Echte Austauschbarkeit ergäbe sich aus der Sicht der Nachfrager nur, wenn zwischen verschiedenen Radio- und Fernsehsendern ebenso gewählt werden könnte wie zwischen verschiedenen Presseobjekten.

Eine Mindermeinung plädiert dagegen für einen einheitlichen Werbemarkt.[68] „Für viele Anzeigenkunden sind Rundfunkwerbung und Pressewerbung nach dem Urteil des durchschnittlichen, vernünftigen Werbungtreibenden ohne weiteres geeignet, denselben Verwendungszweck zu befriedigen, nämlich die möglichen Abnehmer der Werbungtreibenden zu einem Kaufabschluß zu veranlassen. Beide Kategorien der Werbung bilden damit einen einheitlichen Markt, einen Gebrauchsmarkt."[69]

Begründet wird diese Auffassung damit, daß in Zukunft[70] der Anteil der Print-Medien am Werbeaufkommen insgesamt zurückgehen bzw. sich zugunsten der elektronischen Medien verschieben wird. Börner zieht daraus den Schluß, daß Werbung durch Zeitung und Rundfunk in den Augen der Werbetreibenden für die Markenartikelindustrie, den Dienstleistungssektor und größere Betriebe des Einzelhandels funktionell austauschbar seien.[71]

---

[65] Gemeint ist hier die wettbewerbsrechtliche Schutzwürdigkeit. Zur Schutzwürdigkeit der Werbung als Nachricht und Meinungsäußerung aus verfassungsrechtlicher Sicht vgl. BVerfGE 21, 271, 278 f.; 64, 108, 114.

[66] Zur kurzfristigen Substituierbarkeit MK HG V Tz 610, 616.

[67] Vgl. RegE 1974 Begr., S. 5; Enquête-Kommission 1983, S. 47 f.; WuW/E BKartA 1921, 1924 ff. Burda — Springer; KG WuW/E OLG 2228, 2232 Zeitungsmarkt München; Möschel, JZ 1984, 497; KG WuW/E OLG 3767, 3773 Rheinische Anzeigenblätter; BKartA TB 1985/86, S. 91.

[68] Vgl. Börner, S. 27; Scholz, AfP 1983, 261 f.; einschränkend und differenzierend Brinkmann, Media Perspektiven 1983, 682; Harms in GK, § 23 Rn 831; Kübler, S. 61.

[69] Börner, S. 27.

[70] Nach den Untersuchungen Wittes, vgl. Witte, 1984.

[71] Vgl. Börner, S. 26; ebenso Mook, WuW 1986, 780 f.

Die Schlußfolgerung ist zweifelhaft. Die erwartete Umschichtung von Werbeausgaben findet statt, weil nunmehr — technisch und rechtlich bedingt — elektronische Medien in größerem Umfang als früher zur Verfügung stehen und weil einem Teil der Werbetreibenden Werbung in elektronischen Medien für ihre Zwecke besser geeignet erscheint als Werbung in Print-Medien. Umschichtungen wären nur dann Indiz für Austauschbarkeit, wenn schon früher im selben Umfang freie Wahlmöglichkeiten zwischen Print- und elektronischen Medien zur Verfügung gestanden hätten, was aber wegen der begrenzten Kapazitäten der öffentlich-rechtlichen Rundfunkwerbung nicht der Fall war. Börner selbst liefert hierfür die Begründung, freilich offensichtlich ohne dies zu erkennen. Die Verlagerung der Werbeausgaben des lokalen Einzelhandels beispielsweise wird damit begründet, daß sich mit Hilfe von Spartenprogrammen produktspezifische Werbeinhalte besser an eng abgegrenzte Zielgruppen richten lassen. Teile des Einzelhandels bevorzugten die Möglichkeit, in bewegten Bildern das Angebot im Nutzungszusammenhang darzustellen.[72] Bei der Rubrikenwerbung biete der Bildschirmtext den Vorteil kurzfristiger Dispositions- und Abrufmöglichkeiten rund um die Uhr.[73]

All dies weist eher darauf hin, daß in den Augen der Werbetreibenden die unterschiedlichen Medien nicht als gleichwertig und miteinander austauschbar angesehen werden, sondern entsprechend unterschiedlicher Werbebedürfnisse verschieden genutzt werden.[74] Das Argument,[75] den Werbetreibenden gehe es nur darum, mögliche Abnehmer zu einem Kaufabschluß zu veranlassen, weshalb Rundfunkwerbung und Pressewerbung ohne weiteres geeignet seien, denselben Verwendungszweck zu befriedigen, greift zu kurz. Denn sonst müßten sämtliche Werbemöglichkeiten in einen Markt einbezogen werden (Plakat- und Postwurfsendungen und dgl.) und

[72] Vgl. Börner, S. 21.

[73] An dieser Stelle ist darauf hinzuweisen — was oft übersehen wird —, daß Werbung in den sog. elektronischen oder neuen Medien nicht gleichbedeutend ist mit Rundfunkwerbung. Unter letztere fällt nur die Hörfunk- und Fernsehwerbung der öffentlich-rechtlichen Rundfunkanstalten und der privaten Rundfunkunternehmen, die sich über Werbeeinnahmen finanzieren. In den Bereich der elektronischen Werbung fällt beispielsweise auch die Bildschirmtextwerbung, die über das Fernsprechnetz zum Empfang auf dem Fernsehbildschirm individuell abgerufen werden muß. Sie kann zwar möglicherweise Ausweichmöglichkeiten für einen Teil der nachfragenden Werbekunden bieten, die Wettbewerbsbeziehungen der Rundfunkunternehmen untereinander um Einschaltquoten und Werbeeinnahmen sind davon nur indirekt und insgesamt betroffen. Hiervon zu unterscheiden — da enger — ist die Frage im Rahmen der Marktabgrenzung, ob Presseunternehmen einerseits und private Rundfunkunternehmen andererseits auf dem Werbemarkt Leistungen anbieten, die für die Nachfrager als Marktgegenseite funktionell austauschbar sind, vgl. hierzu MK HG V Tz 559.

[74] Vgl. Möschel, JZ 1984, 497 r. Sp.

[75] Vgl. Börner, S. 28/29.

innerhalb der Pressewerbemärkte könnte nicht nach Zeitungs- und Zeitschriftenobjekten differenziert werden. Für bestimmte Zielgruppen und bestimmte Produkte sind — um Streuverluste zu vermeiden — nur bestimmte Werbeträger effektiv und die Ausweichmöglichkeiten für die nachfragenden Werbetreibenden gering. Dem steht nicht entgegen, daß auf dem Werbemarkt auch zwischen den verschiedenen Medienträgern Rundfunk und Presse Wettbewerbsbeziehungen bestehen. Diese sind als typischer Substitutionswettbewerb zu kennzeichnen und nicht als echter Wettbewerb zwischen kurzfristig substituierbaren Produkten desselben relevanten Marktes. Ansonsten ließe sich nicht bereits hochrechnen, wie hoch die Werbebudgetverlagerung bis zum Jahre 1995 voraussichtlich sein wird. Bestünden zwischen den Medienarten tatsächlich gleichwertige Austauschmöglichkeiten, könnte das Ergebnis von Wettbewerbsprozessen kaum prognostiziert werden. Die Entwicklung wäre dem Wettbewerb überlassen und damit offen (Entdeckungsverfahren).

Ein anderer Punkt könnte jedoch für die Marktabgrenzung im Rahmen der Fusionskontrolle von Bedeutung sein. Die Bildung eines bestimmten Marktes oder Teilmarktes zum Schutz des Teils der Nachfrager, für den keine Ausweichmöglichkeiten auf die anderen Produkte oder Leistungen bestehen, findet nur dann Berücksichtigung, wenn die betroffenen Unternehmen auf diesen Märkten zu bestimmten dauerhaften Marktstrategien in der Lage sind. Enge verwendungsspezifische Teilmarktabgrenzungen sind dann außer acht zu lassen, wenn die Hersteller auf ihnen wegen enger Verbindungen zum umfassenden Markt nicht zu verschiedenen Marktstrategien fähig sind.[76] In den Werbemärkten käme dieser Punkt dann zum Tragen, wenn die Medienunternehmen gegenüber den unterschiedlichen Nachfragergruppen der Werbenden unterschiedliche Konditionen anbieten könnten, also z. B. höhere Preise für Markenartikelwerbung, niedrigere Preise für lokale Einzelhändler. In der Praxis ist dies wohl kaum durchführbar.

Daran knüpft die Frage an, inwiefern Substitute in einen Markt miteinbezogen werden können, die nur für einen Teil der Nachfrager funktionell austauschbar sind. Grundsätzlich muß zum Schutz des Teils der Nachfrager, für den keine Ausweichmöglichkeiten auf die anderer Produkte oder Leistungen bestehen, ein eigener Teilmarkt anerkannt werden.[77] Für die Fusionskontrolle ist dies allerdings nur dann zu berücksichtigen, wenn dieser Teil der Nachfrager so groß — und der restliche Teil der Nachfrager so klein — ist, daß hieraus durch einen Zusammenschluß unkontrollierte Verhaltensspielräume für die Unternehmen erwachsen. Anders ausgedrückt:

[76] WuW/E BGH 1711, 1755 Mannesmann — Brueninghaus; Möschel, Wettbewerbsbeschränkungen, Rn 839; Mestmäcker in IM, § 23 Rn 114, 114a; Langen, § 24 Rn 18.

[77] Vgl. hierzu auch Emmerich, AG 1985, 314 r. Sp.

Wenn der Teil der Nachfrager, der Wahl- und Ausweichmöglichkeiten hat, weil für ihn die Produkte bzw. Leistungen marktgleichwertig sind, so groß bzw. für die betroffenen Unternehmen so bedeutsam ist, daß er den Verhaltensspielraum der Unternehmen sozusagen stellvertretend für den anderen Teil der Nachfrager, der nicht ausweichen kann, mitkontrolliert, könnte ein einheitlicher Markt gebildet werden. Denn eine vollständige funktionelle Austauschbarkeit wird nicht vorausgesetzt, um einen einheitlichen Markt annehmen zu können.[78]

Für die Marktabgrenzung im intermediären Wettbewerb hieße das konkret: Die Leistungen, die Presse- und Rundfunkmedien anbieten, bildeten dann einen einheitlichen Werbemarkt, wenn die Gruppe der Nachfrager, für die die Medienarten gleichwertig austauschbar sind, für die Unternehmen so bedeutsam ist, daß sie deren Verhaltensspielraum begrenzen.[79]

Gegen eine solche Betrachtungsweise auf der Grundlage einer teilweisen funktionellen Austauschbarkeit und deshalb gegen eine Einbeziehung von Presse- und Rundfunkleistungen in ein und denselben Werbemarkt spricht aus wettbewerblichen Gründen m. E. der Umstand, daß es für die Werbetreibenden keine hinreichend quantifizierbaren Entscheidungskriterien gibt, auf deren Grundlage wettbewerbliche Parameter wie Preis, Qualität oder zusätzliche Serviceleistungen abgewogen und die Belegungsentscheidung zugunsten der einen oder anderen Mediengattung getroffen werden kann. Solange die Art des Werbemediums primär aufgrund werbepsychologischer Gesichtspunkte nach Zielgruppe und nach Produkt, wofür geworben werden soll, ausgewählt wird, solange können die unterschiedlichen Werbeträger kaum demselben relevanten Markt zugeordnet werden. Belegt wird dies auch durch die amerikanischen Erfahrungen, wonach sich die Anzeigenpreispolitik von Print- und Rundfunkmedien völlig unabhängig voneinander entwickelt.[80]

Dem steht nicht entgegen, daß die Nachfrageelastizität hinsichtlich der unterschiedlichen Mediengattungen bisher nicht hinreichend bekannt ist.[81] Echte funktionelle Austauschbarkeit besteht für die Nachfrager nur innerhalb derselben Mediengattung. Dies gilt auch innerhalb der Rundfunkmärkte für die Hörfunkwerbemärkte einerseits und die Fernsehwerbemärkte andererseits. Diese Medien stehen sich in Art und Nutzungsmöglichkeit zwar näher als Presse und Rundfunk, doch ist auch das Verhältnis zwischen ihnen eher komplementär als substitutiv.

---

[78] WuW/E BGH 2196, 2197 Abwehrblatt II; KG WuW/E OLG 3875, 3880 Südkurier — Singener Wochenblatt.

[79] So in der Tat Börner, S. 27/28.

[80] Vgl. United States v. Citizen Publishing Co., 280 F. Supp. 978, 991 f. (D.C. Ariz. 1968); s. hierzu oben im Text S. 125; ähnlich schon Michel-Bericht, S. 180 l. Sp.

[81] Hierzu Enquête-Kommission 1983, S. 56 l. Sp.

Neben dem Abgrenzungskriterium der Mediengattung ist für den Werbemarkt im Rundfunk der Sendebereich des Rundfunkunternehmens von Bedeutung. Wie im Pressebereich ist die sachliche und räumliche Marktabgrenzung hier eng miteinander verknüpft.[82] Danach ist zu unterscheiden zwischen lokalen, regionalen und überregionalen Rundfunkwerbemärkten. Daß die lokale Ebene einen eigenen sachlich relevanten Markt bilden kann, wird wohl auch für die Rundfunkmärkte nicht unumstritten sein.[83] Dafür sprechen jedoch analoge Gründe zur Abgrenzung der Pressemärkte, da insbesondere lokale/regionale Werbekunden zur Vermeidung von Streuverlusten nicht auf überregionale Sender ausweichen können. Ansonsten wäre ja auch das in manchen Landesrundfunkgesetzen ausgesprochene Werbeverbot für öffentlich-rechtliche Anbieter im lokalen und regionalen Bereich, um den Privaten Startchancen einzuräumen, sinnlos.[84]

In den lokalen und regionalen Werbemärkten kann für einen Teil der Nachfrager Anzeigenraum in lokalen Zeitungen und Sendezeiten in lokalen Rundfunkmedien funktionell austauschbar sein. Für einen großen Teil der Nachfrager, insbesondere den lokalen Einzelhandel, hat sich jedoch die Nachfrageelastizität zwischen Print- und elektronischen Medien als gering erwiesen.[85] Ähnliches gilt für private Kleinanzeigen, Stellen- und Märkteanzeigen. Die Vielzahl der Informationseinheiten, die diese Werbung beinhaltet, ist für die Rundfunkwerbung ungeeignet. Bildschirmtextsysteme können bisher nicht in diese Marktabgrenzung einbezogen werden, da sich die ansprechbaren Adressatengruppen aus der Sicht der Nachfrager zu sehr voneinander unterscheiden.

Die Schutzwürdigkeit eines großen Teils von Anzeigenkunden, der keine Ausweichmöglichkeiten hat, gebietet es, jeweils getrennte Märkte für lokale und regionale Werbung in Tageszeitungen, Hörfunk und Fernsehen anzunehmen. Die zwischen diesen Medien bestehenden Wettbewerbsbeziehungen sind erst bei Berücksichtigung des Beherrschungsgrades in die Prüfung einzubeziehen.[86]

---

[82] s. oben im Text für den Pressebereich S. 46 ff., 64 ff.

[83] Für die Presselesermärkte vgl. oben S. 51 ff.; Koch, DB 1982, 1760.

[84] Vgl. z. B. § 13 Abs. 2 Satz 4 LMedienG Bad.-Württ., dessen verfassungsrechtliche Zulässigkeit vom BVerfG bestätigt wurde, vgl. Beschluß vom 24.3.1987, EuGRZ 1987, 261, 272 ff.; daß die lokale und regionale Ebene wettbewerbliche relevant sein kann, stellt das BVerfG ausdrücklich fest, vgl. BVerfGE 73, 118, 177; BVerfG, a.a.O., EuGRZ 268 r. Sp.

[85] Vgl. Oppenheim/Shields, S. 12; oben im Text S. 126 Anm. 83.

[86] Eine Parallele hierzu findet sich im Pressebereich bei der Marktabgrenzung der Anzeigenmärkte in Tageszeitungen und Anzeigenblättern. Auch dort war bei Rand- und Substitutionswettbewerb von getrennten Märkten auszugehen, siehe oben S. 61 ff.

Auf den überregionalen Werbemärkten steht die überregionale Werbung für Markenartikel und Dienstleistungen ganz im Vordergrund. Zeitungs-, Zeitschriften-, Hörfunk- und Fernsehwerbung haben in diesem Bereich am ehesten substituierenden Charakter.[87] Doch auch hier sind die Medienträger entsprechend bestimmter Zielgruppen, die erreicht werden sollen, unterschiedlich gut für die Zwecke der Werbetreibenden geeignet (Beispiel: Spezial- und Fachzeitschriften). Doch selbst dann, wenn mit Sicherheit davon ausgegangen werden könnte, daß sich Print- und Rundfunkmedien eher substituierend als komplementär gegenüberstehen, fehlt es doch an quantifizierbaren Vergleichskriterien. Austauschbarkeit eines bestimmten Produkts liegt bekanntlich dann vor, wenn eine geringfügige Leistungsverschlechterung durch den Anbieter einen erheblichen Teil seiner Kunden dazu veranlassen würde, zum Kauf des anderen Produktes überzugehen.[88] Mangels direkter Vergleichbarkeit der Leistungen verschiedener Medienträger kann eine vergleichbare Verschlechterung nicht festgestellt werden. Die sog. Tausenderpreise beispielsweise sagen nichts über die Intensität aus, mit der eine Werbebotschaft bei einer Adressatengruppe wirkt. Einschaltquoten beim Rundfunk und Auflagenhöhe bei Zeitungen lassen sich nicht ohne weiteres vergleichen. Preiserhöhungen in der Zeitungsanzeigenwerbung führen nicht zu signifikanten Marktanteilserhöhungen bei der Rundfunkwerbung und umgekehrt.[89] Eine kurzfristige Substituierbarkeit ist auch nicht ohne weiteres gegeben, da erfolgversprechende Werbekampagnen entsprechend einer langfristigen Werbekonzeption geplant und ausgeführt werden müssen und die Herstellung von Fernsehwerbespots beispielsweise wesentlich aufwendiger ist als die Plazierung einer Zeitungsanzeige.

In der Regel ist daher auch für überregionale Werbemärkte von getrennten Märkten für Presse, Hörfunk und Fernsehen auszugehen.

c) Beschaffungsmärkte

Im Rundfunkbereich, insbesondere im Fernsehsektor, bestimmen die Beschaffungsmärkte, auf denen die Rundfunkunternehmen als Nachfrager in Erscheinung treten, die Wettbewerbsbeziehungen wesentlich mit. Es findet hier Nachfragewettbewerb um Zulieferleistungen statt.[90] Auf der Marktgegenseite stehen die Nachrichtenagenturen, die Programmproduktionsunternehmen, Filmverleihorganisationen, Sportveranstalter, Musiker,

[87] Vgl. Michel-Bericht, S. 179, 180; Enquête-Kommission 1983, S. 48.

[88] Vgl. MK HG V Tz 617.

[89] Vgl. Michel-Bericht, S. 180 l. Sp.; United States v. Citizen Publishing Co., 280 F. Supp. 978, 991 (D.C. Ariz. 1968); zur Bedeutung eines Rundfunkmonopols in diesem Zusammenhang vgl. Börner, S. 30 ff.

[90] Vgl. Salje in Großfeld/Salje, S. 129 f.; Roth, AfP 1986, 288 l. Sp.

Künstler und dergleichen. Der sachlich relevante Beschaffungsmarkt ist spiegelbildlich zum Bedarfsmarktkonzept auf Absatzmärkten zu ermitteln.[91] Zu fragen ist, inwieweit ein „verständiger Anbieter" dem Marktverhalten eines Nachfragers oder einer Nachfragergruppe dadurch ausweichen kann, daß er sein Angebot ggf. umstellt (sog. Angebotsumstellungskonzept).

Die Beschaffungsmärkte sind im jeweiligen Einzelfall entsprechend abzugrenzen. Überschneidungen zu korrespondierenden Pressebeschaffungsmärkten sind am ehesten im Nachrichtenbeschaffungssystem denkbar. Die Abgrenzungen werfen keine spezifischen Probleme auf.

(2) Räumliche Marktabgrenzung

Ebenso wie im Pressebereich[92] kann auch im Rundfunksektor eine strikte Trennung zwischen sachlichen und geographischen Marktabgrenzungskriterien nicht vorgenommen werden. Der Sendebereich bestimmt gleichzeitig — insbesondere bei ausgeprägt lokalem Rundfunk — Programminhalte einerseits und Art und Inhalt der Werbenachfrage andererseits mit. Wer als Rezipient lokale Rundfunkprogramme empfängt oder als Werbetreibender bei lokalen Rundfunkstationen Sendezeiten kauft, tut dies wegen lokaler Informationen bzw. wegen geringer Streuverluste bei der Plazierung lokaler Werbung. Damit ist auch aus räumlicher Sicht zwischen lokalen, regionalen und überregionalen Hörfunk- und Fernsehmärkten zu unterscheiden. Die Abgrenzung des Verbreitungsgebietes richtet sich entsprechend technischer Sachzwänge beim terrestrischen Rundfunk nach Sende- und Empfangsstärke in dem betreffenden Sende- bzw. Empfangsbereich.[93] Als Grenze ist eine bestimmte Empfangsstärke festzulegen, die eine bestimmte Qualität des Empfangs garantiert.[94] Beim Kabelrundfunk entscheidet die Empfangsmöglichkeit in einem Kabelnetz. In den Markt miteinzubeziehen sind gegebenenfalls auch ausländische deutschsprachige Sender, die mit einer bestimmten Empfangsstärke in dem betroffenen Teil des Bundesgebietes empfangen werden können oder in ein Kabelnetz eingespeist werden.

---

[91] H.M., vgl. eingehend MK HG V Tz 613, 667 ff.

[92] s. oben im Text S. 64.

[93] Nicht zugrunde gelegt werden kann dagegen das Gebiet des Bundeslandes, das die Lizenz erteilt, vgl. Mestmäcker, GRUR Int. 1983, 557.

[94] Vgl. zur amerikanischen Diskussion diesbezüglich oben im Text S. 127.

2. *Entstehung oder Verstärkung einer marktbeherrschenden Stellung*

(1) Feststellung des Beherrschungsgrades und Wettbewerbsprognose

Sind die sachlich und räumlich relevanten Märkte abgegrenzt, ist zu prüfen, ob der Beherrschungsgrad der beteiligten Unternehmen durch den Zusammenschluß zunimmt. Es ist eine Prognoseentscheidung über die zukünftige Entwicklung der Marktstruktur zu treffen. Anhand von Marktstrukturkriterien — namentlich des § 22 Abs. 1 Nr. 2 — ist die Marktstruktur vor und nach dem Zusammenschluß zu vergleichen und es ist im Rahmen einer Gesamtbetrachtung die zukünftige Wettbewerbsentwicklung zu prognostizieren.[95] Entsprechend den Zwecken der Zusammenschlußkontrolle ist hierbei den Strukturbedingungen grundsätzlich Vorrang vor aktuellem Wettbewerbsverhalten zu geben. In jedem Einzelfall sind jedoch auch relevante Verhaltensmerkmale zu berücksichtigen, wenn sie über vom Wettbewerb nicht hinreichend kontrollierte Verhaltensspielräume aussagefähig sind.[96]

Es ist daran zu erinnern, daß im Rahmen der Feststellung des Beherrschungsgrades der Streit um die Marktabgrenzung in dem Maße an Bedeutung verliert, in dem man den vom marktnahen Bereich ausgehenden Substitutionswettbewerb bei der Gesamtwürdigung mitberücksichtigt.[97] Der Substitutionswettbewerb ist jedoch nicht schon dann irrelevant, wenn er alle Wettbewerber gleichmäßig trifft.[98] Er ist vielmehr immer dann zu berücksichtigen, wenn er geeignet ist, den Verhaltensspielraum der betroffenen Unternehmen hinreichend zu beschränken.

Für die Feststellung des Beherrschungsgrades in Medienmärkten gelten für die Fusionskontrolle die Kriterien des § 22 Abs. 1 Nr. 1 (Alleinstellung oder Fehlen wesentlichen Wettbewerbs) und Nr. 2 (überragende Marktstellung).[99] Auf Rundfunkmärkten werden marktbeherrschende Stellungen privater Anbieter im Sinne dieser Vorschriften nur im lokalen und regionalen Bereich möglich sein, solange dort öffentlich-rechtliche Rundfunkanstalten keine Leistungen anbieten. Im überregionalen Bereich

---

95 WuW/E BGH 1711, 1716 Mannesmann — Brueninghaus; Möschel, Wettbewerbsbeschränkungen, Rn 847 f.; Emmerich, AG 1985, 315.

96 Vgl. Möschel, Wettbewerbsbeschränkungen, Rn 838; s. auch Markert, AG 1986, 175 f., 179 f.; Mestmäcker, AG 1986, 183; WuW/E BGH 1749, 1755 Klöckner — Becorit; s. hierzu auch MK HG V Tz 468 ff.

97 Dies macht allerdings eine genaue Abgrenzung der Märkte nicht überflüssig, s. hierzu oben im Text S.

98 So aber BGH in WuW/E BGH 2112, 2123 Gruner & Jahr — Zeit; KG WuW/E OLG 3759, 3763 Pillsbury — Sonnen-Bassermann.

99 Für den Pressebereich s. oben im Text S. 67.

dagegen sind die öffentlich-rechtlichen Anbieter auf absehbare Zeit als marktbeherrschend anzusehen.

Im Rundfunksektor wird die Zahl der in dem betreffenden Markt insgesamt verfügbaren Frequenzen bzw. Kabelkanäle von Bedeutung sein, da sie rechtliche bzw. tatsächliche Schranken für den Marktzutritt anderer Rundfunkunternehmen darstellen (§ 22 Abs. 1 Nr. 2 letztes Kriterium). Dies gilt insbesondere, wenn es darum geht, potentiellen Wettbewerb durch Marktzutritt zu berücksichtigen.

Bei Feststellung des Beherrschungsgrades muß in den Rundfunkmärkten ebenso wie in den Pressemärkten der Zusammenhang zwischen Rezipienten- und Werbungsmarkt beachtet werden.[100] Für beide Märkte ist der Marktanteil als Strukturkriterium aufgrund der spezifischen Wettbewerbsbedingungen der Kommunikationsmedien von herausragender Bedeutung. Für die Rezipientenmärkte ist die Zahl der erreichbaren Haushalte zugrunde zu legen, für die Werbemärkte die Summe des Werbeaufkommens für den jeweils betroffenen Hörfunk- oder Fernsehmarkt.

Im übrigen finden die für Presseunternehmen geltenden Grundsätze analoge Anwendung.[101] Auf die Schwierigkeiten bei der Prognoseentscheidung für Rundfunkmärkte wurde bereits hingewiesen.[102]

(2) Systematisierung von Sachverhaltstypen

Im folgenden geht es darum, die Kriterien aufzuführen, die bei intermediären Zusammenschlüssen zu einer Verschlechterung der Marktstruktur im Sinne des § 24 Abs. 1 führen können. Auch hier kann es — wie schon bei der Marktabgrenzung — angesichts der schwierigen Prognoseprobleme und der Fülle von möglichen Sachverhaltsvarianten nur darum gehen, allgemeingültige und grundsätzliche Leitlinien zu skizzieren. Die Schwächen, die eine solche oft abstrakte, mangels konkreter Sachverhaltsvorbilder losgelöste Beurteilung hat, sind zwangsläufig in Kauf zu nehmen.

Entsprechend den drei unterschiedlichen Zusammenschlußrichtungen könnten Entstehung oder Verstärkung einer marktbeherrschenden Stellung jeweils getrennt für horizontale, vertikale und konglomerate Zusammenschlüsse untersucht werden. Dies wäre dann sinnvoll, wenn man zwischen den unterschiedlichen Zusammenschlußtypen eine weitgehende Trennung auch der Marktstrukturverschlechterungskriterien einhalten könnte. Zusammenschlüsse im Medienbereich lassen sich jedoch häufig nicht in dieses

[100] Für den Pressebereich s. oben im Text S. 68.

[101] s. hierzu oben im Text S. 69 ff.

[102] s. oben im Text S. 152 f.

Einteilungsschema einordnen. In den meisten Fällen weisen sie Elemente horizontaler und konglomerater Zusammenschlußformen auf, die sich vielfältig überschneiden. So ist es durchaus möglich, daß ein und derselbe Zusammenschluß im Hinblick auf den Rezipientenmarkt einer anderen Zusammenschlußform zugeordnet werden muß als im Hinblick auf den Werbemarkt, da beide Märkte grundsätzlich unabhängig voneinander beurteilt werden müssen. So ist es ebenso wie bei Pressezusammenschlüssen auch bei intermediären Zusammenschlüssen denkbar, daß ein Zusammenschluß auf dem Rezipienten-/Lesermarkt als konglomerat zu qualifizieren ist, während er auf dem Werbe-/Anzeigenmarkt — je nach Intensität des Substitutionswettbewerbs — als horizontal gelten kann.[103]

a) Zusammenschlüsse unter Beteiligung von Printmedienunternehmen, um Rundfunkprogramme anzubieten (Gründung eines GU)

In der Praxis des BKartA spielt diese Erscheinungsform von Medienzusammenschlüssen bisher die größte Rolle. Im Berichtszeitraum 1981/82 befaßte sich das BKartA zum ersten Mal mit der Gründung von Gesellschaften, deren Geschäftszweck die Produktion und Ausstrahlung privater Fernsehprogramme ist.[104] Mittlerweile kommt der Prüfung von GU in der Amtspraxis immer größere Bedeutung zu.[105]

Von Anfang an hat das BKartA aus wettbewerblicher Sicht vor einer Verschlechterung der Marktstrukturen im Medienbereich gewarnt. Schließen sich Presseunternehmen zusammen und investieren in ein gemeinschaftliches Rundfunkunternehmen, drohen die letzten Reste von Wettbewerb zwischen den beteiligten Zeitungsverlagen zum Erliegen zu kommen.[106] Der wirtschaftliche Wettbewerb kann insofern beschränkt werden, als die Mütter, auch wenn sie formal Wettbewerber bleiben, sowohl auf dem vergemeinschafteten Markt als auch auf anderen Märkten auf die Zusammenarbeit in dem GU in der Regel Rücksicht nehmen (Gruppeneffekt).[107] Es liegt auf der Hand, daß auf diese Weise die Chance, in die versteinerten Pressemärkte durch Zulassung privater Rundfunkunternehmen mehr Wettbewerb zu bringen, vertan wird.[108]

---

103 Zusammenschlüsse zwischen Substitutionswettbewerbern sind horizontale Zusammenschlüsse auf der Grenze zu konglomeraten, vgl. Möschel, Wettbewerbsbeschränkungen, Rn 855.

104 Vgl. BKartA TB 1981/82, S. 79; hierzu auch MK HG V Tz 586 ff.

105 Vgl. BKartA TB 1983/84, S. 104 ff.; TB 1985/86, S. 90 ff.; MK HG VI Tz 574 ff.

106 Vgl. BKartA TB 1979/80, S. 100 l. Sp.

107 Vgl. Emmerich, Kartellrecht, S. 254; ebenso MK SG 11 Tz 14.

108 Vgl. Möschel, JZ 1984, 501.

Erfüllt die Gründung eines Rundfunkunternehmens unter Beteiligung von Zeitungs- oder Zeitschriftenunternehmen einen Zusammenschlußtatbestand gemäß § 23 Abs. 2,[109] gilt für die materielle Fusionskontrolle des § 24 Abs. 1 folgendes:

Zunächst ist daran zu erinnern, daß an das Vorliegen eines Zusammenschlußtatbestandes gemäß § 23 Abs. 2 nicht generell die unwiderlegliche Vermutung geknüpft werden kann, daß die beteiligten Unternehmen als wettbewerbliche Einheit[110] zu betrachten sind, der sog. Gruppeneffekt[111] sozusagen automatisch eintritt.[112] Vielmehr ist für die materielle Fusionskontrolle anhand der konkreten Umstände des jeweiligen Einzelfalls zu prüfen, ob die beteiligten Unternehmen zu einer wettbewerblichen Einheit verbunden werden oder ob der Zusammenschluß auf andere Weise dazu führt, daß bei einem beteiligten Unternehmen eine marktbeherrschende Stellung entsteht oder verstärkt wird.[113]

Bei Gründung eines GU kann dies beim GU selbst, bei einer Muttergesellschaft oder bei einer Oligopolgruppe, mit der das GU direkt oder indirekt verbunden ist, eintreten.[114] Bei Verflechtungen von Presse- und Rundfunkunternehmen gilt dies für Rezipienten-/Lesermärkte und Werbe-/Anzeigenmärkte. Angesichts der Fülle von Sachverhaltsvarianten, die hier denkbar sind, kann nur eine grobe Skizzierung einiger Marktstrukturverschlechterungskriterien vorgenommen werden.

Errichten mehrere Unternehmen unter Beteiligung von Presseunternehmen ein GU zur Veranstaltung privaten Rundfunks,[115] handelt es sich um ein

---

[109] Nach h.M. sind formeller und materieller Zusammenschlußbegriff identisch, vgl. Möschel, Wettbewerbsbeschränkungen, Rn 834; Langen, § 23 Rn 5; Mestmäcker in IM, § 24 Rn 5 ff.; Westrick/Loewenheim, § 24 Rn 14; Müller/Gießler/Scholz, § 24 Rn 9; Kleinmann/Bechtold, § 24 Rn 22 f.

[110] Zur wettbewerblichen Einheit in diesem Zusammenhang eingehend Fischer, S. 91, S. 164 ff.

[111] Zum Gruppeneffekt vgl. Möschel, Wettbewerbsbeschränkungen, Rn 198 f.; Mestmäcker, Europäisches Wettbewerbsrecht, S. 432 f.; ders., Gemeinschaftsunternehmen, S. 39.

[112] So aber früher das BKartA TB 1977, S. 52; TB 1979/80, S. 25; ebenso MK HG I Tz 876 ff.; hierzu auch Wiedemann, Gemeinschaftsunternehmen, S. 231.

[113] So die überwiegende Auffassung, vgl. WuW/E BGH 1533, 1538 Erdgas Schwaben; WuW/E BGH 1763, 1765 bituminöses Mischgut; FK, § 24 Rn 14 ff., 18; Kleinmann/Bechtold, § 24 Rn 24 ff.; Westrick/Loewenheim, § 24 Rn 15 ff.; Wiedemann, BB 1984, 294 mwN; ders., GU, S. 232; MK HG VI Tz 569 ff.; HG V Tz 449; WuW/E BKartA 3007, 3008 Gasversorgung Schwanenwede; Fischer, S. 166 ff.

[114] Vgl. Harms in GK, § 24 Rn 569; Wiedemann, GU, S. 243 ff.

[115] Ohne Beteiligung von Presseunternehmen bzw. Unternehmen, die im marktnahen Bereich tätig sind, gelten die allgemeinen Grundsätze der — hier meist — konglomeraten Zusammenschlüsse, vgl. hierzu Wiedemann, GU, S. 243 f.

GU zur sachlichen Markterweiterung.[116] Daraus ergibt sich für die Entstehung oder Verstärkung einer marktbeherrschenden Stellung:

(a) Auf dem Markt, in dem das GU tätig ist

Dies sind die Hörfunk- und Fernsehmärkte. Für die erforderliche Strukturprognose[117] tritt zunächst ein Beurteilungsproblem auf. Da es sich um die Erschließung eines neuen Marktes handelt, besteht die Gefahr, daß man sich hinsichtlich der Prognose über die künftige Marktstruktur mangels gesicherter Erkenntnisgrundlagen leicht im Spekulativen verliert. Dies gilt namentlich hinsichtlich Art und Umfang der Substitutionsbeziehungen zwischen den Medienarten.[118] Als gesicherte Kriterien gelten vorläufig faktische Zutrittsschranken[119] und begrenzte Wachstumschancen.[120]

Andererseits kann dies keinen Verzicht auf die Anwendung der Fusionskontrolle in den neuen Rundfunkmärkten zur Folge haben. Auch wenn diese anfangs klein und verlustreich und „marktbeherrschende Stellungen" nicht zu erwarten sind, besteht die Gefahr, daß schon jetzt die Entwicklung zur Entstehung von Marktstrukturen eingeleitet wird, die ähnlich der im Tageszeitungsbereich wettbewerblich ungünstig sind und kaum wieder rückgängig gemacht werden können. Aufgabe der Fusionskontrolle ist es jedoch, gerade längerfristige strukturelle Wirkungen ins Auge zu fassen, weil die durch einen Zusammenschluß hervorgebrachten strukturellen Veränderungen erfahrungsgemäß irreversibel sind.

Für die einzelnen Rundfunkmärkte bzw. -teilmärkte ist zu unterscheiden zwischen überregionalen, regionalen und lokalen Fernseh- und Hörfunkprogrammen.[121]

Im überregionalen Fernsehmarkt und in den groß-regionalen Hörfunkmärkten ist eine Verschlechterung der Marktstruktur gegenwärtig und in

---

[116] Allgemein hierzu Wiedemann, GU, S. 253.

[117] Vgl. hierzu Möschel, Wettbewerbsbeschränkungen, Rn 847 f.

[118] Darauf weist auch die Enquête-Kommission, S. 8, hin; vgl. auch ebenda, S. 44 ff., 48; Emmerich, AG 1985, 320.

[119] Im begrenzten terrestrischen Sendebereich wegen Frequenzmangels.

[120] Die Werbemärkte tragen nur eine begrenzte Anzahl von Vollprogrammen, vgl. Enquête-Kommission, S. 58; BVerfGE 73, 118, 123. Inwiefern tatsächliche Wettbewerbsbeschränkungen aufgrund der durch den Zusammenschluß herbeigeführten Strukturveränderungen prognostiziert werden können, ist im übrigen ein für das geltende Fusionskontrollrecht charakteristisches Dilemma, s. Markert, AG 1986, 175 r. Sp. unten.

[121] Zur Marktabgrenzung vgl. oben im Text S. 182; 187 ff. in der Praxis wohl ebenso BKartA TB 1985/86, S. 91 Radio Hamburg.

absehbarer Zukunft durch Zusammenschlüsse privater Rundfunkveranstalter nicht zu erwarten. Hier sind die öffentlich-rechtlichen Anstalten dominierend und jeder Zutritt bedeutet eine Verbesserung der Wettbewerbsbedingungen.[122] Dies gilt für Rezipienten- wie Werbemärkte.[123] Der Umstand, daß die Werbemärkte nur wenige Vollprogramme tragen können und es auch technisch begrenzte Zutrittsschranken nach wie vor gibt, ändert hieran nichts, da die Chancen für einen funktionsfähigen Wettbewerb in einem weiten Oligopol größer sind als in einem engen.[124] Demgegenüber ist jedoch aus wettbewerblichen Gründen darauf zu achten, daß der Marktzutritt für weitere private Anbieter offen bleibt. Zu prüfen ist deshalb, ob die neu in den Markt eintretenden privaten Anbieter Marktzutrittsschranken errichten.[125]

Anders dagegen kann die Beurteilung in den lokalen und klein-regionalen Radio- und Fernsehmärkten ausfallen. Diesen Märkten muß aus wettbewerblicher Sicht besondere Aufmerksamkeit zukommen, da bereits die lokalen Pressemärkte weitgehend von Monopolstellungen gekennzeichnet sind.[126] In diesem Bereich bieten die öffentlich-rechtlichen Anstalten ganz überwiegend keine Leistungen an.[127] Zwar verbessert auch hier — wie im überregionalen Bereich — jeder Neuzutritt eines weiteren Anbieters grundsätzlich die Wettbewerbsstruktur namentlich in den lokalen Werbemärkten, wenn auch nur in Form und Umfang begrenzten Substitutionswettbewerbs zu den überregionalen Rundfunkanbietern.[128] Doch werden solche privaten lokalen Anbieter im terrestrischen Bereich aufgrund technischer Begrenzungen und im Kabelbereich zumindest langfristig aufgrund werbemarktimmanenter Grenzen voraussichtlich marktbeherrschende Stellungen i.S. des § 22 Abs. 1 Nr. 1 oder Nr. 2 erlangen.[129] Die Entwicklung hin zu „Ein-Lokalradio-Kreisen" ist zumindest nicht auszuschließen.[130] Vor diesem

---

[122] BKartA TB 1983/84 S. 105 im Fall Bertelsmann — RTL Plus; Gotthold, ZHR 148 (1984), 474; Harms in GK, § 24 Rn 868; zustimmend unter ausschließlicher Berücksichtigung des wirtschaftlichen Wettbewerbs MK HG VI Tz 586.

[123] Für letztere vorläufig wohl auch in Anbetracht der Tatsache, daß Werbezeiten in den öffentlich-rechtlichen Anstalten limitiert sind.

[124] Vgl. hierzu auch Stellungnahme der Bundesregierung zum V. HG der MK, S. 14.

[125] MK HG VI Tz 586.

[126] BVerfGE 73, 118, 177.

[127] Unvereinbar mit Art. 5 Abs. 1 Satz 2 GG ist es allerdings, den öffentlich-rechtlichen Rundfunkanstalten die Veranstaltung lokaler und regionaler Rundfunkprogramme zu untersagen, vgl. BVerfG vom 24.3.1987, EuGRZ 1987, 261 ff.

[128] In diesem Zusammenhang ist darauf hinzuweisen, daß der Ausdehnung von Werbezeiten in den privaten Programmen insofern Grenzen gesetzt sind, als ein Rundfunkprogramm mit zuviel Werbung auf Akzeptanzschwierigkeiten stößt und die öffentlich-rechtlichen Veranstalter, die sich zusätzlich über Gebühren finanzieren, Ausweichmöglichkeiten auf Programme mit weniger Werbung anbieten können.

[129] Vorausgesetzt, die rundfunkrechtlichen Regelungen lassen dies zu.

Hintergrund ist die Marktstrukturprognose zu treffen. Die marktbeherrschende Stellung des zu gründenden GU wird zwar primär nicht „durch" den Zusammenschluß erlangt, da auch ein Einzelunternehmen insofern dieselbe Position innehätte. Die von § 24 Abs. 1 geforderte Kausalität ist jedoch unter Berücksichtigung längerfristiger Wirkungen[131] dadurch gegeben, daß bei Beteiligung von Substitutionswettbewerbern zusätzliche Verhaltensspielräume erlangt werden. Ist ein Rundfunk-GU mit einem in seinem Sendegebiet publizierenden Presseunternehmen verbunden, ist die Steuerung des Substitutionswettbewerbs im lokalen Werbe-/Anzeigenmarkt möglich[132] und damit im Hinblick auf den Rundfunkmarkt eine Verschlechterung der Wettbewerbsstruktur zu erwarten.

Es kann eine Parallele gezogen werden zu einem Aspekt, der aus dem Pressebereich bei Zusammenschlüssen zwischen Tageszeitungen und Anzeigenblättern von Bedeutung ist. Dort wurden solche Zusammenschlüsse u. a. auch wegen Verstärkung der Marktstellung des Anzeigenblattes untersagt, um den in gewissem Umfang vorhandenen Substitutionswettbewerb zwischen diesen beiden Blättern auf dem Anzeigenmarkt zu schützen. Auch verhältnismäßig niedrige Marktzutrittsschranken bei der Gründung von Anzeigenblättern änderten daran nichts.[133]

Ähnlich verhält es sich im lokalen oder klein-regionalen Radiosektor. Bei Beteiligung von lokalen Presseunternehmen am Rundfunk-GU können zum einen medienfremde potentielle Wettbewerber von einem Marktzutritt zusätzlich abgeschreckt werden, da sie sich gegen einen verflochtenen Wettbewerber wegen dessen Verbundvorteile auf dem Werbe- und Rezipientenmarkt[134] keine realistischen Wettbewerbschancen mehr ausrechnen.[135]

Zum anderen fällt — die sonstigen technischen oder administrativen Möglichkeiten vorausgesetzt — der potentielle Wettbewerb durch Marktzu-

[130] Bei wettbewerbsorientierter Betrachtungsweise gilt dies nur eingeschränkt für den Fall, daß sich mehrere Anbieter eine Frequenz teilen müssen und zwischen ihnen Wettbewerb um Einschaltquoten und Werbeaufkommen besteht. Ausweichmöglichkeiten auf dem Hörermarkt werden dadurch allerdings kaum bestehen.

[131] Zu den Fernwirkungen vgl. WuW/E BGH 1501, 1507 Kfz-Kupplungen; Harms in GK, § 24 Rn 165 f.

[132] Wie amerikanischen Erfahrungen zeigen, sind verallgemeinerungsfähige Aussagen nicht möglich, s. hierzu im Text oben S. 118 f.; vom BKartA bei der Prüfung des GU — Radio Hamburg im konkreten Fall verneint, vgl. TB 1985/86, S. 91.

[133] Vgl. oben im Text S. 58 ff.

[134] Vgl. zu den amerikanischen Erfahrungen oben im Text S. 117, economies of scale sind hier strittig; Verbundvorteile einräumend MK SG 11 Tz 17; Börner, S. 46 f.; im TV-Bereich mag dies nochmal anders zu beurteilen sein, vgl. Michel-Bericht, S. 237 r. Sp.

[135] Parallele zur Argumentation im Pressebereich, vgl. WuW/E BKartA 1931, 1933 Contact — Ammerland Echo; ähnlich WuW/E BGH 1954 Springer — az Anzeigenblatt.

tritt von seiten der lokalen Presseunternehmen weg. Zu berücksichtigen ist hierbei, daß aufgrund der Spiralwirkung ein einmal etablierter Sender schnell zum „Erstsender" werden und damit kaum mehr aus dieser Position zu verdrängen sein wird. Für den Kabelradiosektor gilt dies wegen der Einschaltquoten-Werbungs-Spirale und des begrenzten lokalen Werbeaufkommens ebenfalls.

In der Entscheidungspraxis wird man sich zusätzlich oder primär auf die Verschlechterung der Marktstruktur in den Pressemärkten stützen, da hier die Prognoseschwierigkeiten möglicherweise geringer sein werden.

(b) Auswirkungen auf die Märkte, in denen die Mütter tätig sind

Bei Presseunternehmen sind dies die Zeitungs-/Zeitschriften-, Leser- und Anzeigenmärkte.[136]

Auch wenn bei Gründung eines Rundfunk-GU ein Zusammenschlußtatbestand gem. § 23 Abs. 2 Nr. 5 vorliegt und keine horizontale Zusammenschlußfiktion wie in § 23 Abs. 2 Nr. 2 Satz 3 eingreift, können horizontale Marktstrukturverschlechterungen auf den Pressemärkten als Folge des Vertikalzusammenschlusses berücksichtigt werden.[137]

Solange die Mütter jeweils für sich keine Rundfunkprogramme anbieten, kommen Strukturverschlechterungen durch einen engen Gruppeneffekt im eigentlichen Sinne nicht in Betracht.[138] Dagegen ist ein weiter Gruppeneffekt denkbar insofern, als die Errichtung des gemeinschaftlichen Rundfunkunternehmens dazu führt, daß der Wettbewerb zwischen den beteiligten Presseunternehmen auf deren Pressemärkten, auf denen das Rundfunk-GU ja keine gleichwertigen Leistungen anbietet, beeinträchtigt wird und dadurch bei einem der Presseunternehmen oder der „Gruppe" insgesamt eine marktbeherrschende Stellung entsteht oder verstärkt wird.[139] Denkbar ist in der Tat, daß in den hochkonzentrierten Pressemärkten die letzten Reste von Wettbewerb wegfallen, indem der Substitutionswettbewerb zwischen den Medienarten gesteuert und die Marktzutrittsschranken hierdurch noch weiter erhöht werden, was eine Art Mischung zwischen engem und weitem Gruppeneffekt bedeutete. Die Verschlechterung der Marktstruktur bei Zusammenschlüssen zwischen Substitutionswettbewerbern muß nicht im Zugewinn höherer Marktanteile liegen, sondern es reicht eine (teilweise) Erhal-

---

[136] Vgl. hierzu oben S. 46 ff.

[137] Vgl. Wiedemann, Gemeinschaftsunternehmen, S. 243 f.

[138] Der enge Gruppeneffekt betrifft den Markt, auf dem das GU und die Mütter tätig sind oder potentiell tätig sein können, vgl. hierzu Wiedemann, a.a.O., S. 245 ff.

[139] Allgemein hierzu ebenda, S. 248; zu diesen Befürchtungen eingehend schon Michel-Bericht, S. 238; MK SG 11 Tz 14; Mestmäcker, Medienkonzentation, S. 216 f.

tung und Sicherung der errungenen Marktstellung durch die Fähigkeit zur Abwehr des nachstoßenden Wettbewerbs durch Minderung des von Wettbewerbern zu erwartenden Wettbewerbsdrucks.[140] Ob dadurch eine mit den Erfordernissen wirksamen Wettbewerbs unvereinbare Marktstruktur geschaffen wird, ist im jeweiligen Einzelfall konkret nachzuweisen. Hierunter fällt auch, wenn die Chance für ein Wiederaufleben des erlahmten Wettbewerbs sich noch mehr verschlechtert.[141] Vor dem Hintergrund neuerer wettbewerbstheoretischer Erkenntnisse muß dies allerdings im Hinblick auf oligopolistische Verhaltenskoordination skeptisch beurteilt werden.[142] Am ehesten vorstellbar erscheint eine Verstärkung einer bereits bestehenden marktbeherrschenden Stellung durch langfristige Absicherung eines oder aller beteiligter Presseunternehmen; die Entstehung dagegen wird wohl auszuschließen sein.

Eine weitere Voraussetzung muß jedoch hinzukommen: Die Absicherung einer marktbeherrschenden Stellung durch Beschränkung des Substitutionswettbewerbs kann nur erfolgen, wenn das betreffende Unternehmen auch auf dem Markt der substituierbaren Leistung marktbeherrschend ist bzw. einen überragenden Verhaltensspielraum besitzt, da anderenfalls Ausweichmöglichkeiten auf andere Substitutionswettbewerber vorhanden sind.[143] Das Rundfunk-GU muß also in seinem Markt eine marktbeherrschende Stellung innehaben. Dies wird nur in denjenigen Rundfunkmärkten der Fall sein, in denen die dominierenden öffentlich-rechtlichen Anstalten keine Leistungen anbieten, also im lokalen und klein-regionalen Bereich. Eine Untersagung in diesem Bereich würde dem wettbewerbspolitischen Zweck der Fusionskontrolle, marktbeherrschende Stellungen mit Hilfe des Restwettbewerbs soweit wie möglich zu kontrollieren und im Zeitablauf abzubauen, voll entsprechen.

Ergebnis: Erfüllt die Gründung eines Rundfunk-GU unter Beteiligung von im marktnahen Bereich tätigen Presseunternehmen einen Zusammenschlußtatbestand, ist nur in den lokalen und klein-regionalen Märkten, in denen die öffentlich-rechtlichen Rundfunkanstalten keine Leistungen anbieten, die Entstehung einer marktbeherrschenden Stellung des Rundfunk-GU auf den

---

[140] WuW/E BGH 1533, 1536 Erdgas Schwaben; Wuw/E BGH 1854, 1856 Zeitungsmarkt München; Emmerich, AG 1985, 318.

[141] Vgl. grundlegend WuW/E BGH 1501, 1506 Kfz-Kupplungen.

[142] Vgl. Markert, BB 1986, 1666; ders., AG 1986, 178; Harms in GK, § 24 Rn 870; zur Reaktionsverbundenheit im marktbeherrschenden Zeitschriften-Oligopol vgl. BKartA TB 1983/84, S. 105 Bertelsmann — RTL Plus; im Fall Radio Hamburg vom BKartA verneint, TB 1985/86, S. 91.

[143] So konnte wegen der schwachen Position der Privaten im überregionalen Fernsehwerbemarkt im Fall Bertelsmann — RTL keine Verstärkung der Marktstellungen der Zeitschriftenverlage nachgewiesen werden, vgl. BKartA TB 1983/84, S. 105.

Rundfunkmärkten und die Verstärkung der beteiligten Zeitungsunternehmen auf den Zeitungsmärkten wegen Beschränkung des Substitutionswettbewerbs gem. § 24 Abs. 1 zu erwarten. Eine Untersagung ist dann nur zu vermeiden, wenn nachgewiesen werden könnte, daß Verbesserungen der Wettbewerbsbedingungen eintreten und diese die Nachteile der Marktbeherrschung überwiegen (§ 24 Abs. 1, 2. Halbsatz).

b) Zusammenschlüsse zwischen überregionalen Presse-/Medienunternehmen und überregionalen Rundfunkunternehmen

Solche intermediäre Zusammenschlüsse unter Beteiligung bereits bestehender Rundfunkunternehmen sind in Deutschland vorläufig noch selten, werden allerdings zunehmend möglich.[144]

Die wesentlichen Kriterien, die auf den Rundfunk- und Pressemärkten eine Verschlechterung der Marktstrukturen anzeigen können, wurden bereits bei der Behandlung der Gründung eines Rundfunk-GU genannt.[145] Deshalb soll hier nur noch kurz darauf eingegangen werden.

Grundsätzlich geht es auch bei diesen Zusammenschlüssen um die Beschränkung des Substitutionswettbewerbs zwischen den Rundfunk- und Printmedienleistungen. Die Marktstruktur kann sich nur in dem Bereich verschlechtern, in dem diese Medienarten Substitutionswettbewerber sein können, wo sich also das Sende-/Empfangsgebiet des betroffenen Rundfunkunternehmens und das Verbreitungsgebiet der betroffenen Zeitung / Zeitschrift überschneiden oder decken.

Betroffen von solchen Zusammenschlüssen sind die überregionalen Rundfunk- und Pressemärkte. Dies sind bisher nur die überregionalen privaten Fernsehmärkte und die Märkte überregionaler Zeitungen und Zeitschriften.

Auf dem Rezipienten- und Werbemarkt überregionaler Fernsehunternehmen haben die öffentlich-rechtlichen Wettbewerber marktbeherrschende Stellungen inne.[146] Eine Verschlechterung der Marktstruktur ist hier in absehbarer Zukunft selbst dann nicht zu erwarten, wenn die Marktstellung eines privaten Anbieters durch den Zusammenschluß mit einem Presseunternehmen verstärkt wird. Dies gilt selbst dann, wenn man die Oligopolvermutungstatbestände anwendet, denn dann liegt eine sog. Aufholfusion in einem asymmetrischen Oligopol vor, deren wettbewerbliche Einschätzung positiv sein kann.[147]

---

[144] Vgl. z. B. Bertelsmann — RTL, BKartA TB 1983/84, S. 105.

[145] s. oben im Text S. 193 ff.

[146] Vom BVerfG wegen der notwendigen „Grundversorgung" legitimiert, vgl. BVerfGE 73, 118, 157.

[147] Zur Aufholfusion vgl. Möschel, Wettbewerbsbeschränkungen, Rn 877, 878; Harms in GK, § 23a Rn 297 ff.; ders., § 24 Rn 548, 553; Langen, § 24 Rn. 36.

Auf den überregionalen Pressemärkten ist die Entstehung einer marktbeherrschenden Stellung durch Beschränkung des Substitutionswettbewerbs wohl auszuschließen.[148] Denkbar ist die Verstärkung durch die Möglichkeit, in dem verbundenen Rundfunkmedium beispielsweise gezielt für das eigene Presseobjekt zu werben und die Wettbewerber nachteilig darzustellen.[149] Die Steuerbarkeit des Substitutionswettbewerbs auf dem Werbe-/Anzeigenmarkt kommt beim überregionalen intermediären Zusammenschluß kaum in Betracht, solange die neue Unternehmenseinheit auf dem Rundfunkmarkt wegen der dominierenden öffentlich-rechtlichen Wettbewerber nicht beherrschend ist.[150]

c) Zusammenschlüsse zwischen überregionalen Presse-/Medienunternehmen und lokalen/regionalen Rundfunkunternehmen

Dies könnte praktisch werden bei einem Zusammenschluß zwischen einem großen überregionalen Tageszeitungs- oder Publikumszeitschriftenverlag mit einem lokal oder regional bedeutenden Rundfunkunternehmen. Rundfunkrechtliche Konzentrationsbeschränkungen können dies nur begrenzt verhindern.[151]

Für die Verschlechterung der Marktstruktur ist zu unterscheiden: Liegt ein Zusammenschluß zwischen einer Tageszeitung mit regionalem Verbreitungsschwerpunkt und einem Rundfunkunternehmen, das im selben geographischen Markt sendet, vor,[152] verstärkt sich die Position des Unternehmens auf dem eigenen sachlich relevanten lokalen Rundfunkmarkt. Auf dem Rezipientenmarkt ergibt sich dies durch allgemeine Verbundvorteile bei der Herstellung des Programms (gemeinsame Nutzung des Nachrichtenbeschaffungssystems und dgl.),[153] durch die Möglichkeit, den eigenen Sender günstig in der auflagenstarken Zeitung darzustellen und dgl., was zur Abschreckung aktueller und potentieller nichtverbundener Konkurrenten führen kann. Auf dem Werbemarkt ergibt sich dies durch den Zusammenhang zwischen dem Erfolg auf dem Rezipientenmarkt und dem Werbemarkt und durch die Möglichkeit, Kombinationstarife anbieten oder den Substitu-

---

[148] Vgl. oben im Text S. 199 wie beim GU.

[149] Zu den Argumenten in der amerikanischen Diskussion s. oben im Text S. 116 ff.

[150] s. z. B. BKartA TB 1983/84, S. 105 Bertelsmann — RTL.

[151] Beispielsweise kann die vom LMedienG Bad.-Württ. vorgesehene Konzentrationsbeschränkung gem. § 19 den Aufkauf von mehreren lokalen/regionalen Rundfunkunternehmen durch einen Medienkonzern dann nicht verhindern, wenn sich die Sendegebiete nicht überschneiden.

[152] z. B. die Süddt. Zeitung beteiligt sich in fusionskontrollrechtlich relevanter Weise an einem lokalen Radio- oder TV-Unternehmen in München.

[153] Zu Verbundvorteilen MK HG V Tz 638 ff., 682 ff.

tionswettbewerb steuern zu können. Für den Leser- und Anzeigenmarkt der Zeitung gilt dies analog.[154] Abgeschreckt kann allerdings nur derjenige potentielle Wettbewerber werden, der tatsächlich und rechtlich die Möglichkeit zum Marktzutritt hat (zusätzliche freie Frequenz oder freier Kanal) und dem man dann eine subjektive Bereitschaft unterstellen kann.[155]

Ähnlich ist es, wenn ein Zusammenschluß zwischen einem überregionalen Zeitungs- oder Zeitschriftenunternehmen ohne regionalen Verbreitungsschwerpunkt oder einem Medienkonzern (Springer, Bertelsmann) und einem lokalen Rundfunkunternehmen zu beurteilen ist. Da hier allerdings kaum Rand- und Substitutionswettbewerb besteht, kann sich eine Verschlechterung der Marktstruktur nur nach den Kategorien für konglomerate Zusammenschlüsse im marktnahen Bereich ergeben.[156] Das sind vor allem Ressourcenzuwachs für das lokale Rundfunkunternehmen, verbesserter Zugang zum Beschaffungsmarkt,[157] zusätzliche Abschreckungseffekte für aktuelle und potentielle Wettbewerber und allgemeine Erhöhung der Marktzutrittsschranken auf den lokalen Rundfunkmärkten.

Auf den Lesermärkten der betroffenen Presseobjekte können sich Verstärkungen marktbeherrschender Stellungen dadurch ergeben, daß sich das Rundfunkunternehmen verkaufsfördernd zugunsten der Presseobjekte einsetzen läßt. Dadurch kann der Wettbewerbsdruck in diesem lokalen Markt nachlassen und, wenn der Markt bedeutend ist, zur Verstärkung der Stellung des Unternehmens insgesamt führen.[158]

d) Zusammenschlüsse zwischen lokalen/regionalen Zeitungsverlagen und lokalen/regionalen Rundfunkunternehmen

Dies kann praktisch werden, wenn eine lokale/regionale Tageszeitung oder ein Anzeigenblatt seine Beteiligung an einem lokalen/regionalen Hörfunk- oder Fernsehunternehmen in fusionskontrollrechtlich relevanter Weise erhöht oder sich in sonstiger Weise mit solchen zusammenschließt.

Decken oder überschneiden sich geographisch das Verbreitungsgebiet der Zeitung und das Sendegebiet der Rundfunkstation, kann sich die Ver-

[154] Vgl. hierzu die Parallele bei der Pressefusionskontrolle in den Fällen Süddeutscher Verlag — Donau-Kurier und Zeitungsmarkt München, Nachweise s. oben im Text S. 41.

[155] Vgl. KG WuW/E OLG 3759, 3765 Pillsbury — Sonnen-Bassermann; Harms in GK, § 24 Rn 485.

[156] Hierzu Möschel, Wettbewerbsbeschränkungen, Rn 860.

[157] Zur Bedeutung des Beschaffungsmarktes für Spielfilme, Erstaufführungs- und Übertragungsrechte vgl. Kiefer, Media Perspektiven 1984, 120 ff.

[158] WuW/E BGH 1854, 1856 Zeitungsmarkt München.

schlechterung der Marktstruktur auf den jeweils eigenen sachlich relevanten Presse- und Rundfunkmärkten durch Beschränkung des Substitutionswettbewerbs im Hinblick auf die Werbe-/Anzeigenmärkte ergeben, vor allem, wenn die betroffenen Unternehmen bereits marktbeherrschende Stellungen innehaben.[159]

Auf den Rezipienten-/Lesermärkten ist eine Verstärkung wiederum zu erwarten durch allgemeine Verbundvorteile, die Möglichkeit zu qualifizierteren Inhalten und gegenseitigen verkaufsförderlichen Hinweisen auf das jeweils andere Medium, wodurch Wettbewerbshandlungen oder Marktzutritte von Konkurrenten insgesamt unwahrscheinlicher werden können.[160]

e) Zusammenschlüsse zwischen überregionalen und lokalen/regionalen Rundfunkunternehmen oder zwischen lokalen/regionalen Rundfunkunternehmen untereinander (Ketten- oder Gruppenbildung)

Diese Formen intramediärer Rundfunkzusammenschlüsse sind insbesondere aus der amerikanischen Diskussion bekannt[161] und zeichnen sich auch in der Bundesrepublik ab.[162] In diesem Bereich können Zusammenschlüsse zwischen reinen Rundfunkunternehmen am ehesten unterhalb der fusionskontrollrechtlich geforderten Umsatz-Eingreifkriterien bleiben.[163]

Steht § 24 Abs. 8 einer Kontrolle nicht entgegen und schließen sich direkte lokale Rundfunkwettbewerber zusammen, gelten für die Verschlechterung der Marktstruktur die allgemeinen Grundsätze.[164]

Schließen sich zwei lokale Rundfunkstationen zusammen, deren Sendegebiet sich nicht überschneidet, liegt ein konglomerater Markterweiterungszusammenschluß vor.[165] Die beteiligten Unternehmen bieten hier zwar Leistungen in demselben sachlich relevanten Markt an, sind jedoch wegen der unterschiedlichen geographischen Märkte keine Wettbewerber. Da Marktanteilszuwächse wegfallen, sind Verschlechterungen der Marktstrukturen

[159] Parallele zu Fusionen zwischen Tageszeitungen und Anzeigenblättern, s. oben im Text S. 61 ff.

[160] s. oben im Text S. 196 ff.; so auch die amerikanischen Erfahrungen, s. oben im Text S. 116 ff.

[161] s. oben im Text S. 113, 114.

[162] s. oben im Text S. 151, Anm. 20.

[163] s. oben im Text S. 168 ff.

[164] Vgl. hierzu die Kriterien bei der Pressefusionskontrolle, oben im Text S. 79 ff.

[165] Allgemein hierzu Möschel, Wettbewerbsbeschränkungen, Rn 711. Beispielsweise kann die rundfunkrechtliche Konzentrationssperre des § 19 LMedienG Bad.-Württ. solche Zusammenschlüsse nicht verhindern, wenn sich die Empfangsgebiete geographisch nicht überschneiden.

auf den Rundfunkmärkten nur vorstellbar durch Ressourcenzuwachs, Verbundvorteile oder verbesserten Zugang zu den Beschaffungsmärkten und wegen des davon ausgehenden Abschreckungseffektes.

All dies setzt jedoch technische und rechtliche Rahmenbedingungen voraus, die mehrere direkte Wettbewerber im selben Rundfunkmarkt überhaupt ermöglichen. Dann ist die Entstehung oder Verstärkung eines marktbeherrschenden lokalen Rundfunkunternehmens am ehesten vorstellbar, wenn sich ein lokaler Sender an eine bestehende größere Senderkette anschließt oder mit einem überregionalen Rundfunkunternehmen fusioniert und dadurch seine Position „eingräbt".[166]

f) Zusammenschlüsse zwischen Rundfunkunternehmen und Programmproduktionsunternehmen

Im Vordergrund steht hier der vertikale Aspekt. Marktbeherrschende Stellungen können sich verstärken auf den Rundfunkmärkten durch verbesserten Zugang zu den Beschaffungsmärkten und auf den Märkten des Produktionsunternehmens durch entsprechende Verbesserungen auf den Absatzmärkten, wodurch sich jeweils Marktzutrittsschranken erhöhen können. Voraussetzung sind allerdings bereits bestehende marktbeherrschende Stellungen,[167] was im privaten Rundfunkbereich zunächst nur auf lokaler Ebene denkbar und in diesem Zusammenhang von nachrangiger Bedeutung erscheint. Bisher läßt sich nicht vorhersagen, daß solche Zusammenschlüsse zu nicht mehr einholbaren Vorsprüngen und unkontrollierten Verhaltensspielräumen in den betroffenen Märkten führen werden.[168]

3. *Verbesserungen der Wettbewerbsbedingungen*

Bei Zusammenschlüssen von Presseunternehmen hatte die sog. Abwägungsklausel im Ergebnis nur eine geringe substantielle Rolle gespielt. In den Untersagungsverfahren war es den beteiligten Unternehmen nur in wenigen Fällen gelungen, nachzuweisen, daß durch den Zusammenschluß auch Verbesserungen der Wettbewerbsbedingungen eintreten und daß diese Verbesserungen die Nachteile der Marktbeherrschung überwiegen (§ 24 Abs. 1, 2. Halbsatz).[169]

---

[166] Zur entrenchment-Theorie und vergleichbaren amerikanischen Ansätzen vgl. Büscher, S. 215 ff.; zur Senderkettenbildung in Italien vgl. Rauen, Media Perspektiven 1984, 162.

[167] Allgemein hierzu Möschel, Wettbewerbsbeschränkungen, Rn 859.

[168] Vgl. BKartA TB 1983/84, S. 106/107 Zusammenschlüsse betr. den Markt für Programmproduktion von Pay-TV.

Es stellt sich die Frage, ob sich bei intermediären Zusammenschlüssen oder intramediären Rundfunkfusionen diesbezüglich etwas anderes ergibt, zumal das BKartA seine bisherige restriktive Praxis bei der Anwendung der Abwägungsklausel zumindet in anderen Bereichen aufgegeben hat.[170]

Verbesserungen der Wettbewerbsbedingungen sind möglich auf Drittmärkten und auf dem Markt selbst, auf welchem die Entstehung oder Verstärkung einer marktbeherrschenden Stellung zu erwarten ist.[171] Bei intermediären Zusammenschlüssen ergibt sich die Verschlechterung der Marktstruktur insbesondere durch die Beschränkung des Substitutionswettbewerbs.[172] Vor allem in den lokalen/regionalen Märkten, in denen die Zeitungsverlage häufig über Monopolstellungen verfügen, ist eine Absicherung gegen Substitutionswettbewerb dann möglich, wenn die marktbeherrschenden Zeitungsverlage sich mit dem lokalen marktbeherrschenden privaten Rundfunkunternehmen zusammenschließen. Die Verschlechterung der Marktstruktur betrifft insofern den Wettbewerb auf beiden Märkten.

Wie die Abwägungsklausel im konkreten Einzelfall zur Anwendung kommen mag, kann angesichts der Fülle von Sachverhaltsvarianten nicht abstrakt detailliert vorhergesagt werden. Deshalb sind hier lediglich einige grundsätzliche Erwägungen möglich.

Beteiligen sich Presseunternehmen an Rundfunkunternehmen, sei es in Form der Gründung von GU, sei es durch Zusammenschlüsse bereits bestehender Unternehmen oder entsprechende Beteiligungserhöhungen, ist für die Verbesserung der Marktstruktur zu unterscheiden zwischen überregionalen und groß-regionalen Rundfunkmärkten einerseits, in denen marktbeherrschende öffentlich - rechtliche Wettbewerber ihre Leistungen anbieten, und lokalen / klein-regionalen Rundfunkmärkten andererseits, in denen die privaten Rundfunkanbieter keiner direkten öffentlich-rechtlichen Konkurrenz (abgesehen von der Substitutionskonkurrenz, die von den überregionalen Rundfunksendern ausgeht) ausgesetzt sind.

Strukturverschlechterungen auf den überregionalen Pressemärkten — z. B. Erhöhung der Reaktionsverbundenheit im Oligopol — können marktinterne Verbesserungen der intramediären Wettbewerbsstrukturen auf den überregionalen Rundfunkmärkten gegenübertreten, wenn den dominierenden öffentlich-rechtlichen Anbietern ein neuer Wettbewerber gegenüber-

---

[169] s. oben im Text S. 85.

[170] Vgl. zur Gründung von GU zum Aufbau neuer regionaler Gasversorgungsnetze, BKartA AG 1986, 116 r. Sp. Badenwerk — Rhein/Neckar II, unter ausdrücklicher Bezugnahme auf die Entscheidung des KG in den Fällen EVS — Gasversorgung Nord (WuW/E OLG 3443) und Thüringer Gas — Stadtwerke Westerland (WuW/E OLG 3469).

[171] Vgl. Möschel, Wettbewerbsbeschränkungen, Rn 889; Harms in GK, § 24 Rn 628.

[172] s. oben im Text S. 195 ff.

tritt. Nicht zu verwechseln ist dies mit Meinungsvielfaltserwägungen, die ebenso wie rundfunkrechtliche Regelungen im Rahmen der Abwägungsklausel vom BKartA nicht berücksichtigt werden können.[173] Allgemeingültig kann nicht entschieden werden, inwiefern Vorteile von Strukturverbesserungen auf dem einen Medienmarkt Nachteile von Strukturverschlechterungen auf dem anderen Medienmarkt nicht nur aufwiegen, sondern sogar überwiegen. Auch hier handelt es sich um inkommensurable Größen, die einer Beurteilung nach Rechtsmaßstäben nur schwer zugänglich sind.[174]

Zugunsten von Verbesserungen auf den Rundfunkmärkten fällt bei der Abwägung zumindest der Umstand ins Gewicht, daß die Möglichkeit, den intermediären Substitutionswettbewerb in den überregionalen Werbemärkten zu steuern, gering ist, solange die Privaten in den Rundfunkmärkten nur kleine Marktanteile halten.

Voraussetzung ist jedoch in jedem Fall, daß der Zusammenschluß für die Verbesserungen kausal ist („durch").[175] Für den Marktzutritt in die überregionalen Rundfunkmärkte ist dies wegen der hohen Investitions- und Programmkosten und dem damit verbundenen Risiko voraussichtlich nachweisbar.[176] Sollen die Privaten adäquate Wettbewerber der öffentlich-rechtlichen Konkurrenz sein, sind insbesondere am Anfang wegen der langen Vorfinanzierungszeiträume bis zum Erhalt kostendeckender Werbeeinnahmen hohe Verluste einzukalkulieren, die von einzelnen Unternehmen allein kaum getragen werden können. Hier kann dann der Umstand, daß überhaupt ein Wettbewerbsmarkt entsteht, die Schwächen seiner Struktur überwiegen.[177]

Ist im Kontrollverfahren umstritten, ob die Verbesserungen nicht auch anderweitig eintreten können, trifft die Beweislast die betroffenen Unternehmen.[178] Hierbei genügt es nach Auffassung des BGH, „wenn sich aufgrund der gegebenen und der auf dem zukünftigen Markt zu erwartenden Marktverhältnisse anhand der konkreten Umstände mit hoher Wahrscheinlichkeit sagen läßt, daß nach allgemeiner Erfahrung über wirtschaftliches Verhalten eine gleichwertige Verbesserung der Wettbewerbsbedingungen ohne den Zusammenschluß nicht zu erwarten ist".[179]

---

[173] Vgl. Harms in GK, § 24 Rn 871; so auch Mook, WuW 1986, 784; allgemein hierzu Kleinmann/Bechtold, § 24 Rn 63 u. 70; Koch, DB 1982, 1758; Mestmäcker, GRUR Int. 1983, 558; Möschel, JZ 1984, 501.

[174] Vgl. Möschel, Wettbewerbsbeschränkungen, Rn 889; es ist hier daran zu erinnern, daß medienpolitische Überlegungen keine Berücksichtigung finden können, siehe schon oben im Text S. 85; Harms in GK, § 24 Rn 646.

[175] Vgl. Möschel, Wettbewerbsbeschränkungen, Rn 888; Harms in GK, § 24 Rn 618.

[176] s. Mook, WuW 1986, 784.

[177] Vgl. Harms in GK, § 24 Rn 636.

[178] Vgl. Möschel, Wettbewerbsbeschränkungen, RN 888; Harms in GK, § 24 Rn 655.

In den lokalen/klein-regionalen Märkten kann dies anders zu beurteilen sein. Die Kostenargumente gelten hier nicht im selben Umfang, insbesondere nicht für den lokalen Hörfunk.[180] Im Einzelfall kann deshalb die Kausalität der Beteiligung von Presseunternehmen für die Verbesserungen fraglich sein. Bei Radiosendern, die ganz überwiegend Unterhaltungsmusik senden, erscheint auch das Know how-Argument der Presseverlage wenig plausibel.[181]

Wesentlicher ist jedoch, daß bei Verflechtungen marktbeherrschender lokaler Medienunternehmen der Substitutionswettbewerb gesteuert werden kann, weshalb Verbesserungen auf den lokalen Rundfunkwerbemärkten im allgemeinen schon gar nicht zu erwarten sind. Doch kann sich im Einzelfall die Abwägungsfrage „mehr intramediärer Rundfunkwettbewerb zwischen öffentlich-rechtlichen und privaten Anbietern" einerseits kontra „mehr intermediärer Wettbewerb zwischen Presse und Rundfunk" andererseits für die lokalen intramediären Rundfunkwerbemärkte nur im Hinblick auf den Substitutionswettbewerb von seiten überregionaler öffentlich-rechtlicher Anbieter stellen. Denn diese konkurrieren in den lokalen Märkten nicht direkt mit privaten Anbietern. Ob der Schwerpunkt dann hierauf oder auf die Chance, lokale Pressemonopole Substitutionswettbewerb auszusetzen, gelegt werden muß, hängt wohl letztlich von der Größe und Bedeutung der einzelnen Wettbewerbsmärkte ab.

Eher denkbar sind Verbesserungen unter dem Aspekt der Erhaltung eines Anbieters, der vom Ausscheiden aus dem Markt bedroht ist (Sanierungsfusion). Wegen der zu erwartenden Werbeausgabenverlagerung hin zu den elektronischen Medien wird befürchtet, daß die Existenzfähigkeit lokaler Presseunternehmen bei Nichtbeteiligung am Rundfunk gefährdet und deshalb eine neue Konzentrationswelle zu erwarten sein könne.[182]

Voraussetzung ist zunächst, daß deswegen nicht schon die Kausalität des Zusammenschlusses für die Verstärkung einer marktbeherrschenden Stel-

179 WuW/E BGH 1533, 1540 Erdgas Schwaben; Harms in GK, § 24 Rn 622; zweifelhaft ist im übrigen, ob die Wettbewerbsstrukturen besser wären, besetzten statt der Presseunternehmen andere kapitalkräftige Großunternehmen die neuen Rundfunkmärkte, vor allem dann, wenn Investitionsmotiv die Förderung von Verkaufschancen für die eigenen Produkte ist.

180 s. zu den Kosten Enquête-Kommission 1983, S. 58.

181 „Zwei Minuten Journalismus pro Stunde kriegten auch eine Schallplattenfirma, Bierbrauerei oder Werft hin", vgl. Schnibben, Die Zeit, Nr. 33 vom 8.8.86, S. 52, zum Radio Schleswig-Holstein, dem ersten landesweiten privaten Radiosender.

182 Vgl. Harms in GK, § 24 Rn 887; Niemann in Wettbewerbsimpulse, S. 24 ff.; Börner, S. 47; Mook, WuW 1986, 783; die Erhaltung eines notleidenden Zeitungsverlages durch den Zusammenschluß mit einem lokalen Rundfunkunternehmen wird auch in der amerikanischen Diskussion ambivalent beurteilt, vgl. oben im Text S. 120.

lung fehlt.[183] Dies ist der Fall, wenn der Marktanteil des vom Ausscheiden bedrohten Anbieters im Falle des Konkurses ohnehin dem einzigen Wettbewerber zugefallen wäre. Im intermediären Wettbewerb gilt dies für den Substitutionsanteil. Übernimmt z. B. das einzige lokale Rundfunkunternehmen die einzige Lokalzeitung, ist der Zusammenschluß für die Verstärkung auf dem lokalen Werbemarkt durch Wegfall der Substitutionskonkurrenz dann nicht kausal, wenn dieses Ergebnis auch durch Ausscheiden der Zeitung aus dem Markt eingetreten wäre. Gibt es jedoch einen anderen potentiellen Wettbewerber,[184] der einen Neueintritt in den lokalen Markt plant und die Zeitung übernehmen würde — z. B. eine Regionalzeitung plant die Herausgabe einer Lokalausgabe —, wäre eine Verbesserung der Wettbewerbsbedingungen wegen Erhaltung eines Anbieters durch eine intermediäre lokale Verflechtung nur dann denkbar, wenn der Neuzutritt die Stellung der Regionalzeitung verstärkt und diese Verstärkung negativer gewertet wird als die Verstärkung des lokalen Rundfunkunternehmens. Eine Bevorzugung des weniger marktstarken lokalen Unternehmens könnte aufgrund unterschiedlicher Größen der betroffenen Märkte durchaus der Fall sein.

Ob im intermediären Bereich solche Sanierungssachverhalte im Rahmen der Abwägungsklausel eine substantiellere Rolle spielen werden als im Pressebereich, muß angesichts der dortigen Erfahrungen bezweifelt werden.

4. *Ministererlaubnis*

Mit der Ministererlaubnis gem. § 24 Abs. 3 könnte ein Medienzusammenschluß erlaubt werden, auch wenn durch diesen die den wirtschaftlichen Wettbewerb betreffenden Marktstrukturen verschlechtert werden.[185] Ein „überragendes Interesse der Allgemeinheit" könnten die Gewährleistung der Rundfunkfreiheit bzw. Meinungsvielfaltserwägungen sein.[186]

---

[183] s. hierzu oben im Text S. 86.

[184] Zur alternativ purchase-rule vgl. auch Citizen Publishing Co., 394 U.S. 131, 138 im Zusammenhang mit der „failing company-defense", hierzu auch Harms in GK, § 24 Rn 527 mwN, 625; vgl. hierzu auch Möschel, AG 1986, 190 r. Sp., und Mestmäcker, GRUR Int. 1983, 558 r. Sp.

[185] Zur Ministererlaubnis bei Pressefusionen vgl. oben im Text S. 89 f.

[186] Vgl. Harms in GK, § 24 Rn 872; Mestmäcker, GRUR Int. 1983, 557 r. Sp. unten; kritisch Kübler, S. 105. Die amerikanische Rechtsprechung weist in diese Richtung, wenn sie beispielsweise Zusammenschlüsse zwischen direkten Wettbewerbern mit der Begründung eines „natürlichen Monopolmarktes" erlaubt und hervorhebt, wirtschaftlicher Wettbewerb sei in diesen Fällen nicht im öffentlichen Interesse, s. hierzu oben im Text S. 102.

Ein Kompetenzkonflikt mit den für die Medienpolitik allein zuständigen Ländern kann sich hieraus nicht ergeben, da durch das Ministerverfahren nur die Rechtsanwendung eines Bundesgesetzes für einen konkreten Einzelfall überprüft und eine Ausnahmebewilligung erteilt werden kann.[187] Damit kann einer landesrechtlich zu erteilenden Lizenz gerade erst Wirkung verschafft werden. Wird die Erlaubnis nicht erteilt, bleibt es bei der allgemeinen Anwendung des GWB.[188]

Wie der Fall Burda — Springer[189] gezeigt hat, ist in der Praxis die Wahrscheinlichkeit für die Erteilung einer Ministererlaubnis gering, da die Berücksichtigung von Meinungsvielfaltserwägungen eine laufende Verhaltenskontrolle impliziert und darüber hinaus einzelne Medienunternehmen keinen Bestandsschutz genießen. Hinzu kommt, daß zur Sicherung der Rundfunkfreiheit die landesrundfunkrechtlichen Regelungen entsprechend ausgeschöpft werden können.

---

[187] Allgemein hierzu Kleinmann/Bechtold, § 24 Rn 194.

[188] Zu den Kompetenzkonflikten in diesem Fall s. oben im Text S. 158 ff.; ähnlich Harms, in GK, § 24 Rn 872, gegen Mestmäcker, GRUR Int. 557 r. Sp., 559 f.

[189] s. hierzu oben im Text S. 189 f.

Schlußbemerkung

Die Fusionskontrolle im Medienbereich impliziert sehr komplexe Problemsachverhalte, die differenzierte rechtliche Beurteilungen erforderlich machen und Prüfungsergebnisse strittig bleiben lassen. Dies wird sich in Zukunft eher noch verstärken. Die Wettbewerbsbeziehungen in der Medienindustrie sind so vielschichtig, daß die Grenzen des Einzelmarktkonzepts, an das die GWB-Zusammenschlußkontrolle anknüpft, deutlich sichtbar werden. Nimmt man die essentielle gesellschaftspolitische Bedeutung von Mediensachverhalten hinzu, bleibt bei der Subsumtion massenmedialer Wirklichkeitszusammenhänge unter ein Gesetz, das die Freiheit des Wettbewerbs auf Waren- und Dienstleistungsmärkten sichern soll, oft der Eindruck unzulänglicher Erfaßbarkeit zurück. Auch wegen des rasanten technologischen Wandels wird die tatsächliche und rechtliche Beurteilung der meisten Fragen in Zukunft stärker als in anderen Gebieten Unsicherheiten mitsichbringen.

In der Fusionskontrolle darf all dies jedoch nicht dazu führen, daß man sich bei Rechtssetzung und Rechtsanwendung abwartend zurückhält oder sogar gänzlich untätig bleibt. Wie das amerikanische Beispiel zeigt, sind einmal entstandene Strukturen auch in Medienmärkten kaum mehr rückgängig zu machen.

Einer strukturellen und von inhaltlichen Vielfaltskriterien losgelösten Fusionskontrolle kommt im Medienbereich eine wesentliche Bedeutung zu, da Verhaltenskontrolle meist wenig effektiv ist und zudem schnell an die Grenzen des Art. 5 GG stößt.

Andererseits kann die Fusionskontrolle rundfunkrechtliche Regelungen nicht ersetzen, wenn es darum geht, Meinungsvielfalt durch Eigentümervielfalt zu sichern. Wie die amerikanischen Erfahrungen beim Aufbau privater Rundfunkmärkte gezeigt haben, können auch verhältnismäßig strenge Zusammenschlußkontrollvorschriften eine vielschichtige multimediale Konzentration nicht verhindern. Das amerikanische Beispiel lehrt insbesondere, daß intermediäre Konzentration, auch die Verflechtung zwischen lokalen Rundfunk- und Presseunternehmen, effektiv nur mit rundfunkrechtlichen Regelungen kontrolliert werden kann, da meist mangels Zusammenschlußtatbestand die fusionskontrollrechtlichen Vorschriften nicht eingreifen. Im Bereich rundfunkrechtlicher Normen sind allgemeine, strukturell orientierte Verflechtungs- und Konzentrationsbeschränkungen effektiver. Sie sind einzelfall- oder verhaltensorientierten Regelungen vorzuziehen, da diese im sensiblen Bereich der Inhaltskontrolle angesiedelt sind. Strukturelle Regelungen haben überdies den Vorteil, daß mit ihrer Hilfe schnellere, billigere und vorhersehbarere Entscheidungen getroffen werden können. Manifestieren sich im Einzelfall Plausibilitätsdefizite, sind diese durch Ausnahmemöglichkeiten auszugleichen.

In dem eher bescheidenen Umfang, in dem wettbewerbsrechtliche Fusionskontrollregelungen im Medienbereich zur Anwendung gelangen können, sollten diese voll ausgeschöpft werden. Zu warnen ist vor dem neuen amerikanischen Trend, bei Fusionskontrollentscheidungen Effizienzerwägungen mitzuberücksichtigen.[190] Gerade aufgrund der dargestellten spezifischen Strukturen massenmedialer Markt- und Wettbewerbsbeziehungen mit ihrer Tendenz zu „natürlichen" Monopolen wäre der Zwang zu externem Unternehmenswachstum im Medienbereich durch Zusammenschlußaktivitäten vorgegeben. Damit würden letztlich insbesondere kleinere und mittlere Unternehmen ihre Unabhängigkeit verlieren, eine Entwicklung, die vor allem im Medienbereich von niemandem ernsthaft gewünscht werden kann.

190 Vgl. Mueller, WuW 1986, 538.

Zusammenfassung und Ergebnisse

Teil 1:

1. Die 3. GWB-Novelle von 1976 brachte eine pressespezifische Verschärfung der allgemeinen Fusionskontrollvorschriften, um diese auch auf kleinere und mittlere Unternehmen in lokalen und regionalen Märkten anwenden zu können. Danach werden nach § 23 Abs. 1 Satz 7 Presseumsätze zwanzigfach in Ansatz gebracht, was für die Anzeigepflicht nach § 23, für die Anmeldung nach § 24a, für die Marktbeherrschungsvermutungen nach § 22 Abs. 3 und für die Toleranzklauseln des § 24 Abs. 8 Satz 1 Nr. 1 und Nr. 3 gilt. Außerdem schließt § 24 Abs. 9 die Anschlußklausel des § 24 Abs. 8 Satz 1 Nr. 2 für Presseunternehmen aus.

2. Inzwischen wurden die pressespezifischen Regelungen vom BGH angewendet und vom BVerfG bestätigt. Sie stehen im Einklang mit dem allgemeinen System der Fusionskontrolle und stellen kein Sonderrecht dar. Sie nehmen ausschließlich Bezug auf den wirtschaftlichen Wettbewerb. Soweit darüber hinaus indirekt der publizistische Wettbewerb geschützt werden soll („medienpolitische Motivation"), verstößt dies nicht gegen das System des Kartellrechts, solange solche weitergreifenden Zwecke nicht in inhaltlichen Kriterien zum Ausdruck kommen. Insofern liegt auch ein „allgemeines Gesetz" nach Art. 5 Abs. 2 GG vor.

3. Aus wettbewerblicher Sicht sind die Marktstrukturen der bundesdeutschen Pressemärkte unterschiedlich geprägt. Die ungünstigsten Strukturen weisen die lokalen und regionalen Abonnementtageszeitungsmärkte auf. Hier können sich die Verlage in den meisten Fällen im Kernbereich des eigenen Verbreitungsgebietes auf marktbeherrschende Positionen stützen.

   Auf den Märkten überregionaler Abonnementtageszeitungen herrscht in begrenztem Umfang Wettbewerb zwischen den auflagenstarken großstädtischen Tageszeitungen, die zwar zum größten Teil in der Region ihres Erscheinungsgebietes abgesetzt werden, die aber auch überregional angeboten werden.

   Die einzige überregionale Straßenverkaufszeitung ist nur örtlich begrenztem Wettbewerb ausgesetzt.

   Die Struktur auf den lokalen Anzeigenblattmärkten ist dadurch gekennzeichnet, daß bereits zwei Drittel dieser Blätter von den lokalen Tageszeitungen beherrscht werden.

Bei den unterhaltenden Publikumszeitschriften dominieren vier große Verlagsgruppen mit einem Marktanteil von zusammen ca. 65 %.

Auf den mittelständisch geprägten Fachzeitschriftenmärkten sind wegen verhältnismäßig niedriger Marktzutrittsschranken die Wettbewerbsstrukturen intakt.

Dagegen herrscht auf dem Pressevertriebsmarkt wegen der jeweiligen Gebietsmonopolstellungen der Presse-Grossisten kein Wettbewerb.

4. Konzentrationsursachen im Pressebereich sind zu einem wesentlichen Teil auf pressespezifische Markt- und Wettbewerbszusammenhänge zurückzuführen. Die „Anzeigen-Auflagen-Spirale" in Verbindung mit dem „public good"-Charakter von Presseerzeugnissen bringen größenbedingte Verbundvorteile überproportional zur Geltung.

5. Pressezusammenschlüsse sind von der Fusionskontrolle verhältnismäßig häufig betroffen. Die 3. GWB-Novelle kann insofern als eine effiziente Regelung charakterisiert werden.

6. Im Rahmen der materiellen Fusionskontrolle gehört die Marktabgrenzung der relevanten Pressemärkte zu den problematischsten Aufgaben. Lesermärkte und Anzeigenmärkte sind hierbei zu trennen. Ausgangspunkt ist das Bedarfsmarktkonzept in seiner für die Zwecke der Fusionskontrolle eher wettbewerblichen Orientierung. Unterscheidungskriterien können organisatorisch-technischer Art sein (Erscheinungsweise, Vertriebsmethode, Verbreitungsgebiet), die jedoch ihre Entsprechung meist in inhaltlichen Kriterien finden. Eigene Lesermärkte bilden jeweils Abonnementzeitungen, Straßenverkaufszeitungen, überregionale, regionale und lokale Tageszeitungen, politische Wochenzeitungen/Magazine, Sonntagszeitungen, allgemein unterhaltende und spezielle Publikumszeitschriften und Fachzeitschriften. Eigene Anzeigenmärkte bilden darüber hinaus die kostenlosen Anzeigenblätter (strittig).

7. Für die Feststellung der Marktbeherrschung gelten auch im Pressebereich die allgemeinen Grundsätze. Zu beachten ist der Zusammenhang zwischen Leser- und Anzeigenmarkt; eine Verstärkung auch nur auf dem einen Markt bewirkt in der Regel auch eine Verstärkung auf dem anderen Markt.

   Wegen der pressespezifischen Markt- und Wettbewerbszusammenhänge kommt dem strukturellen Kriterium Marktanteil eine überragende Bedeutung bei der Feststellung der Marktbeherrschung zu. Die Marktposition wird in der Regel anhand der Gesamterlöse aus Vertriebs- und Anzeigengeschäft ermittelt. Darüber hinaus erheblich ist vor allem die Finanzkraft.

8. Schließen sich ein Medienkonzern oder ein überregionales Zeitungsunternehmen mit einer lokalen/regionalen Zeitung zusammen, kann sich bei Überschneidung der Verbreitungsgebiete die Verstärkung marktbeherrschender Stellungen beider Beteiligter sowohl auf dem überregionalen als auch auf dem lokalen/regionalen Markt durch Absicherung der eigenen Marktposition ergeben. Dasselbe gilt bei Zusammenschlüssen zwischen Tageszeitungen und Anzeigenblättern. Dagegen werden Zusammenschlüsse unter Beteiligung von Fachzeitschriftenverlagen nur in Ausnahmefällen untersagt, da hier trotz zum Teil hoher Marktanteile niedrige Marktzutrittsschranken bestehen. Bei Zusammenschlüssen auf oligopolistisch strukturierten Pressemärkten kann — insbesondere im Publikumszeitschriftenmarkt — mit dem Eingreifen der Oligopolvermutungen zu rechnen sein. Zusammenschlüsse können auch wegen Marktverflechtungen untersagt werden, wenn Wettbewerbsvorteile auf dem einen Pressemarkt solche auf einem anderen nach sich ziehen.

9. Der Zuwachs an Marktanteilen spielt in der Praxis wegen der engen Marktabgrenzungen seltener eine Rolle. Da bei Pressezusammenschlüssen die Übergänge zwischen horizontalen und konglomeraten Fusionen fließend sind, kommt oft dem Substitutionswettbewerb zentrale Bedeutung zu. Dieser ist grundsätzlich auch dann zu berücksichtigen, wenn er alle Wettbewerber gleichmäßig betrifft (strittig). Ist zu erwarten, daß durch einen Zusammenschluß der Substitutionswettbewerb zwischen marktnahen Presseunternehmen beschränkt wird, ist von einer Verstärkung einer bestehenden marktbeherrschenden Stellung auszugehen.

   Wegen der allgemein hohen Marktzutrittsschranken ist bei Pressefusionen der Abschreckungseffekt nicht zu unterschätzen. Finanzkraft und größenbedingte Kosten- und Verbundvorteile durch Ressourcen- und Personaltransfer verstärken überproportional die auf dem „public good"-Charakter und der „Anzeigen-Auflagen-Spirale" beruhende monopolistische Tendenz im Pressewettbewerb. Nicht ignoriert werden darf auch die durch einen Zusammenschluß von Substitutionswettbewerbern ermöglichte Koordination des verlegerischen und unternehmerischen Gesamtkonzepts (strittig).

10. Die Abwägungsklausel hat unter dem Gesichtspunkt einer Verbesserung der Wettbewerbsbedingungen in der Praxis bisher keine wesentliche Rolle gespielt. Denkbar ist allerdings, daß sich Verbesserungen auf den Lesermärkten und Verschlechterungen auf den Anzeigenmärkten gegenüberstehen, wenn eine Zeitung vom Ausscheiden aus dem Markt bedroht ist (Sanierungssachverhalt). Generell ist hierbei jedoch nicht der Wettbewerbsstruktur auf dem Lesermarkt der Vorrang einzuräu-

men. Vielmehr kann im Einzelfall die drohende Verschlechterung auf dem Anzeigenmarkt höher zu gewichten sein. Wesentlich ist, daß publizistische Vielfaltserwägungen kein Beurteilungskriterium darstellen. Ausschließlich maßgebend sind wettbewerbliche Kriterien. Deshalb ist die Zusage, trotz Zusammenschlusses selbständige Redaktionen aufrechtzuerhalten, vom BKartA nicht berücksichtigungsfähig, zumal damit eine systemwidrige, an Inhaltskriterien orientierte Verhaltenskontrolle verbunden wäre.

11. Mit Hilfe der Ministererlaubnis nach § 24 Abs. 3 konnte bisher kein Pressezusammenschluß durchgeführt werden, obwohl dies speziell bei Sanierungsfusionen zur Erhaltung von Meinungsvielfalt als überragendes Interesse der Allgemeinheit durchaus denkbar erscheint. In der Praxis steht dem jedoch entgegen, daß man einerseits schnell an die Grenze einer mit dem System des GWB unvereinbaren laufenden Verhaltenskontrolle stößt, und daß es andererseits in einer wettbewerblichen Ordnung keinen Bestandsschutz für einzelne Verlagsunternehmen geben kann.

12. Die bescheidene Möglichkeit, vollzogene Zusammenschlüsse gemäß § 24 Abs. 6 und 7 wieder aufzulösen, wird im Pressesektor von geringer praktischer Bedeutung bleiben. Denn wegen der pressespezifischen Aufgreifkriterien gilt für nahezu alle wesentlichen Zusammenschlüsse die Anmeldepflicht nach § 24a und damit die präventive Fusionskontrolle.

Teil 2:

1. Für Zusammenschlüsse im Pressebereich sind die allgemeinen Vorschriften der Antitrustgesetze anwendbar. Die einzige spezielle Regelung ist der Newspaper Preservation Act von 1970, wonach die Anwendung der allgemeinen Antitrustgesetze auf Gemeinschaftsunternehmen unmittelbar konkurrierender Zeitungsverlage eingeschränkt ist, wenn sich eines der beteiligten Unternehmen in wirtschaftlichen Schwierigkeiten befindet.

2. Die Konzentrationsentwicklung der amerikanischen Zeitungsmärkte verlief ähnlich der der bundesdeutschen Pressemärkte. Kennzeichnend ist ein hoher Konzentrationsgrad auf lokaler Ebene (Monopolstellungen in 98 % aller Städte) und die fortschreitende Herausbildung von Zeitungsketten.

3. Die Anwendung der Antitrustgesetze auf den Pressebereich ist trotz bzw. gerade wegen des First Amendment nicht ausgeschlossen. Trotzdem wurden Pressezusammenschlüsse von den amerikanischen Be-

hörden und Gerichten verhältnismäßig selten verboten. Ursächlich hierfür ist neben der Unzulänglichkeit der gesetzlichen Vorschriften die Auffassung der Gerichte, daß insbesondere kleinere lokale Zeitungsmärkte zum „natürlichen Monopol" tendierten, wobei Wettbewerb nicht mehr im öffentlichen Interesse liege. Damit wurde das Verbot horizontaler Zusammenschlüsse verhindert. Konglomerate Zusammenschlüsse dagegen verstießen meist bereits nicht gegen Section 7 Clayton Act, die an sich effektivste Fusionskontrollvorschrift. Die wettbewerblich relevante Ebene amerikanischer Tageszeitungsmärkte ist nahezu ausschließlich die lokale. Beim Zusammenschluß von Lokalzeitungen, die in verschiedenen geographisch relevanten Märkten tätig sind und deren Verbreitungsgebiet sich nicht überschneidet (Kettenbildung), ist der Nachweis wettbewerbsbeschränkender Effekte kaum möglich. An der Wettbewerbssituation ändert sich wenig, da die Beteiligten in den meisten Fällen ohnehin bereits Alleinanbieter sind und potentieller Wettbewerb durch Marktneuzutritt weitgehend unwahrscheinlich ist.

4. Aufschlußreich für die Untersagung horizontaler Pressezusammenschlüsse ist die Entscheidung United States v. Times Mirror. Hier wurde festgestellt, daß die allgemeinen Grundsätze des Antitrustrechts auch für Pressezusammenschlüsse gelten. Kriterien für die Marktabgrenzung im Pressebereich wurden herausgearbeitet. Wettbewerbsbeschränkungen ergaben sich aus dem Zuwachs der Marktanteile und der Tendenz zur weiteren Konzentration im Pressesektor.

   Richtungweisend war auch der Zusammenschlußfall United States v. Citizen Publishing Co. Hier wurde der Zusammenschluß zweier direkt konkurrierender Tageszeitungen im Anschluß an ein „joint operating agreement" untersagt. Um die Konsequenzen aus dieser Entscheidung zu verhindern (Auflösung aller bestehender JOA), erließ der Kongreß den Newspaper Preservation Act.

5. Ziel des Newspaper Preservation Act von 1970 ist es, unter dem Aspekt der Meinungsvielfalt unabhängige und miteinander im Wettbewerb stehende Redaktionen zu erhalten, falls diese wegen finanzieller Schwierigkeiten vom Zusammenbruch bedroht sind. Auf die Erhaltung wirtschaftlichen Wettbewerbs wird verzichtet. Dieses Konzept muß inzwischen als gescheitert angesehen werden, da der NPA auf die weitere Zunahme der Konzentration ohne Einfluß war.

6. Für die deutsche Pressefusionskontrolle ist aus all dem wenig ableitbar. Obwohl Section 7 Clayton Act als Gefährdungstatbestand formuliert ist, erweist sich die deutsche Pressefusionskontrolle im Ergebnis als effektiver. Ursächlich hierfür ist zum einen, daß den Zusammenschlüssen in der Bundesrepublik häufiger auch räumliche Überschneidungen der geographischen Verbreitungsgebiete zugrunde liegen, zum anderen,

daß in der deutschen Pressefusionskontrolle Sanierungszusammenschlüsse keine substantielle Rolle gespielt haben.

7. Die amerikanischen Medienmärkte insgesamt sind durch umfangreiche multimediale Verflechtungen gekennzeichnet. In den USA betätigten sich von Anfang an Zeitungsunternehmen als private Rundfunkveranstalter. Während die landesweite Konzentration und Verflechtung zwischen Tageszeitungen, Radio- und Fernsehstationen noch immer zunimmt, hat die Zahl der lokalen Tageszeitung-Rundfunk-Kombinationen aufgrund der staatlichen Regulierungspolitik abgenommen.

8. Mit Hilfe des amerikanischen Antitrustrechts, das im Medienbereich insgesamt grundsätzlich ebenso anwendbar ist wie im Pressesektor, können Verflechtungen nur dann erfaßt werden, wenn ihnen ein Zusammenschlußtatbestand zugrunde liegt (Sec. 7 Clayton Act). Der originäre Erwerb einer Sendelizenz durch ein Presseunternehmen stellt i.d.R. auch keinen Verstoß gegen andere antitrustrechtliche Bestimmungen dar.

9. Im Ergebnis erweisen sich die Fusionskontrollvorschriften im Medienbereich als weitgehend ineffektiv. Insbesondere Sec. 7 Clayton Act, die an sich strengste Vorschrift, greift nicht. Denn die wettbewerblich relevante Ebene ist vorwiegend die lokale, weshalb Zusammenschlüsse und Ketten- bzw. Gruppenbildungen unter Beteiligung von Unternehmen, die in unterschiedlichen geographischen Märkten tätig sind, kaum zu nachweisbaren Verschlechterungen der Wettbewerbsbedingungen führen.

10. Weitgehend einig ist man sich darüber, daß Verflechtungen von Tageszeitungen und Rundfunkstationen strukturbedingt Gefahren für den publizistischen und ökonomischen Wettbewerb in sich bergen. Negative Effekte lassen sich jedoch kaum quantitativ belegen. Bei der Beurteilung lokaler cross-ownership stößt man schnell an die Grenzen der Aussagefähigkeit empirischer Untersuchungen. Ursache hierfür ist die Komplexität des Untersuchungsgegenstandes, fehlende einheitliche Beurteilungskriterien und Schwierigkeiten beim Nachweis wettbewerbsbeschränkender Verhaltensweisen. Deshalb wird oft eher wettbewerbspolitisch-normativ statt aufgrund tatsächlich gewonnener Fakten argumentiert. Dies gilt auch hinsichtlich der umstrittenen Frage, ob sich lokale cross-ownership nachteilig auf den lokalen Anzeigenwettbewerb (höhere Anzeigenpreise) auswirkt.

11. Es wird versucht, mit Hilfe staatlicher Rundfunkregulierung ökonomischen und publizistischen Wettbewerb im Medienbereich zu gewährleisten. Im öffentlichen Interesse („public interest") soll das Eigentum an den verschiedenen Medienträgern möglichst vielfältig und breit ge-

streut sein. Um Verflechtungen, insbesondere auch zwischen lokalen Presse- und Rundfunkunternehmen zu verhindern, wurde eine Reihe von spezifisch rundfunkrechtlichen Regelungen geschaffen, die der staatlichen Rundfunkaufsichtsbehörde umfangreiche Kontrollbefugnisse einräumt.

12. Antitrustrechtliche Gesichtspunkte, vor allem Sec. 7 Clayton Act, werden von der FCC allerdings wenig berücksichtigt. Denn sie hat nicht die Kompetenz, allgemeine Antitrustgesetze durchzusetzen; auch legt sie größeres Gewicht auf die publizistischen Wirkungen ihrer Lizenzierungspolitik. Das DoJ und die FTC, die eigentlich zur Durchsetzung antitrustrechtlicher Grundsätze berufen sind, beschränkten sich in der Vergangenheit meist darauf, auf die FCC Druck dahingehend auszuüben, allgemeine Regelungen zu erlassen, um die zunehmende Konzentration kontrollieren zu können.

13. Die FCC erließ im Laufe der letzten Jahre eine Serie verschiedener Verordnungen, um die Konzentration und die Verflechtung im Medienbereich zu begrenzen. Zu unterscheiden sind nationale und lokale Regelungen.

    Die multiple ownership rules begrenzten 30 Jahre lang bis 1984 die Zahl der Rundfunkeinrichtungen, die eine Person bzw. eine Unternehmenseinheit insgesamt landesweit besitzen durfte, auf jeweils 7 Mittelwellen-, 7 UKW- und 7 Fernsehsenderstationen. Im Zuge der allgemeinen Deregulierungspolitik wurden die Obergrenzen auf jeweils 12 Stationen heraufgesetzt mit dem Zusatz, daß im Fernsehsektor ein Unternehmen nicht mehr als 25 % aller amerikanischen Fernsehhaushalte erreichen durfte. Die zahlenmäßigen Obergrenzen sollen ab 1990 ganz entfallen.

14. Bis heute unverändert in Kraft geblieben sind dagegen die lokalen Verflechtungsbeschränkungen. Untersagt ist danach, daß eine Unternehmenseinheit mehr als einen Mittelwellen-, UKW- und Fernsehsender in demselben Markt kontrolliert (one-to-a-market rule). Außerdem wurden im Jahre 1975 für die Zukunft sämtliche Verflechtungen zwischen Tageszeitungen und Rundfunkstationen im selben Markt untersagt.

15. Diese von der FCC verabschiedeten Regelungen wurden in gerichtlichen Überprüfungsverfahren bestätigt. Die Gerichte unterstützten die FCC auch in den einzelnen Lizenzierungsverfahren in dem Bemühen, Eigentümervielfalt in den lokalen Medieneinrichtungen zu gewährleisten und lokale cross-ownership weitestgehend zu verhindern.

16. In Anbetracht ihrer größeren Effizienz wird auch in Zukunft den rundfunkrechtlichen Regelungen die entscheidendere Bedeutung bei der Sicherung wettbewerblicher Strukturen in den lokalen Medienmärkten

zukommen. Dagegen wird im Hinblick auf die landesweite Konzentration wegen des zukünftig weitgehenden Wegfalls diesbezüglicher rundfunkrechtlicher Regelungen den allgemeinen Antitrustgesetzen eine größere Funktion beizumessen sein. Eine effektivere Zusammenschlußkontrolle ist angesichts der Ungeeignetheit des gesetzlichen Instrumentariums für den Medienbereich allerdings nicht zu erwarten.

Teil 3:

1. Auf den bundesdeutschen Medienmärkten zeichnen sich mit zunehmender Konzentrationstendenz multimediale Verflechtungen ab. Aus wettbewerblicher Sicht kommt den Bestrebungen der Presseunternehmen, sich an den neuen Rundfunkmedien zu beteiligen, insbesondere im lokalen Bereich besondere Bedeutung zu. Inzwischen sind nahezu alle Zeitungs- und Zeitschriftenverlage direkt oder indirekt in den neuen Rundfunkmärkten tätig.

2. Die Wirkungen intermediärer Verflechtungen zwischen Presse- und Rundfunkunternehmen sind mangels quantifizierbarer Kriterien einer empirischen Prüfung wenig zugänglich. Im publizistischen Bereich können sich durch Wegfall der „publizistischen Gewaltenteilung" negative Folgen für die Meinungs- und Informationsvielfalt ergeben. Im Rahmen eines Fusionskontrollverfahrens kann jedoch allein der wirtschaftliche Wettbewerb berücksichtigt werden. Im Hinblick darauf können Beschränkungen des Substitutionswettbewerbs, Verdrängungswettbewerb gegenüber nicht verbundenen Medienunternehmen und ein weiterer Ausbau marktbeherrschender Stellungen lokaler Zeitungsverlage die Folge sein.

3. Dem Rundfunkrecht der Länder kommt die Aufgabe zu, durch Schaffung einer positiven Rundfunkordnung die Rundfunkfreiheit zu gewährleisten und zur Sicherung des publizistischen Wettbewerbs Vorkehrungen gegen die Entstehung vorherrschender Meinungsmacht zu treffen.

   Neben rundfunkrechtlich notwendigen Konzentrationssperren sind wettbewerbsrechtliche Konzentrationsbeschränkungen zur Sicherung des wirtschaftlichen Wettbewerbs unentbehrlich. Beide Regelungsansätze zielen in dieselbe Richtung und sind nebeneinander anwendbar.

4. Die Fusionskontrollvorschriften des GWB sind im Rundfunkbereich grundsätzlich anwendbar. Da sie einen Zusammenschlußtatbestand voraussetzen, kann die Gründung von Rundfunkunternehmen durch ein Einzelunternehmen nicht erfaßt werden (internes Unternehmenswachstum).

5. Der Vorschlag der Monopolkommission, in diesen Fällen einen Zusammenschlußtatbestand zu fingieren, um die Fusionskontrollvorschriften anwenden zu können, ist zwar weniger aus verfassungsrechtlichen Gründen zu beanstanden, sondern vielmehr deshalb, weil er rein wettbewerbsrechtlich unschlüssig und kartellrechts-systemwidrig ist.

6. Bei Zusammenschlüssen zwischen Presse- und Rundfunkunternehmen ist nicht zu erwarten, daß die materielle Fusionskontrolle wegen Nichterreichens der Umsatzgrößenkriterien oder wegen Vorliegens einer Toleranzklausel nicht durchgeführt werden kann. Zusammenschlüsse zwischen reinen Rundfunkunternehmen dagegen werden de lege lata insbesondere im lokalen und regionalen Bereich kaum erfaßt. Es wird deshalb vorgeschlagen, die Veranstaltung von Rundfunksendungen der Herstellung und dem Vertrieb von Zeitungen und Zeitschriften gleichzuordnen und § 23 Abs. 1 Satz 7 und § 24 Abs. 9 entsprechend zu ändern.

7. Die Gründung eines Gemeinschaftsunternehmens zur Veranstaltung von Rundfunk setzt für eine fusionskontrollrechtliche Erfassung einen Zusammenschlußtatbestand voraus. Wird die 25%-Schwelle bzw. ein entsprechender Umgehungstatbestand gemäß § 23 Abs. 2 Satz 4 und 5 nicht erreicht, wird auch ein Zusammenschlußtatbestand über § 23 Abs. 5 kaum gegeben sein, da eine gemeinsame Beherrschung in dem geforderten Umfang nur schwer nachweisbar ist. Grundsätzlich kann die Gründung eines Gemeinschaftsunternehmens dann nur noch unter das Kartellverbot gemäß § 1 fallen.

8. Die Gründung eines Rundfunkunternehmens durch ein einzelnes Medienunternehmen fällt nicht in den Anwendungsbereich der Zusammenschlußkontrolle. Zur Sicherung des wirtschaftlichen und publizistischen Wettbewerbs muß diese Lücke von den Landesgesetzgebern im Wege rundfunkrechtlicher Regelungen geschlossen werden, wie dies auch im amerikanischen Regelungssystem der Fall ist.

9. Im Rahmen der materiellen Fusionskontrolle bleibt die Marktabgrenzung ein Unsicherheitsfaktor, da sich die Bestimmung der relevanten Wettbewerbsbeziehungen zwischen Print- und Rundfunkmedien bzw. des „Bedarfs" der Nachfrager als außerordentlich vielschichtiges Problem erweist.

   Für die Rezipientenmärkte gilt: Für die Marktabgrenzung unerheblich ist, daß die Programmleistungen der privaten Rundfunkveranstalter kostenlos angeboten werden. Geschützt sind auch die Unternehmen im Wettbewerb untereinander, und in dieser horizontalen Schutzrichtung kennzeichnet das Bedarfsmarktkonzept mittelbar den Wettbewerbsbereich, in dem unternehmerische Strategien möglich sind. Eine produktorientierte Marktabgrenzung muß deshalb eine eher wettbewerbsorientierte Modifizierung erfahren. Bei der Abgrenzung von Rundfunkmärkten können inhaltliche Kriterien nur bei Tendenz- und Spartenprogrammen berücksichtigt werden. Ansonsten ist nach äußerlichen technisch-organisatorisch bedingten Sende- und Empfangsarten zu unterscheiden. Hörfunk und Fernsehen bilden jeweils eigene Märkte. Innerhalb dieser können lokale, regionale und überregionale Märkte zu trennen sein. Presseleistungen können in Rundfunkmärkte nicht einbezogen werden.

Für die Werbemärkte gilt: Werbung in Rundfunkmedien und Anzeigenwerbung in Print-Medien kann nicht demselben Markt zugerechnet werden. Dies gilt auch für überregionale Markenartikel- und Dienstleistungswerbung. Denn für die Nachfrager gibt es keine hinreichend quantifizierbaren Entscheidungskriterien, auf deren Grundlage wettbewerbliche Parameter wie Preis, Qualität, Serviceleistungen und dergleichen gegeneinander abgewogen und die Belegungsentscheidung zugunsten der einen oder anderen Mediengattung getroffen werden können.

Entsprechend der Empfangsmöglichkeit ist zwischen lokaler, regionaler und überregionaler Hörfunk- und Fernsehwerbung zu unterscheiden.

10. Erfüllt die Gründung eines Rundfunkunternehmens unter Beteiligung von Zeitungs- oder Zeitschriftenunternehmen einen Zusammenschlußtatbestand, ist die Entstehung oder Verstärkung einer marktbeherrschenden Stellung auf dem Rundfunkmarkt nur in den lokalen und klein-regionalen Bereichen vorstellbar, da dort die öffentlich-rechtlichen Rundfunkanstalten keine Leistungen anbieten. Erweiterte Verhaltensspielräume können sich hier durch Beschränkung des Substitutionswettbewerbs und zusätzliche Erhöhung der Marktzutrittsschranken ergeben. Auf den Pressemärkten können ebenfalls durch Steuerung des Substitutionswettbewerbs bestehende marktbeherrschende Stellungen verstärkt werden (Gruppeneffekt), vorausgesetzt, die Unternehmen sind auf dem Markt der substituierbaren Leistung marktbeherrschend. Auch dies ist nur im lokalen und klein-regionalen Bereich vorstellbar.

11. Bei Zusammenschlüssen zwischen überregionalen Presse-/Medienunternehmen und überregionalen Rundfunkunternehmen ist die Verschlechterung der Marktstruktur weder auf dem Rundfunkmarkt noch auf den Pressemärkten zu erwarten, solange die öffentlich-rechtlichen Wettbewerber in den überregionalen Rundfunkmärkten dominierend sein werden.

12. Schließen sich dagegen überregionale Presse-/Medienunternehmen und lokale/regionale Rundfunkunternehmen zusammen, ist die Entstehung oder Verstärkung marktbeherrschender Stellungen durch Absi-

cherung und Abschreckung wegen größenbedingter Kosten- und Verbundvorteile sowohl auf den lokalen als auch auf den überregionalen Märkten zu erwarten.

13. Zusammenschlüsse zwischen lokalen/regionalen Zeitungsverlagen und lokalen/regionalen Rundfunkunternehmen lassen bei Deckung oder Überschneidung der geographischen Verbreitungs- und Sendegebiete ebenfalls Verschlechterungen der Marktstruktur auf den Presse- und Rundfunkmärkten erwarten. Es können sich Beschränkungen des Substitutionswettbewerbs im Hinblick auf Werbe- und Anzeigenmärkte ergeben. Kommen sonstige Verbundvorteile auf Leser- und Rezipientenmärkten hinzu, werden Wettbewerbshandlungen oder Marktzutritte durch nicht verbundene Unternehmen tendenziell unwahrscheinlich.

14. Zusammenschlüsse zwischen lokalen Rundfunkunternehmen werden de lege lata kaum fusionskontrollrechtlich relevant sein, da die Umsatz-Eingriffsvoraussetzungen nicht vorliegen werden.

    Schließen sich direkte lokale Rundfunkwettbewerber zusammen und steht § 24 Abs. 8 ausnahmsweise einer Kontrolle nicht entgegen, gelten für die Verschlechterung der Marktstruktur die allgemeinen Grundsätze. Schließt sich eine lokale Rundfunkstation an eine bestehende Senderkette oder ein überregionales Rundfunkunternehmen an und werden die Eingriffskriterien erfüllt, liegt bei fehlender Überschneidung der Sendegebiete ein konglomerater Zusammenschluß vor, bei dem sich eine Verschlechterung durch Absicherung der erreichten Marktstellung ergeben kann.

15. Marktstrukturverschlechterungen durch Zusammenschlüsse zwischen Rundfunkunternehmen und — oder zu — Programmproduktionsgesellschaften können mangels hinreichender Vorhersehbarkeit bisher weder für die Beschaffungs- noch für die Absatzmärkte der Unternehmen prognostiziert werden.

16. Den Verschlechterungen der Wettbewerbsstrukturen in Pressemärkten durch intermediäre und intramediäre Zusammenschlüsse können Verbesserungen der Wettbewerbsbedingungen in Rundfunkmärkten gegenüberstehen. Ein solcher Abwägungsvorgang ist mit Rechtsmaßstäben kaum durchführbar. Für die überregionalen Rundfunkmärkte ist vorstellbar, daß der Zusammenschluß für die Verbesserungen kausal ist, weniger dagegen für die lokalen Märkte. In diesen wiederum können Sanierungssachverhalte eine Rolle spielen. Fällt bei solchen Zusammenschlüssen nicht schon die Kausalität für die Entstehung oder Verstärkung einer marktbeherrschenden Stellung weg, ist eine Verbesserung durch die Erhaltung eines Anbieters auf dem Markt dann

vorstellbar, wenn die einzige wahrscheinliche Alternative die Übernahme durch ein entferntes marktstärkeres Unternehmen für die Beurteilung der Marktstruktur negativer zu werten ist als die intermediäre Verflechtung in einem kleinen lokalen Markt.

17. Eine Ministererlaubnis gemäß § 24 Abs. 3 für intermediäre Unternehmenszusammenschlüsse wegen eines überragenden Interesses der Allgemeinheit könnte zur Sicherung der Rundfunkfreiheit oder zur Erhaltung von Meinungsvielfalt denkbar sein. In der Praxis wird dies jedoch ebenso wie bei Pressefusionen nicht von Bedeutung sein, da man sich dem Bereich einer laufenden Verhaltenskontrolle nähert und einzelne Medienunternehmen keinen Bestandsschutz genießen.

Literaturverzeichnis

Andres, Charles R.: Refusal to Deal by Vertically Integrating Newspaper Monopolists: Paschall v. Kansas City Star Co. (727 F. 2d 692), 11 Wm. Mitchell L. Rev. 527 (1985)

Bagdikian, Ben H.: Conglomeration, Concentration, and the Flow of Information, in Proceedings of the Symposium on Media Concentration, FTC, Washington 1979, S. 6

Barnett, Stephen R.: Cross-Ownership of Mass Media in the Same City: A Report to the John and Mary R. Markle Foundation, Berkeley 1974

— Local Monopoly in the Newspaper Industry: Some Scepticism About Its Economic Inevitability and Governmental Embrace, in Proceedings of the Symposium on Media Concentration, FTC, Washington 1979, S. 498

Bechtold, Rainer: Fusionskontrolle über Anzeigenblätter?, AfP 1978, 119

— Fusionskontrolle in Anzeigenmärkten, AfP 1980, 88

— Wettbewerbs-, kartell- und fusionskontrollrechtliche Probleme bei der Zusammenarbeit von Tageszeitungen und Anzeigenblätter, AfP 1981, 260

— Rundfunklizenz als Zusammenschlußtatbestand, WuW 1985, 23

— Anmerkung zum BGH-Beschluß vom 2.10.84 „Gruner & Jahr/Zeit", AfP 1985, 36

— Der Zugang der Presse zum Rundfunk und das Wettbewerbsrecht — Besprechung der gleichnamigen Schrift Börners, AfP 1985, 244

— Anmerkung zum BGH-Beschluß vom 22.9.87 „Gruner & Jahr/Zeit II", DB 1987, 2558

Bennett, Robert W.: Media Concentration and the FCC: Focusing with a Section Seven Lens, 66 NW. U.L. Rev. 159 (1971)

Bericht Pressefusionskontrolle 1978: Bericht der Bundesregierung über die Erfahrungen mit der Fusionskontrolle bei Presseunternehmen vom 9.11.1978, BT-Ds 8/2265

Bericht Wirtschaftsausschuß 1976: Bericht und Antrag des Ausschusses für Wirtschaft zu dem Entwurf eines Dritten Gesetzes zur Änderung des GWB vom 19.2.1976, BT-Ds 7/4768

v. *Bismarck*, Hans: Probleme der Presseverlage beim Zugang zum Rundfunk, AfP 1982, 135

BKartA: Tätigkeitsbericht 1975, BT-Ds 7/5390

— Tätigkeitsbericht 1976, BT-Ds 8/704

— Tätigkeitsbericht 1977, BT-Ds 8/1925

— Tätigkeitsbericht 1978, BT-Ds 8/2980

— Tätigkeitsbericht 1979/80, BT-Ds 9/565

— Tätigkeitsbericht 1981/82, BT-Ds 10/243

— Tätigkeitsbericht 1983/84, BT-Ds 10/3550

— Tätigkeitsbericht 1985/86, BT-Ds 11/554

Börner, Bodo: Der Zugang der Presse zum Rundfunk und das Wettbewerbsrecht, Berlin 1985

Brinkmann, Tomas: Der Zugang der Presse zum Rundfunk und die Chancen für Vielfalt durch Wettbewerb, Media Perspektiven 1983, 677

— Rundfunkordnung und Wettbewerb, Media Perspektiven 1986, 557

Büscher, Rolf: Diagonale Unternehmenszusammenschlüsse im amerikanischen und deutschen Recht, Baden-Baden 1983

Bullinger, Martin: Neue Medien: Neue Aufgaben des Rechts?, AfP 1982, 69

— Zugang der Presse zu den elektronischen Medien — Rechtliche Aspekte, AfP 1983, 319

— Elektronische Medien als Marktplatz der Meinungen, AöR 108 (1983), 161

— Satellitenrundfunk im Bundesstaat, AfP 1985, 7

Bullinger, M./*Gödel*, Ch.: Landesmediengesetz Baden-Württemberg, Kommentar, Baden-Baden 1986

Canenbley, Cornelis: Zum Entflechtungsverfahren in der Fusionskontrolle, GRUR 1984, 188

Carlson, John H.: Newspaper Preservation Act: A Critique, 46 Ind. L.J. 392, 1971

Clanton, David A.: Recent Merger Developments: Coming of Age Under the Guidelines, 53 Antitrust L.J. 345 (1984)

Coffey, Anne: The „Top 50 Market Policy": Fifteen Years of Non-Policy, 31 Fed. Com. L.J. 303 (1979)

Compaine, Benjamin M.: Who Owns the Media? Concentration of Ownership in the Mass Communications Industry, 1979

Crown, Patricia: Communications Law — Cross-Ownership — the Fairness Doctrine and Product Advertising, Ann. Surv. Am.L. 343 (1979)

Darschin, Wolfgang/*Frank*, Bernward: Tendenzen im Zuschauerverhalten, Media Perspektiven 1986, 209

Diederichs, Helmut H.: Daten zur Konzentration der Tagespresse und der Publikumszeitschriften in der Bundesrepublik Deutschland im IV. Quartal 1982, Media Perspektiven 1983, 482

— Daten zur Konzentration der Tagespresse und der Publikumszeitschriften in der Bundesrepublik Deutschland im IV. Quartal 1984, Media Perspektiven 1985, 615

Dittrich, Norbert: Pressekonzentration und Grundgesetz, Diss. München 1971

Dovifat, Emil: Handbuch für Publizistik, 3 Bde., Berlin 1968/69

Emmerich, Volker: Kartellrecht, 4. Aufl., München 1982

— Fusionskontrolle 1983/1984, AG 1984, 309

— Fusionskontrolle 1984/1985, AG 1985, 313

Enquête-Kommission 1983: Neue Informations- und Kommunikationstechniken, Zwischenbericht vom 28.3.1983, BT-Ds 9/2442

Expertenkommission 1981: Abschlußbericht, Neue Medien — EKM Baden-Württemberg, Stuttgart 1981

Facts About Newspapers 1986: A Statistical Summary of the Newspaper Business Published by the American Newspaper Publishers Association, Washington, April 1986

Ferguson, James M.: Daily Newspaper Advertising Rates, Local Media Cross-Ownership, Newspaper Chains, and Media Competition, 26 J.L. & Econ. 635 (1983)

Firestone, Charles M.: Local Media Concentratio: Ad Hoc Challenges to Media Cross Owners After FCC & NCCB, in Proceedings of the Symposium on Media Concentration, FTC, Washington 1979, S. 378

Fischer, Klaus: Wettbewerbliche Einheit und Fusionskontrolle, Schriften zum Wirtschaftsrecht, Bd. 55, Berlin 1986

FK — Frankfurter Kommentar: Kommentar zum Gesetz gegen Wettbewerbsbeschränkungen, hrsg. von Helmut Glassen u. a., Loseblattsammlung, 21. Ergänzungslieferung (1982), Köln

Flynn, John J.: Antitrust and the Newspapers. A Comment on S. 1312 (Hearings), 22 Vand. L. Rev. 103 (1968)

Fowler, Mark S.: The Boom Goes Bust, the Bust Goes Boom, 6 Comm. & L. 23 (1984)

Fowler, Mark S./*Brenner*, D.L.: A Marketplace Approach to Broadcast Regulation, 60 Tex. L. Rev. 207 (1982)

FTC — Proceedings of the Symposium on Media Concentration, Dec. 14 and 15, 1978, 2 Vol., Washington 1979, Bureau of Competition, Federal Trade Commission

Fox, Eleanor M.: The New Merger Guidelines — A Blueprint for Microeconomic Analysis, 27 Antitrust Bull. 519 (1982)

Franklin, Marc A.: Cases and Materials on Mass Media Law, Second Edition, New York 1982

Gillmor, Donald M./*Barron*, Jerome A.: Mass Communication Law. Cases and Comment, Fourth Edition, St. Paul, Minnesota 1984

Ginsburg, Douglas H.: Regulation of Broadcasting: Law and Policy towards Radio, Television and Cable Communications, St. Paul, Minnesota 1979

GK — Gesetz gegen Wettbewerbsbeschränkungen und Europäisches Kartellrecht — Gemeinschaftskommentar, begr. von Hans Müller-Henneberg und Gustav Schwartz, hrsg. von Werner Benisch, 4. Aufl., ab 1980, Köln u. a.

Gormley jr., William T.: The Effects of Newspaper-Television Cross-Ownership in News Homogeneithy, Chapel Hill 1976

Gotthold, Jürgen: Kommerzielles Fernsehen und Gesetz gegen Wettbewerbsbeschränkungen, ZHR 148 (1984), 465

Groß, Rolf: Pressekonzentration und Medienpolitik, DVBl. 1975, 236

— Das Dritte Rundfunkurteil des Bundesverfassungsgerichts — Echo und Konsequenzen, DVBl. 1982, 561

— Zur Zulassung privatwirtschaftlicher Rundfunkveranstalter, DÖV 1984, 140

— Medienlandschaft im Umbruch, Wiesbaden 1986

Großfeld, Bernhard/*Salje*, Peter (Hrsg.): Elektronische Medien im Recht, Köln u. a. 1986

Günther-Bericht 1968: Günther-Kommission zur Untersuchung der Gefährdung der wirtschaftlichen Existenz von Presseunternehmen und die Folgen der Konzentration für die Meinungsfreiheit in der Bundesrepublik, BT-Ds V/3122 vom 3.7.1968 (Schlußbericht)

Halefeldt, Elke: Lokale Medienvielfalt in den USA: noch immer ein Traum, Media Perspektiven 1985, 644

Hendriks, Birger: Landesrundfunkgesetze und Medienverflechtung, Media Perspektiven 1984, 923

Hildebrandt, Hans Ulrich: Die Anwendung der §§ 22 und 26 Abs. 2 auf das Pressewesen, Diss. Hamburg 1973

Hoffmann-Riem, Wolfgang: Kommerzielles Fernsehen, Rundfunkfreiheit zwischen ökonomischer Nutzung und staatlicher Regelungsverantwortung: das Beispiel USA, Baden-Baden 1981

— Wettbewerbsprobleme bei der Einführung von privatem Hörfunk und Fernsehen, WuW 1982, 265

— Kulturelle Identität und Vielfalt im Fernsehen ohne Grenzen?, Media Perspektiven 1985, 181

— Medienfreiheit und der außenplurale Rundfunk, AöR 109 (1984), 304

— Deregulierung als Konsequenz des Marktrundfunks — Vergleichende Analyse der Rundfunkrechtsentwicklung in den USA, AöR 110 (1985), 528

Howard, Herbert H.: Multiple Broadcast Ownership: Regulatory History, 27 Fed. Com. B.J. 1 (1974)

Huber, Jürgen/*Werner*, Wolfgang W.: Medienverflechtung und Medienaustausch zwischen der Bundesrepublik Deutschland und dem Ausland, Media Perspektiven 1985, 32

IM — *Immenga*, Ulrich/*Mestmäcker*, Ernst-Joachim: Gesetz gegen Wettbewerbsbeschränkungen, Kommentar zum Kartellgesetz, München 1981

Immenga, Ulrich: Gemeinschaftsunternehmen als Kartell und Zusammenschluß — ein Grundsatzurteil des BGH, ZHR 150 (1986), 366

Jones, Gregory N.: Antitrust Malaise in the Newspaper Industry: The Chains Continue to Grow, 8 St. Mary's L.J. 160 (1976)

Jünemann, Bernhard: Meinungsfreiheit und Medienentwicklung — Der Wettbewerb von Presse, Funk und Kabel am Beispiel der Lokalmärkte in Großbritannien, Freiburg 1980

Kantzenbach, Erhard: Zum „Konzept eines realistischen Strukturalismus" — Kritische Anmerkungen zum Referat von Markert, AG 1986, 185

Kerber, Markus: Französisches Pressefusionskontrollgesetz in Kraft getreten, WuW 1985, 290

Kiefer, Marie-Luise: Medienmultis im Kampf um Programme und Startplätze, Media Perspektiven 1984, 120

— Konsumentensouveränität versus Öffentliche Aufgabe. Thesen zum „Wettbewerb" privatwirtschaftlich-kommerziellen und öffentlich-rechtlichen Rundfunks, Media Perspektiven 1985, 15

King, David C.: An Alternative Proposal to the FCC's Proposed Amendment: Broadcast Media Concentration Rules, 14 Golden Gate U.L. Rev. 399 (1984)

Klause, Siegfried/*Knoche*, Manfred/*Zerdick*, Axel (Hrsg.): Probleme der Pressekonzentrationsforschung, Baden-Baden 1980

Kleber, Claus-D.: Privater Rundfunk — Gestaltungsmöglichkeiten im Verfassungsrahmen, Diss. Tübingen 1986

Kleinmann, Werner: Erwerb eines Anzeigenblattes und Fusionskontrolle, AfP 1979, 292

Kleinmann, Werner/*Bechtold*, Rainer: Kommentar zur Fusionskontrolle, Heidelberg 1977

Klöpfer, Michael: Besprechung von Mestmäckers „Medienkonzentration", ZHR 143 (1979), 477

Knoche, Manfred: Einführung in die Pressekonzentrationsforschung, Berlin 1978

Knöpfle, Robert: Die Abgrenzung des relevanten Marktes bei der Anwendung des § 22 Abs. 1 GWB, in: Schwerpunkte des Kartellrechts 1983/84, FIW-Schriftenreihe, Heft 112, Köln u. a. 1985

— Die Problematik der Zusammenschlußkontrolle nach dem GWB, Heidelberg 1986

Knox, Robert L.: Antitrust Exemptions for Newspapers: An Economic Analysis, Law & Soc. Ord. 3 (1971)

Koch, Ulrich: Die Beteiligung von Presseverlagen an künftigen Rundfunkunternehmen, ZRP 1981, 237

— Zu einer wettbewerblichen Ordnung des Rundfunks. Anmerkungen zum Sondergutachten der Monopolkommission, DB 1982, 1757

Koenigs, Folkmar: Der BGH zum Substitutionswettbewerb, WuW 1985, 876

Kohl, Helmut/*Weilbächer*, Hermann: Strukturprobleme künftiger Rundfunkorganisation, ZRP 1981, 243

Kopper, Gerd G. (Hrsg.): Marktzutritt — Grundfrage funktionierenden Zeitungswettbewerbs, Media Perspektiven 1983, 145

— Marktzutritt bei Tageszeitungen — zur Sicherung von Meinungsvielfalt durch Wettbewerb, München 1984

Kübler, Friedrich: Medienverflechtung — Eine rechtsvergleichende Untersuchung der Marktstrukturprobleme privaten Rundfunks, Frankfurt a.M. 1982

Kull, Edgar: Freie Presse und Antitrustgesetzgebung, AfP 1974, 634

— Rundfunkgleichheit statt Rundfunkfreiheit, AfP 1981, 378

— Aktuelle Fragen der Rahmenbedingungen für privaten Rundfunk, AfP 1985, 265

Lago, Armando M.: The Price Effects of Joint Mass Communication Media Ownership, 16 Antitrust Bull. 789 (1971)

Landon, John H.: The Relation of Market Concentration to Advertising Rates: The Newspaper Industry, 16 Antitrust Bull. 53 (1971)

Lange, André: Skizze eines ersten weltweiten Fernseh-Networks, Media Perspektiven 1986, 81

Lange, Bernd-Peter: Kommerzielle Ziele und binnenpluralistische Organisation bei Rundfunkveranstaltern, Frankfurt a.M. 1980

Langen, Eugen/*Niederleithinger*, Ernst/*Ritter*, Lennart/*Schmidt*, Ulrich: Kommentar zum Kartellgesetz, GWB mit Erläuterungen für die Praxis unter Einbeziehung des EG-Kartellrechts, 6. Aufl., Neuwied/Darmstadt 1982

Lerche, Peter: Verfassungsrechtliche Fragen zur Pressekonzentration, Berlin 1971

— Die Gesetzgebungskompetenz von Bund und Ländern auf dem Gebiet des Presserechts, JZ 1972, 468

— Presse und privater Rundfunk. Eine Auseinandersetzung insbesondere mit der verfassungsrechtlichen Konzeption von Küblers „Medienverflechtung", Berlin 1984

Leuchter, Linda I.: Media Cross-Ownership — The FCC's Inadequate Response, 54 Tex. L. Rev. 336 (1976)

Litvak, I.A./*Maule*, C.J.: Competition Policy and Newspapers in Canada, 28 Antitrust Bull. 461 (1983)

Löffler, Martin/*Ricker*, Reinhart: Handbuch des Presserechts, 2. Aufl., München 1986

Loevinger, Lee: Media Concentration: Myth and Reality, 24 Antitrust Bull. 479 (1979)

Mahaffie, Charles D., jr.: Mergers and Diversification in the Newspaper, Broadcasting and Information Industries, 13 Antitrust Bull. 927 (1968)

Markert, Kurt/*Emmerich*, Volker: Zur Diskussion gestellt, AG 1985, 139

— Die Praxis der Fusionskontrolle und der Mißbrauchsaufsicht 1984/85, in: Schwerpunkte des Kartellrechts, FIW-Schriftenreihe, Heft 117, Köln u. a. 1986, S. 59.

— Die Fusionskontrollpraxis des Bundeskartellamts im Wandel?, AG 1986, 173

— Die praktische Bedeutung der qualifizierten Oligopolvermutung in der Fusionskontrolle (§ 23a Abs. 2 GWB), BB 1986, 1660

Martel, John S./*Haydel*, Victor J.: Judical Application of the Newspaper Preservation Act: Will Congressional Intent Be Relegated to the Back Pages?, B.Y.U.L. Rev. 123 (1984)

Mc Intosh, Toby J.: Why the Government Can't Stop Press Mergers, Colum. Journalism Rev. 48 (May 1977)

Medienbericht '85: Bericht der Bundesregierung über die Lage von Presse und Rundfunk in der Bundesrepublik Deutschland vom 16. Juni 1986, BT-Ds 10/5653

Merger Guidelines 1984, in Heft 6 FIW-Dokumentation, Köln u. a. 1985

Merkin, Robert/*Williams*, Karen: Competition Law: Antitrust Policy in the U.K. and the EEC, London 1984

Mestmäcker, Ernst-Joachim: Das marktbeherrschende Unternehmen im Recht der Wettbewerbsbeschränkungen, Tübingen 1958

— Der Mißbrauch marktbeherrschender Stellungen im deutschen, italienischen und europäischen Recht, Karlsruhe 1969

— Pressefreiheit im Lichte des Wettbewerbsrechts, Juristen-Jahrbuch 1969/1970, S. 102

— Europäisches Wettbewerbsrecht, München 1974

— Medienkonzentration und Meinungsvielfalt, Baden-Baden 1978

— Wettbewerbsprobleme bei der Einführung von privatem Hörfunk und Fernsehen, WuW 1982, 273

— Die Anwendbarkeit des GWB auf Zusammenschlüsse zu Rundfunkunternehmen, GRUR Int. 1983, 553

— Zur Fusionskontrolle in der Wettbewerbspolitik, AG 1986, 181

Mestmäcker, Ernst-Joachim/*Blaise*, Jean-Bernard/*Donaldson*, David T.: Gemeinschaftsunternehmen (Joint Venture — Filiale Commune) im Konzern- und Kartellrecht, Frankfurt a.M. 1979

Meyer, Uwe: Der Marktzutritt der „tageszeitung" (taz), in Media Perspektiven 1985, 155

Michel-Bericht: Bericht der Kommission zur Untersuchung der Wettbewerbsgleichheit von Presse, Funk/Fernsehen und Film, BT-Ds V/2120 vom 28.9.1967

Möschel, Wernhard: Der Oligopolmißbrauch im Recht der Wettbewerbsbeschränkungen, Tübingen 1974

— Rechtsordnung zwischen Plan und Markt, Tübingen 1975

— Pressekonzentationen und Wettbewerbsgesetz — Marktbeherrschungen, unlauterer Wettbewerb und Sanierungsfusionen im Pressebereich, Tübingen 1978

— Die Sanierungsfusion im Recht der Zusammenschlußkontrolle, in Festschrift für Robert Fischer, Berlin 1979, S. 487

— Konglomerate Zusammenschlüsse im Antitrustrecht der Vereinigten Staaten von Amerika, RabelsZ 44 (1980), 203

— Zur Pressefusionskontrolle, Besprechung von BGHZ 76, 55 „Springer — Elbe Wochenblatt", ZGR 1982, 337

— Dorniges Gelände — Fusion Springer/Burda, Wirtschaftswoche vom 12.3.82, S. 70

— Recht der Wettbewerbsbeschränkungen, Köln u. a. 1983

— Fusionskontrolle im Pressebereich, JZ 1984, 493

— Konglomerate Zusammenschlüsse in den Vereinigten Staaten seit 1979, RabelsZ 48 (1984), 552

— Finanzkraft und konglomerater Zusammenschluß, AG 1984, 257

— Die erste Entflechtungsentscheidung in der Fusionskontrolle. Besprechung der Entscheidung „Springer — Elbe Wochenblatt II", ZGR 1985, 655

— Anmerkungen zur Pressefusionskontrolle, AG 1986, 187

— Ist Größe an sich gefährlich?, WuW 1986, 189

Monopolkommission: Hauptgutachten I, 1973/1975, Mehr Wettbewerb ist möglich, 1976

— Hauptgutachten II, 1976/1977, Fortschreitende Konzentration bei Großunternehmen, 1978

— Hauptgutachten III, 1978/1979, Fusionskontrolle bleibt vorrangig, 1980

— Hauptgutachten IV, 1980/1981, Fortschritte bei der Konzentrationserfassung, 1982

— Hauptgutachten V, 1982/1983, Ökonomische Kriterien für die Rechtsanwendung, 1984

— Hauptgutachten VI, 1984/1985, BT-Ds 10/5860 vom 21.7.1986

— Sondergutachten 11, Wettbewerbsprobleme bei der Einführung von privatem Hörfunk und Fernsehen, 1981

— Sondergutachten 12, Zusammenschlußvorhaben der Burda Verwaltungs KG mit der Axel Springer GmbH / Axel Springer Gesellschaft für Publizistik GmbH & Co., 1982

Mook, Peter: Privater Rundfunk im Spiegel der Landesrundfunkgesetze, AfP 1986, 10

— Kartellrechtliche Beurteilung von Beteiligungen der Presse im Rundfunkmarkt, WuW 1986, 777

Mueller, Dennis C.: Das Antitrustrecht der Vereinigten Staaten am Scheideweg, WuW 1986, 533

Neiser, Jens: Die Praxis der deutschen Fusionskontrolle, Berlin 1981

Nelson, Harold L./*Teeter*, Dwight L.: Law of Mass Communications. Freedom and Control of Print and Broadcast Media, New York 1982

Note: The Power of the FCC to Regulate Newspaper-Broadcast Cross-Ownership: The need for Congressional Clarification, 75 Mich. L. Rev. 1708 (1977)

Note: Local Monopoly in the Daily Newspaper Industry, 61 Yale L. J. 948 (1952)

Oppenheim, S. Chesterfield/*Shields*, Carrington: Newspapers and the Antitrust Laws, Charlottesville, Virginia 1981

Owen, Bruce M.: Newspaper and Television Station Joint Ownership, 18 Antitrust Bull. 787 (1973)

— Economics and Freedom of Expression, 1975

Patkus, John P.: The Newspaper Preservation Act: Why it Fails to Preserve Newspapers, 17 Akron L. Rev. 435 (1984)

Phillips, Stephen M.: Concentration of Ownership of the Media of Mass Communication: An Examination of New FCC Rules on Cross Ownership of Colocated Newspapers and Broadcast Stations, 24 Emory L.. 1121 (1975)

Pitschas, Rainer: Wettbewerbliche Probleme und Verfassungsmäßigkeit der pressespezifischen Fusionskontrolle, DB 1981, 729

Ratzke, Dietrich: Handbuch der Neuen Medien, 2. Aufl., Stuttgart 1984

Rauen, Birgit: Platz für zwei Networks: Medienkonzentration in Italien, Media Perspektiven 1984, 161

RegE 1971 — Entwurf eines Zweiten Gesetzes zur Änderung des GWB, BT-Ds VI/2520 vom 18.8.1971

RegE 1974 — Entwurf eines Dritten Gesetzes zur Änderung des GWB, BT-Ds 7/2954 vom 11.12.1974

RegE 1978 — Entwurf eines Vierten Gesetzes zur Änderung des GWB, BT-Ds 8/2136 vom 27.9.1978

Ricker, Reinhart: Die rückwirkende Einführung der pressespezifischen Fusionskontrolle, AfP 1975, 733

Ridder-Aab, Christa-Maria: Anzeigenblätter 1985 — gebremstes Wachstum, Media Perspektiven 1985, 634

— Neuer Goldrausch bei den alten Medien — Zunehmende Besitzkonzentration in der US-Kommunikationsindustrie, Media Perspektiven 1985, 369

Roach, Catherine B.: Media Conglomerates, Antitrust Law, and the Marketplace of Ideas, 9 Mem. St. U.L. Rev. 257 (1979)

Roberts, Keith: Antitrust Problems in the Newspaper Industry, 82 Harv. L. Rev. 319 (1968)

Robinson, Steven V.: Individual and Chain Newspaper Conduct Versus the Antitrust Laws: What Boundaries do the Traditional Means of Chacking Economic Concentration Establish for the Newspaper Industry?, 14 Gonz. L. Rev. 819 (1979)

Röhm, Wolfgang: Tageszeitung und „Neue Medien", Diss. Mannheim 1982

Röper, Horst: Neue Ansätze einer Pressekonzentrationsforschung, Media Perspektiven 1984, 98

— Statt Vielfalt Poly-Monopole — Konzentrationstendenzen auf dem Markt der Neuen Medien, Media Perspektiven 1985, 24

— Formation deutscher Medien-Multis, Media Perspektiven 1985, 120

— Stand der Verflechtung von privatem Rundfunk und Presse, Media Perspektiven 1986, 281

— Die Anbieter der Neuen Medien — wer was wo, Dortmund 1986

Roggen, Michael: Pressevertrieb und Kartellrecht — Eine Darstellung der Presseabsatzsysteme in der Bundesrepublik Deutschland und der kartellrechtlichen Problemlagen im Vertriebsmarkt, Schriften zum Wirtschaftsrecht, Bd. 46, Berlin 1983

Ronneberger, Franz: Nutzung und Akzeptanz von Fernsehen und Hörfunk in München, Media Perspektiven 1986, 223

Rosen, Leslie B.: Media Cross-Ownership, Effective Enforcement of the Antitrust Laws, and the FTC, 32 Fed. Comm. L.J. 105 (1980)

Rosse, James N.: Daily Newspapers, Monopolistic Competition, and Economies of Scale, 57 Am. Econ. Rev. 522 (1967)

Rosse, James N./*Owen*, B./*Grey*, D.: Economic Issues in the Joint Ownership of Newspapers and Television Media, 1970

Rosse, James N./*Dertouzos*, James: Economic Issues in Mass Communication Industries, in: Proceedings of the Symposium on Media Concentration, FTC, Washington 1979, S. 40

— The Evolution of One Newspaper Cities, in: Proceedings of the Symposium on Media Concentration, FTC, Washington 1979, S. 429

Roth, Wulf-Henning: Rundfunk und Kartellrecht, AfP 1986, 287.

Sandrock, Otto: Vertikale Konzentration im US-amerikanischen Antitrustrecht unter besonderer Berücksichtigung der Wettbewerbspolitik der Reagan-Administration, Heidelberg 1984

Sangster, Edward P.: A Tale of Two Standards: Antitrust, the Public Interest, and the Television Industry, 6 Comm/Ent L.J. 887 (1983/84)

Schmitz, Heinz-Peter: Staatliche Rundfunkaufsicht in kommerziellen Systemen. Chronik der Auseinandersetzungen um das Fernseh-Tageszeitungs-Doppeleigentum in den USA, Media Perspektiven 1984, 509

Schnibben, Cordt: Der Norden dreht durch, Die Zeit Nr. 33 vom 8.8.1986, S. 52

Scholz, Rupert: Entflechtung und Verfassung, Baden-Baden 1981

— Medienverflechtung — Anmerkungen zu dem gleichnamigen Buch von Kübler, AfP 1983, 261

Schütz, Walter J.: Kaum noch Objekte für die Pressekonzentration?, Media Perspektiven 1979, 600

— Deutsche Tagespresse 1981, Media Perspektiven 1981, 645; 674

— Deutsche Tagespresse 1983, Media Perspektiven 1983, 181; 216

— Deutsche Tagespresse 1985, Media Perspektiven 1985, 497; 564

Schwarz-Schilling, Christian: Wettbewerbsprobleme bei der Einführung von privatem Hörfunk und Fernsehen, WuW 1982, 276

Schwintowski, Hans-Peter: Die Abwägungsklausel in der Fusionskontrolle, Göttingen 1983

Selmer, Peter: Presse und privater Rundfunk — Bemerkungen zu der gleichnamigen Abhandlung von Lerche, AfP 1985, 14

Silbermann, Alphons: Handwörterbuch der Massenkommunikation und Medienforschung, 2 Bde., Berlin 1982

Stammler, Dieter: Informationsvielfalt und Wettbewerbsprobleme. Überlegungen zur Wettbewerbsordnung im Bereich privaten Rundfunks, Media Perspektiven 1985, 601

Steckmeister, Manfred: Die gegenwärtige Zusammenschlußwelle in den Vereinigten Staaten und ihre Ursachen, WuW 1986, 349

Steinbach, Joachim: Werbemarkt 1985 — unterproportionales Wachstum, Media Perspektiven 1986, 129

Stellungnahme der Bundesregierung zum Fünften Hauptgutachten der Monopolkommission, Aktuelle Beiträge zur Wirtschafts- und Finanzpolitik, Nr. 49/1985 vom 29.7.1985, abgedruckt auch in WuW 1986, 104

Sterling, Christopher H./*Haight*, Timothy, R.: The Mass Media: Aspen Institute Guide to Communication Industry Trend, 1978

Stipp, Horst: Entwicklungen im amerikanischen Fernsehsystem: Was aus den Voraussagen wurde, Media Perspektiven 1986, 176

Stock, Martin: Marktmodell kontra Integrationsmodell? Zur Entwicklung des Medienverfassungsrechts in der Ära der neuen Techniken, AöR 110 (1985), 219

Sullivan, Lawrence A.: Handbook of the Law of Antitrust, St. Paul, Minnesota 1977

The FCC in Brief: Information Bulletin 2/85 der Federal Communications Commission

Telekommunikationsbericht 1976: KTK — Kommission für den Ausbau des technischen Kommunikationssystems, Bonn 1976

Tempest, Alastair C.: Rundfunk und Wettbewerb: eine Partnerschaft, Media Perspektiven 1986, 144

Tonnemacher, Jan: Wachstum plus Umverteilung, Media Perspektiven 1986, 138

Townsend, David: Regulation of Newspaper/Broadcasting, Media Cross-Ownership in Canada, 33 U.N.B.L.J. 261 (1984)

Ulmer, Peter: Wettbewerbs- und kartellrechtliche Grenzen der Preisunterbietung im Pressewesen, AfP 1975, 870

— Schranken zulässigen Wettbewerbs marktbeherreschender Unternehmen, Baden-Baden 1977

— Die Anwendung von Wettbewerbs- und Kartellrecht auf die wirtschaftliche Tätigkeit der öffentlichen Hand beim Angebot von Waren und Dienstleistungen, ZHR 146 (1982), 466

Westrick, Klaus/*Loewenheim,* Ulrich: Gesetz gegen Wettbewerbsbeschränkungen, Kommentar, 4. Aufl., Herne/Berlin 1977 ff. (9. Lieferung 1985)

Wettbewerbsentwicklung im Bereich der Medien und die multimediale Konzentration, Veröffentlichungen der schweizerischen Kartellkommission, 18. Jg., 1983, Heft 2/3, S. 85

Wettbewerbsimpulse für elektronische Medien, FIW-Kolloquium vom 23. Juni 1982, Skript Nr. 1

Wiedemann, Gerhard: Gemeinschaftsunternehmen im deutschen Kartellrecht, Heidelberg 1981

— Aktuelle Entwicklungen bei der kartellrechtlichen Beurteilung von Gemeinschaftsunternehmen, BB 1984, 285

Winckler, Klaus: Kommerzielles Fernsehen in der Medienkonkurrenz, Bd. IV, USA. Analyse eines Unterhaltungsoligopols, AfK-Studie 22, Berlin 1984

Wirth, Michael O./*Allen,* Bruce T.: Another Look at Crossmedia Ownership, 24 Antitrust Bull. 87 (1979)

Wirth, Michael O.: The FCC's Multiple Ownership Rules and National Concentration in the Commercial Radio Industry, 60 Den. L.J. 77 (1982)

Witte, Eberhard: Zeitungen im Medienmarkt der Zukunft. Eine betriebswirtschaftliche Untersuchung, Stuttgart 1984

Wittig-Terhardt, Margret: Rundfunk und Kartellrecht, AfP 1986, 298

Zuckmann, Mason: The Great Cross Media Ownership Controversy, 60 A.B.A.J. 1570 (1970)

FSC
www.fsc.org
MIX
Papier | Fördert gute Waldnutzung
FSC® C083411

Kolibri 360 GmbH
Ferdinand-Jühlke-Straße 7
99095 Erfurt, Deutschland
produktsicherheit@kolibri360.de

Druck:
CPI Druckdienstleistungen GmbH
im Auftrag der
Kolibri 360 GmbH
Ferdinand-Jühlke-Str. 7
99095 Erfurt